河出文庫

大震災'95

小松左京

河出書房新社

目次

第三章　再生に向かって

大震災'95

はじめに

あの日から七十五日

きょう一九九五年四月一日は、あの「阪神・淡路大震災」[1]が襲った一月十七日から、ちょうど七十五日目にあたる。

七十五日といえば、つい、人のうわさも……という言葉が思い浮かぶ。もとよりこれは、無責任な者のうわさについての俚言《りげん》であるが、しかし、その背景には、地震、台風、洪水、大火など、災害の多い風土の中で育った一つの精神文化として、すべてはうつろい行くという無常観と、恢復力《かいふくりょく》の強い自然の中で、いつまでもくよくよ嘆いていてもはじまらない、という諦念《ていねん》をこえる指向の伝統と、通底する所があるようにも感じられる。

だが、私は逆に、この大震災発生以後二カ月余あたりから、この「巨大な災害」が、私たちの社会と生活にもたらしたショックと影響の「全貌」をとらえる作業にとりかかるべきだと思う。――なぜなら、あの時不意に、阪神間の足もとから牙《きば》をむいて襲いかかってきた、私たちにとっても、社会にとっても、まったく「未知の体験」だったあの大災厄のもたらした、衝撃と、どこまで広がるかわからなかった多元的な混乱も、このあたりでやっと鎮静化にむかい、それにつれて、この災厄の複雑な「全貌」と性格も、ようやくぼんやりと把握できるようになってきたからである。

だが一方、六千人を超える死者[2]と、数万人の負傷者、十数万戸の全半壊、焼失家屋、数十万人の被災者を瞬時に現出した、この地域のはげしい痛みと疼《うず》きは、ようやく薄皮のはり出した社会の表面の下に、まだ熱をもって残っている。――こんな所に、行政効率だけを優先させた軽々しい「復興計画」を、「お上」の方からつきつけたら、厳しい反発がおこるのは当然だ（地域行政末端の不慣れもあったかも知れないが、ようやく生死の境を脱したが、なお病床に呻吟《しんぎん》する患者にいきなりペンをつきつけ、遺産を公共に寄付する、という遺言に今すぐサインしろ、と迫るような無神経さを感じさせる）。

いずれにしても、近隣周辺を含めて、この災厄に対する「記憶の痛みと疼き」の生々しいうちに、「総合的な記録」の試みをスタートさせなければならない、と思う。そして、その記録の集積を行う主体は、「市民」と、マスコミを含む「民間企業」の協同体が中心になったものでなければならないと思う。もちろん、市民、国民、営利法人の「税金」で賄われている「官」のシステムには、全面的な協力を要求する権利が、この主体にはあるが、決してその収集を、官に委ねてはならないと思う。――はなはだ残念な事ながら、私の長年の経験からして、戦後民主主義と呼ばれるものがこれだけ長く続いたにもかかわらず、「官尊民卑」「民は知らしむべからず、由《よ》らしむべし」は、なお、日本現代官僚制度の宿痾《しゆくあ》であると感じられるからである（もっとも、後段で触れるつもりだが、若い世代から少しずつ変化が起こっているようだが）。

繰り返すが、この大震災が噴き上げた、膨大多岐にわたる「情報」の収集と記録は、私たちみんなの手でやらなければならない。――一瞬にして、人生を絶たれた五千五百人の老若の犠牲者、心身と生活に、深い打撃を被った被災者の人々、予期せぬ大混乱の中に、何とか公共の義務を果たそうと悪戦苦闘を続けた、自治体、消防、警察、医療、自衛隊、マスコミの人々、あっという間に、莫大な資産、施設、資本が消えうせるという大打撃を被った、大小無数の企業法人――こういった人々はもとより、肉親、血縁、知己の安否を気づかって何とか現地に見舞いにかけつけようとした人たち、利害と世代を超えて、深い道義的衝動から献身的行動に赴いたボランティアの人々、さらに遠隔の地にあって、テレビ、ラジオ、新聞雑誌、パソコン・ネットワークを通じて被災地の惨状を、胸ひきさかれる思いで注視し続けた大多数の人たち――こういったすべての人々が、この大震災の「当事者」なのである。そして、こういう性格の異変に際して、当事者一人一人のまずとるべき対応は、「記録」をとる事であろう。なぜなら、こういったあまりに巨大で、異様な現象のもたらすすべての情報は、現代の公共機構やマスコミをもってしても、とてもとらえきれるものではなく、当事者の一人一人が、「センサー」になる必要があるからである。親疎、遠近の立場を問わず、この大震災の記憶、印象、感想、回想を、簡単なものでいいからできるだけ正確なメモにとどめておいていただきたい、と思う。できれば当日から一カ月ぐらいの期間にわたって……。もちろん義務ではないが、同じ時代に同じ異変に遭遇した生活者の道義的連帯といったものである。

その感想や記録を、すぐさま提供していただいたり、ご送付していただかなくてもい い（正直いって、私も編集部もさばき切れないだろうから）。読者のみなさんのお手もとで、特別のファイル、ノート、スクラップとして整理保存し、何かの機会に取り出せるようにしておいていただきたいのだ。

こういった、生活者の正確な記録や、率直な感想が、こういう巨大な事象を把握し、その全貌を私たちの社会の共有財産にしていく上に、いかに貴重な「一次資料」になり得るかという事は、私自身、自分の体験した「現代史」の一部を復元しようとして、痛感した事がある。——時によっては、「公式記録」があまり役に立たない。たとえば、昭和二十年の八月十四日、つまり敗戦前日の午後、現在ＯＢＰ（大阪ビジネスパーク）の高層ビル群の建ち並ぶあたりにあった、大阪陸軍砲兵工廠《こうしょう》[3]の大空襲があった。一トン、五百キロの爆弾が、総計七百五十トンも投下され、周辺の民家多数も被害を被り、砲兵工廠は、赤茶けてねじくれ曲がったスクラップの集積となった（この屑鉄《くずてつ》の山は、昭和三十年代までそのまま残っていて、わたしの処女ＳＦ長編『日本アパッチ族』[4]の舞台となった）。だが、その直後の大阪府警の記録によると、死者わずかに「三百数十名」となっている。なにしろ翌日が「敗戦」であるため、処理、記録体制が崩壊してしまったのであろう。自分の目撃体験や死体処理の体験から、そんなに少ないはずはない、と、生き残った当時の職員、関係者が、記憶をもちより、聞き書きをこしらえ、地を這《は》うような努力を続け、さらに三宅宏司氏の『大阪砲兵工廠の研究』[5]によって、ようやく一万数千人という数字が浮かび上がったが、この発表が一九九三年、戦後四十八年たってからである。――昭和二十年三月十日の東京大空襲の記録も、生き残り被災者の記憶と努力で概略の再現にまでこぎつけるのに数十年かかっている。私自身、昨年あたりから、「敗戦五十年」をひかえて（この年に「大震災」が起こったというのは、何という偶然か！）敗戦の年の八月上旬に、西宮市今津の自宅で体験した「阪神間夜間大空襲」の記録を調べようとしたが、こちらはいくつもの市にわたる上、役所機構もダメージをうけたらしく、あまりあてにならない。ここも旬日ののち上部機構である「国家、軍統制システム」の崩壊に遭遇する。

実際にいろんな人によって、目撃、体験されたにもかかわらず、公式記録では無視、ないし軽視され、採用されずに消えて行く現象もある。――今度の場合、あんなに大勢の人々が目撃した、地震の直前、あるいは最初期の発光現象や、ネズミ、犬、鳥などの異様な行動、いわゆる「前兆現象」である。いずれもこれまで、合理的、科学的な因果関係が説明できない、「あとから」の牽強付会《けんきょうふかい》だとして、学者によって迷信なみに否定される傾向が強かった。しかし、一九七五年の中国海城地震[6]の前、民衆からのこういった（前兆らしき）現象一般の報告が異常にふえたため――そういった報告をまとめる受け皿もできていたらしいが――事前に警報を出し、予防措置をとらせたため、被害が僅《きん》少《しょう》ですんだ、という例もあったと聞く。今回も、あいかわらず学会では否定的傾向も強いようだが、一方では大阪市立大学の弘原海清《わだつみきよし》教授が、積極的に一般市民からの報告

被害一覧

死者数	6348人 (96年1月16日現在。各自治体の認定者合計)
家屋被害数	全壊9万3775棟、半壊10万6972棟 全焼7136棟、半焼342棟 (兵庫県、大阪府、京都府調べ)
待機所、避難所生活者数	31万9638人 (ピーク時の95年1月23日現在)
仮設住宅・入居者数	4万8000戸・9万人 (96年1月16日現在)
震災孤児・遺児数	孤児(両親とも死亡)88人 遺児(片親が死亡)300人 (96年1月16日現在で18歳未満)
電気	約260万戸 (発生当初の停電)
ガス	約85万戸 (発生直後の供給ストップ)
水道	約130万戸 (発生直後の断水)

を集めているのは一歩前進ではないかと思う。地震予知連絡会の創設者の一人である力武常次先生も、そういう一般生活者からの「異常現象」の報告の集積を重視するよう提唱しておられるし、「前兆現象」らしきものと地震発生の間に、当面合理的、科学的な因果関係は解明されないまでも、前兆らしき現象の報告のふえ方と、地震の発生の間に、統計的に有意な関係が見いだされてくるかも知れない。

「地震予知」そのものが不可能で、公費をつぎこんで研究しても無駄だ、という強い否定的見解もあるが、今のところ私はかならずしもそうは思わないし、この点については「保留」より、もう少し積極的な立場で調べていきたい。現に今回の「大震災」では、今まで学界でもあまり注目されていなかった、「前駆現象」としての電波、地磁気、地電流の異常が、主として若手の研究者から、また外国からも報告され、マークされた。これも後段でのべるが、私自身は、発生機序が比較的わかっている海溝底型巨大地震[7]より、内陸活断層型地震[8]の方が、「予知」に関しては、可能性が高いのではないか、という気がする。

〔'95・4・1〕

災害列島に住む私たち

まことに、地震はどこでも起こる。

明日、あなたの住む都市を襲うかも知れないし、一年後、数年後、十数年後、激烈な内陸直下型か、津波を伴う海溝底型か、あるいは、火山噴火や土石流を伴うものかわからない。季節も、春夏秋冬を問わない。ひょっとすると、震災の直後、台風が襲ってくる事があるかも知れない。時間帯も、今度のように、午前六時前ではなく通勤ラッシュ時、あるいは午前十時ごろ、ビジネス街や問屋街、さまざまな会議が最も活発化し、大都市の昼間人口と車の台数がふくれ上がり、臨海地帯の化学コンビナートや、コンテナ埠頭《ふとう》がフル操業にはいり、何隻《せき》ものマンモスタンカーが接岸し石油や可燃物を巨大なタンクに陸揚げ中に突然襲ってくるかも知れない。あるいは、宵《よい》の口、灯ともしごろ、ターミナルや歓楽街がラッシュをむかえるころ、あるいは深い眠りのうちに、夜が深まって行く真夜中ごろかも知れない。

別に脅かしているわけではない。それが「地震列島」「災害列島」と呼ばれる日本列島の上に、数千年にわたって社会を形成してきた私たちの国の特性の一つなのだ。——

今、日本の社会のさまざまな地域で生活されている人たちの中で、生まれてからこの方、「震災」というほどではないにしても、大小いずれかのスケールの地震を、「一度も経験した事がない」という方は、どのくらいおられるだろうか？　たとえおられたにしても、自分はこの先一生、遭遇しないだろう、と断言できる方はおられるだろうか？

いま、にわかに売れ出した「日本列島活断層分布図」[9]をあらためて子細に見ると、私たちの国土はいたる所ひび割れだらけだ。断層分布の少ない地域も、将来いつ新しい活断層が出現し、あるいは新たに発見されるかも知れない。そして「世界の大地震震源分布図」を見ると、地球上の「地震多発地帯」は、何も日本だけではない事は一目瞭然である。

そして、そのある意味で活気と変化に満ちた「表面」をもつこの天体こそ、四十五億年前に太陽系の惑星として生まれ、九つの惑星のうち、ただ一つ、三十五億年前に生命を生み出し、育《はぐく》み、やがて人類という不思議な生物を生み出した「地球」という天体のもつ基本的性格なのだ。私たち人類は、この天体上の、さまざまな自然条件の違う地域にちらばり、その違いによって、さまざまな異なる文化、社会、文明の歴史を築き上げて来た。そして、それぞれの地域によって少しずつニュアンスの違う、ささやかな人生の希望、喜びや悲しみのあやなす社会を組み上げて来た「おだやかな日常」の下に、時折突如として姿を現す「凶暴な非日常」が潜んでいる事も、私たちの生活を展開する「地球という自然」の基本的性格なのである。

こう見てくると、今回の阪神大震災だけでなく、私たち人類は、世界のどの地域を襲う大災厄についても、直接間接の「当事者」となることは避けられない。

いずれにしても、まったく「異様」な大震災だった。

この大震災の原因となる「地震」からして異様だった。

「活断層直下型」――この言葉は、正確な学術用語かどうか知らないが、ここ一、二年新聞の科学欄や、科学雑誌などでちょいちょい目にしたような気がする。ひょっとすると、昨一九九四年一月十七日、アメリカ・カリフォルニア州ロサンゼルス北部のノースリッジで起こった内陸型地震[10]に関連しての記事だったような気がするが（それにしても、高速道路の橋桁《はしげた》が多数落下し、市街地にも火災が多数発生したこのアメリカ西海岸の大地震が、今回の「阪神大震災」のきっかり一年前に起こっていた事は、何とも奇妙な偶然である。そして今回の地震発生の当日、一月十七日に「ノースリッジ地震一周年」を期して、日米共同研究チームの、アメリカ側の研究チーム代表が、関西入りしていた、という事も……）。しかし、昨年は、混乱する政局やバブル崩壊にニュースの焦点が集中し、ノースリッジ地震のことは、あまり大きく取り扱われなかったような気がする。地震関係の記事は、ここ一、二年の間に多発した北海道・東北地方の海洋底地震の記事が多かった。

「断層」というものは、六甲山系や中部山系でたくさん見て来たし、明治二十四年の濃尾地震[11]の時にできた、有名な「根尾谷断層[12]」はわざわざ見に行った。アメリカ・カリフォルニア州を南北に走る、巨大な「サンアンドレアス断層[13]」は、現地の大学生の案内で、車で見て歩き、この断層が、今も年間四センチという単位でずれている、という話を聞いた。

だから「断層」というものの存在は知っていたし、現物を見た事もあるのだが、それが今度の地震でにわかにクローズアップされた「活断層」と、どう違うのか、という事になると、あまりよくわからない（「断層」を英語で「フォールト」――「欠陥」という意味で、テニスのフォールトと同じ言葉である――というのは知っていたが、「活断層」を「アクティブ・フォールティング＝Active Faulting」というのは、今回初めて知った）。まず、いろいろ聞きあわせてみると、新生代第四紀[14]、つまりここ一、二百万年の間に発生し、ここ数百年から数千年の間に〝動いた〟、つまりエネルギーを放出した断層のことらしい。

以前は、地震の原因によって、火山型地震や陥没型地震といった名称も唱えられたが、前者は噴火の前後に起こる事はあるものの、おおむね小規模なものであるし、後者にいたっては、地層の陥没は地震の結果であって、大きな地震の原因になるような大空洞が、人に知られずできていて、そこへ地面が落っこちる事によって、大地震が発生するというような事は、まず考えられない。そこで中程度以上の大きさで、かなり広範にわたって被害をもたらすのは、「構造型地震」と呼ばれるもの――地殻にたまったひずみが、ある時、突然そのエネルギーを放出する事によって地震が発生する。そして、そのひずみエネルギー放出のあと、地殻に残ったひび割れが「断層」というわけである。

ひび割れのあとは、「地層のずれ」として地表に残る。水平ずれと上下ずれがあり、

活断層が９キロにわたり地表に現れた淡路島・北淡町（95年１月18日撮影）

上下ずれは、断層を境に一方の地層が他方の地層にのり上げる「逆断層」、その逆の「正断層」があり、上下断層と水平断層が一緒に起こるケースもある。——断層の長さは、数キロから十キロ以上に及ぶものがあり、中には大地震のあと百キロを超える断層が出現し、地層のずれも、数メートルに及ぶものもある。

という事は、断層はひずみエネルギー放出の痕跡であって、したがって断層の生じたあとは、地殻のストレスがなくなったから安心かというと、どうもそうでないケースもあるらしい。「活断層」というのは、比較的近い過去に活動しただけでなく、そこに再びエネルギーがたまりつつある断層らしい。

「活断層」というものが、学問的に注目され始めたのは、地震国日本でも、それほど古い事ではないらしい。地震が発生する機序というものは、まず、大洋底の深い海溝底で起こる「巨大地震」の方から解明されて来た。それも戦後、一九五〇年代後半から六〇年代へかけてである。これは、例の大洋底海底山脈、海嶺に沿って、地中の高温のマントル[15]が上昇し、それが海洋底のいくつかに分かれたプレートを押し進め、大陸地塊にあたってもう一度地中へ潜りこむ場所で、一緒にひきずられて潜りこんだ陸地側の地層がはねかえる事によって起こる、という。いわゆる「マントル対流」をエネルギー源とする「プレートテクトニクス理論[16]」という雄大なモデルである。

この巨大な地球規模のモデルが描けるようになったのは、一九五七年七月から翌五八年末まで一年半にわたって続けられた「国際地球観測年」で、全世界の科学者が協力した大調査以降の事であると記憶する。日本の学術会議も、氷河を除いて、全テーマに参加した。この時、海洋底の火山のみならず、海嶺頂部の熱流量が地球規模でとらえられるようになり、「動態地球学」という文字通りダイナミックな学問が急速に発達したのである。

［'95・4・8］

『日本沈没』の激震が現実に

一九六〇年代の初めごろ、当時、東大地球物理学の教授だった竹内均先生の書かれたNHKブックス[17]によって、また海外の一般向け科学誌によって、「プレートテクトニクス理論」という壮大なイメージを知った時、私は興奮した。それまでの地学的謎《なぞ》――なぜ「太平洋の火の輪」と呼ばれるように環太平洋の大陸沿岸や、列島群に火山と地震が多いのか、なぜ陸地に沿って、深さ一万メートル近い海溝があり、そこにマグニチュード（M）8クラスの巨大地震の震源が多いのか、といった事がほとんど一元的に説明できる、というようなものだった。――とりわけ、一九一二年に気候学者ウェゲナー[18]が唱え、当時の地学界で嘲笑《ちょうしょう》と袋だたきにあったという、あのロマンティックな「大陸漂移説」がものの見事に復活し、造山運動から生物地理学まで、鮮やかに説明する事を知った時、戦前、小学生のころからこの「仮説」の面白さに魅せられていた私は、恍惚《こうこつ》としてしまった。この時の興奮が、私に『日本沈没』を書こうと決心させたのはいうまでもない。

しかし、執筆の過程で、いろんな地震の記録を調べているうちに、この鮮やかなプレートテクトニクス理論で説明できないような地震――いわゆる「内陸型」と呼ばれる地震もかなりある事がわかってきた。一般的に海洋底型に比べて、津波はあまりなく、地震のエネルギーはあまり大きくないようだが、社会的被害はこちらの方が大きい場合がある。とりわけお隣の中国大陸内部では、明末十六世紀に甘粛、陝西、山西省方面で起こった地震[19]のように、「死者八十三万人」などというとんでもない大被害をもたらす大地震が、度々起こっている。二十世紀に入っても、人民中国になってからも起こっているのだ。

「内陸型地震のエネルギーは、どうやってたまっていくのでしょうか」

一九七〇年代後半に、「地震予知連絡会[20]」――この組織は、今回「長年予算をつかって予知できなかったじゃないか」とだいぶたたかれたようだが、とんでもない話だと思う。息の長い基礎研究と広範な調査が役に立つのは、これからであろう――の組織者の一人、地磁気、地電流の研究家である力武常次先生にお尋ねした。

「さあ、それがこれからの地震学の大きな研究課題でしょうね」と力武先生は答えられた。

その時、「活断層」という用語が出てきたかどうかは、記憶にさだかでない。しかし、それから間もなく、日本に「活断層研究会[21]」という組織ができ、一九八〇年に、日本全国の『日本の活断層』が完成した。――この「大震災」を機にあちこちのマスコミで大きく取り上げられ、読者もごらんになったであろう、あの分布図のもとになったものである。

完成当時、たまたま見る機会のあった私は、一見胸が悪くなってしまった。日本列島はこんなに活断層だらけなのか！　これじゃわれわれは、「ひび焼き」の陶器の上に住んでいるようなものじゃないか！　特に「大阪湾周辺地域」の活断層の密集ぶりには驚かされ、その上の居住、社会密度を思うと不安になった。

しかしよく見ると、活断層一つ一つの長さは、平均十キロぐらいを中心としてあまり大きなものではない。いくつもの活断層が何十キロ、何百キロと連なっているものは「構造線」と呼ばれ、中でも雄大なものは、九州大分から佐多岬、四国北部を通り、吉野川、紀ノ川の二大河川を刻んで伊勢へ出、伊勢湾を横切って、中部地方を南北に縦断する糸魚川＝静岡構造線（この東側が、フォッサマグナ[22]＝大地溝帯である）に連なる「中央構造線」である。これも広義の「活断層」である事は、この構造線を境とする北（内帯とよばれる）と南（外帯）の地塊が、毎年数ミリから一センチぐらいずつずれている事でわかる。

内陸型活断層地震のエネルギーは、海洋底型に比べてあまり大きくないようだった。大体M6クラスから7クラスである（最近の例外は明治二十四年の濃尾大地震[23]のM8・4である）。しかし、エネルギーは比較的小さくても、人間の生活圏との関係で考えると、「直下型」という形式が考えられる。ただし、これは防災の被害想定の関係で生まれてきた概念で、学術用語ではないらしい。

そのうち、大正十二年九月一日の関東大震災[24]との関係らしいが、「大都市圏直下型」という言葉が出てきた（厳密にいうと関東大震災は「直下型」ではない。震源は東京都心部から南西に八十キロ余離れた、相模湾の沖合である）。ここまでくると、私の想像力もフォローしきれず、確かにそういう「極端」なケースもあり得るだろうな、とは思いながら、「イメージ」が描き切れなかった。

だが——今年、一九九五年一月十七日午前五時四十六分、私の想像力がついて行けなかった、「先端型大都市圏直下型活断層地震」が現実に起こったのだ！　それも、私の人生のほとんど半分を過ごした阪神間で、私の住居から、わずか二十－四十キロの区域で！

しかも、その「震災」の様態、被害の有り様は、私が調べ、あるいはイメージの中で「再現」してみた震災に比べて、あまりにも「異様」であり、「活断層直下型地震」というものは、こんなにまで「想定」を超えるものか、と驚くばかりだった。

繰り返すようだが、「大都市圏直下型活断層地震」によってひき起こされた阪神大震災は、まったく「異様」な現象だった。

「直下型活断層地震」といえば、昭和二十三年六月二十八日の「福井地震[25]」がそうだったらしい。——M7・2というのも、今度の地震と同じスケールだし、死者三千七百六十九人というのも、今回の死者約六千人とほぼ匹敵する。しかし、家屋の全壊三万六千百八十四戸、半壊一万一千八百十六戸、焼失三千八百五十一戸と、当時としては大規模だが、今回と比べればスケールは小さい。県庁所在地福井市の直下を走り、商業ビルを半壊させ、福井平野のあちこちに地割れが生じ、その中におちこんで一人が死亡したという（これは日本の地震では珍しい例らしい）。

だが、当時は何といっても、敗戦からまだ満三年もたっておらず、阪神間にも東京にもまだ焼け跡や闇市が残っていた。ひどいインフレで、大争議が起こり、この年初めて日教組が結成された。私は旧制三高の一年の一学期を過ごしつつあったが、配給米は月十日から十五日ぐらいで、あとはダニがいるといわれるキューバ糖とさつま芋、それにどうしたわけか干しナツメの実が配給になった。もちろん占領下で極東軍事裁判が終わりに近づき、大陸中国はまだ国民党の支配下にあった。

いわば、「敗戦後の虚脱」からようやく立ち直りかけていたころであり、京都でも相当に感じたが、実感としては、ああ、近くの福井で地震か、ぐらいの受け止め方だった。

――何よりも、昭和二十三年ごろは、地震の「情報」を全国に伝達するメディアとして、新聞とラジオぐらいしかなかった。市民向け電波メディアとしては、ＮＨＫラジオの第一と第二の二波しかなく、アマチュア無線局の交信は、戦時中に引き続き全面禁止されていた（もっとも、短波を使ったアマチュア無線局は、開戦当時でも全国で五十局ぐらいしかなく、昭和二十七年の講和条約発効後、再認可されたが、当時から日本のアマチュア無線の免許と規制は、先進国中で一番厳しかったらしい）。電話も、大都市間の一部を除いて、市内市外とも交換手経由で、第一、電話の普及台数そのものが、現在に比べてはるかに少なかった事はいうまでもない。

そういうわけで、「福井地震」そのものは、都市圏をふくむ「直下型」で、地震のエネルギーも、今回の阪神大震災と同級であり、犠牲者の数も、ほぼ匹敵するのに、報道密度も低く、県外の人たちにとっては「遠い」災害といった印象だった。――ただ、福井地震について、注目すべきは、この地震を契機に、それまで震度0から6まで、七段階だった震度階表示[26]に、もう一段階上の震度7[27]「激震」の評価を設ける事になったことだろう。

もっとも、設けられたにしても、それがいつごろ正規に公示され、徹底したかはさだかでない。この地震からちょうど二十五年後に発表した『日本沈没』の中で、上巻の「第二次関東大震災」と下巻の「近畿大地震」の震度階を「7」にしたが、日本の震度階は6までで震度7はないはずだが、という投書を年配の人から二通もらった。そして、実際の地震に対してある地域が「震度7」がうたれたのは――それも地震発生後三日ぐらいたってからだが――今回「阪神大震災」が初めてなのである！（震度階表示についてのは、まだ不思議なわかりにくいところがあるが、それは後段に譲りたい）

〔'95・4・15〕

発展続けた阪神地区を十秒で破壊

地震のエネルギーも、内陸都市圏直下型というタイプも同じながら、四十七年前の福井地震と、今度の大震災は、その「社会的現れ方」が、いかに違っていた事だろう。——敗戦直前の度重なる大空襲に、ほとんど灰燼《かいじん》に帰した阪神地区も、戦後五十年間の復興、高度成長の成果が集積し、人口百五十万の政令都市神戸市をはじめ、芦屋市、西宮市、尼崎市、豊中市、さらに宝塚市、伊丹市、川西市など、近畿でも有数の近代的高級住宅地域が形成され、国公私立の大学が配され、企業の研究所も多く、環境良好交通至便の知的文化ゾーンが展開していた。海岸沿い、また武庫平野には、かつての阪神工業地帯をうけた鉄鋼一貫工場やコンビナート群が、さらに戦中、戦後に発展したハイテク工場群が連なり、神戸港の造船、重機、さらにコンテナヤード、フェリー埠頭群に加え、最近ではポートアイランド、摩耶埠頭、六甲アイランドなど居住区を含めたニュー・ウオーターフロントが誕生していた。

さらにこの地域の上には、日本列島の「大動脈」ともいうべき、交通幹線インフラが、狭い地域に何重にも並行して走っていた。——鉄道は、ＪＲ西日本の東海道本線＝山陽本線、そして山陽新幹線、阪神電鉄、阪急電鉄。それに幹線道路は国道2号、43号、そして43号の上には高架で阪神高速3号、さらについ最近できた湾岸道路の高架、さらに、京都とを結ぶ名神高速、国道171号——阪急はこの地域の東、武庫平野を南から囲むように、今津線、宝塚線、そして支線として伊丹線、甲陽線を延ばしていた。JRも、武庫平野の中央を南北に走り、遠く北陸方面へ延びる福知山線をかかえている。このほかにも、池田から宝塚を経て、西宮北から六甲山北部を西へ走る中国自動車道も延びており、伊丹平野の中央には、関西空港の実現でやや影が薄くなったが、戦後約半世紀にわたって、関西の「空の玄関」の役割を担ってきた「大阪空港」が、まだ国内幹線空港としてがんばっていた。

こんな地域を、その「列島大幹線」に沿って「活断層直下型地震」が直撃したのだ。——そして、戦後五十年、いや「明治開国」以来なら、百数十年にわたるこの地域の、美しく活力に満ちた「蓄積」を一九九五年一月十七日、午前五時四十六分から、たった「十秒間」の直下型地震が、ずたずたにしてしまったのである！

これを「異様な現象」といわずして、何といおうか？——百年余にわたる人間の営みを、たった「十秒間」で破壊する自然の力を……。六百数十メートルにわたって根本から折れて横倒しになった阪神高速の高架。いたる所でばたばた落ちた山陽新幹線の高架、阪急今津線の上にべったりかぶさった国道171号の新しい跨線橋。ぐじゃぐじゃに崩れたビルと家屋、つんのめったり、あおむいたり、中には見事にうつぶせにひっくりかえったり、中階がぐしゃりとつぶれた無数のビル、いたる所で落ちた、一見頑丈そうな高架道路、七、八カ所で火炎をあげながら、半日たっても消えそうのない火災地域、崩れた岸壁、海中に落っこちた巨大クレーン群——そして、「福井地震」の時代から、ほとんど半世紀近くたった時期に起こったこの大震災の、当時との大きな違いは、ものすごい高密度の「情報システム」に包まれた中で、この災害が起こった事だ。AMラジオは、NHKと民放を含めて六波、FMが三、四波、そして福井地震の時は存在しなかったテレビが、地元を含めて八チャンネル、それに新しいメディアとして携帯電話——これは前年の一九九四年四月に「自由化」されることによって爆発的に普及しはじめた——と、パソコンネットワーク、それにラインとしては、電話、電波に「衛星通信」[28]が利用できるようになっていた。

これだけの多角的で「高密度」な情報システムが存在する中で、冬の早朝、夜明け前に「大都市圏直下型」の「活断層地震」が起こったのである。——あとの方で「過剰」とか「やりすぎ」「興味本位」といった批判はでてきたが、次第に緊迫感を増していくラジオの報道、多チャンネルのテレビを通じて、一般家庭に送り込まれるヘリ空撮の映像[29]、新聞の号外やショッキングな写真がなければ、私たちは、この降ってわいた大災害の「全貌」やその異様な「性格」を把握するのがもっと遅れ、それだけに各人や組織の「対応」も、また事態の推移に伴う対応の「修正」ももっと遅れたであろう（もっとも「全貌」の把握が、被災地中心部の被害当事者が、情報の途絶もあって一番遅れた、という事は、深刻な問題だが）。そして、この多面的な情報、報道はすべて貴重な「災害の経時的記録」となる。

何よりも注目したいのは、行政や公共組織、企業に「災害対応マニュアル」は一応存在したにもかかわらず、それが緊急には役に立たないほど、今回の地震は従来の「想定」を超える様相が見られた事だ。――私自身、「活断層直下型地震」というものを目のあたりにして、それがいかに局限的な狭い地域――大まかにいって幅数キロ、長さ三、四十キロの地域に、集中的な被害をもたらし、しかもこの地域の中でも、被害に極端なむらが存在するという事を知って、度肝を抜かれる思いを味わった。通り一つへだてて、一方は家屋やビルが大破壊を被ったのに、他方はそれほどではない所が、あちこちに見られた。川筋一つへだてて、西と東で被害程度がまるで違っていた。これは建築工法や築後年数の違いか、ぐしゃぐしゃに崩れて木っ端の山になった家屋の隣に、ぴんしゃんとした家屋が残っていた。無残に崩れ落ちたビルの隣に、ガラスを多用した高層ビルが一枚の割れたガラスもなしに建っていた。堂々たる高層ビルが傾いて、隣のマンションに寄りかかっていた。気象台が初期に発表した「神戸地区震度6」のおっとりした表示の奥に、制定以来初めて適応される「震度7」の地域が隠れていた。いや、加速度「四〇〇ガル[30]以上」とされる震度の地域内で、JRやガス会社の、より細かい密度で配置された加速度計は、四〇〇ガルの地域のすぐ隣に「八三八ガル」の地域があった事を示し、さらに被害や地盤の動きのあとからの調査で、何と一五〇〇から一八〇〇ガルの加速度が加わった地点もある事がつかめかけてきた。

まったく、これまでの教科書的な知識など、何の役にも立たない「異常」な現象が、狭い局地的な地域に何重にも折り重なるように起こったのである。とりわけ私にとって不思議でならないのは、震源地の明石海峡から「東」へ向かって、「激甚災害ベルト」[31]が何条にも走っているのに、すぐ「西側」の被害が大した事はなかった、という点である（百九ページの地図参照）。これが「活断層直下型地震」の特徴かも知れないが、こんな現象は、これまで報告された事もなかったように思う。

このシリーズは、当面目前の阪神大震災の多面的な全貌をとらえる努力をはらいつつ、一方で、まず私たち日本人それぞれが、「当事者」としての心がまえを形成していってはどうだろうか、という提案を試みるものである。

そこで、順序は不同だが一応大まかに次の項目を取り上げていく事にする。（A）今回の地震の自然科学的（地学、地震学その他）性格、特徴について——地震の観測、測定システムとネットワークを含む。（B）行政、公共システム（消防、警察、自衛隊、病院、医療、その他）の災害対応マニュアルと実際の対応について。（C）鉄道、道路、高速道路、港湾、橋梁《きょうりょう》、電気、水道、ガスなど、社会的公共インフラのこれまでの被害想定にもとづく対応マニュアルと、実際の有効性について。（D）家屋、集合住宅、ビル、超高層建築などの工法、建築基準、被災度の違いの原因（工法、地盤その他）と、被災後の対応について。（E）被災地市民の生活防衛（救急、救援、避難所、給水、給食、排泄《はいせつ》、衛生、医療、葬儀その他――特に高齢者、幼児について）と生活復興（預貯金、義援金、後片付け、通勤通学、災害精神医療、仮設住宅入居、同人誌、ボランティア、私権制限その他）。（F）企業の被災と対応――流通、金融、製造業、交通港湾業、海運、医薬品、食品、生鮮食品、従業員救援、会計措置、復興プラン、その他。（G）報道、通信（含む電話、専用回線、衛星通信）、コンピューター・ネットワーク（含むパソコン、インターネット）――ローカル、ブロック、全国の各レベルで。（H）国家行政、国会、地方議会、国際関係、国際経済関係。（I）新技術、衛星測量、衛星観測、CATV、免震、制震技術、輸入住宅。（J）予知研究、前兆報告、その他。

まだ不十分ではあるが、こういった項目を取り上げながら、できれば、「二十一世紀の防災思想」という方向までたどってみたい。

〔'95・4・22〕

【対談】記録者の目

冒頭で、阪神大震災で被災した人たちが、それぞれに「自分の記録」をとるように提言した。そこで、被災者であるとともに、記録者の立場に立つ神戸新聞論説委員長の三木康弘[32]さんに、今度の地震と対策などについて話をうかがった。

小松　三木さんは阪神大震災の直撃を、神戸市東灘区本山中町二丁目の自宅で受けられた。そこで、三木さんは時代の記録者である新聞記者なので、震災経験のすべてを話していただけると思って、登場願ったわけです。三木さんは、京大を卒業後、神戸新聞に入られ、三年前から役員で論説委員長をしておられる。今度の地震ではお父さんを亡くされ、家が壊れたのに、「社説[33]」を書き、仕事を全うされた。

三木　父は八十七歳で、自宅の一階に寝ていました。私と女房は二階にいた。

小松　お父さんが一階におられたのは、お年寄りで、階段の上り下りがしんどいとか、トイレが大変だからですね。地震の時、三木さん夫婦のいた二階が、お父さんのいる一階の上に落ちたわけですね。

三木　そうです。今度の地震で、犠牲者にお年寄りが多いのは、一階に寝ておられたからです。僕のところは二階が三〇度ぐらい傾いて落ちた。親父がどうなったか心配で、階下へ下りようと思っても、階段がズタズタで、結局、二階の窓から庭先の小さなガレージの屋根伝いに下りました。

小松　お父さんはどんな状態で亡くなり、遺体を運び出せたのはいつごろですか。

三木　あとで分かったんですが、即死でした。遺体は三日目に見つかりました。最初は生死も分からず、一日目に大工さんと一緒に、親父が寝ていたはずの所まで、がれきの中をバールとノコギリで掘りましたが、姿もなければ声もしない。大工さんはこれ以上は無理だというし、ガスのにおいが強烈だったので、だめだと思った。

小松　遺体と対面できるまでに、消防か警察が来て……。

三木　地区の消防分団がボランティアのような形で救助活動をしていた。僕もよろしくお願いしますと頼んだけれど、「声の聞こえるところから優先的にやります」ということで、二日間、手がつけられなかった。

小松　そのあと、神戸新聞へ行ったの？

三木　いや、行かなかった。父が埋まっているので身動きできなかった。電話が通じないし、近所の県庁の若い職員がどうなっているか見にきてくれたので、彼に会社へ電話連絡をしてくれと頼んだんです。当日の晩は倒れなかったお隣の家に避難させてもらい、幸い弟の家が六甲にあったので、二日目の夜から厄介になった。その翌日会社へ行ったんです。本社が壊滅状態だというのは、前の論説委員長が知らせてくれました。

小松　神戸新聞は三宮の駅前にある。本社が入っている神戸新聞会館のダメージは相当だったのに、原稿が書けたんですか。

三木　いや、仮事務所で。ハーバーランドに新社屋を建設中なので、建設事務所のプレハブを臨時の編集局にして、社説を書きました。

小松　幸か不幸か、前の年（一九九四年）に京都新聞と神戸新聞が災害時の援助協定を[34]結んでいたのが役に立ちましたね。提携があったから僕のところへ「被災した神戸新聞を応援する〝がんばれ神戸〟を書いてくれ」という依頼が、京都新聞からきた。

三木　今から思えば不思議ですが、京都新聞の方から、災害時の相互援助協定を結ばないかという話があり、結んだのですが、その時はあまりリアリティーがなかった。

小松　輪転機なんかがだめになると、書いた記事を相手の新聞社に送るということでしょうが、コンピューターラインに整合性があったのでしょうね。版や写真はどうしました？

三木　編集用のコンピューターがだめになったので、京都新聞のを借りたのです。整理部員が京都へ飛んで行きました。写真もこちらから送った。それを版にして、また持ち帰った。うちは五、六年前に印刷工場を西神ニュータウンの方へ移していたので、その日の夕刊から四ページでしたが出しました。

小松　僕はタブロイド判かと思っていたのに、全紙だった。戦争中の大空襲の時に夕刊

近畿で大地震

神戸新聞 夕刊

死者203人 不明331人

神戸、洲本震度6 県南部一帯を直撃

淡路島震源 M 7.2

家屋倒壊や火災

JR全線不通

上：震災当日発行された『神戸新聞』夕刊一面
下：機能が停止した「神戸新聞会館ビル」(95年１月19日撮影)

がなくなって、朝日も毎日もタブロイド判の二ページだったのに、立派ですね。

三木　明治三十一年の創立以来、一日も欠かしたことがない。大正九年の米騒動で焼き打ちにあった時や大空襲の時も出しました。

小松　発行部数はどれぐらいで、震災のあとは何部刷ったのですか。

三木　五十三万部ぐらいですが、直後はそれだけの部数は出なかったと思います。新聞は小松さんが言われるように、まず記録ですね。いかに被災者がふるまって、何を思って、何を考えて、何に困っているか、それをまず伝えることが記録になりますね。

小松　正確な一次記録を、昔だったらスクラップするのが大変だったけれど、今は大容量のコンピューターがあれば、インデックスをつけて、そこにほうり込んでいける。そうするとシミュレーションもコンピューターでできる。あの地震は午前五時四十六分でしたが、仮に二時間半あとに起こったらどうなるかなど、いろんなことが分かります。

三木　うちが全国紙と違うのは、読者が限定されていて、被災地そのものが読者のエリアですから、被災情報を主体にして、押せたのです。

小松　でも、地方紙といいながら、五十三万部も刷っているというのは相当のものですよ。神戸新聞は定期購読がほとんどでしょう。駅売り夕刊紙とは違うわけです。

三木　被災地が読者のエリアなので、社説は震災以後、東京の地下鉄サリン事件が起こるまで、ほかのテーマは無視して、毎日、震災関係で押してきた。

小松　それは重要なことだ。なんといっても新聞のバックボーンは社説だからね。

三木　コラムもずっと震災で通したのですが、地下鉄サリン事件が起こって、これは見逃せないので一本だけ書いて、災害ももちろん一本書いた。

小松　論説に頑張ってもらわないといけないのは、サリン事件やオウム真理教も大変だけれど、今度の地震では、現段階の発表によると五千五百人もの人が亡くなっている。うち九割が圧死です。しかも激甚災害範囲だけでも相当な面積になる。ダメージもとりあえず十兆円というのが出ている。こっちの方が重大な問題だ。『日本の活断層』という本を見たら、日本列島はどこでも今度くらいの地震は起こる。そういうことを考えると、神戸新聞は現場の情報機関の最大の当事者だから、震災にこだわった方がいい。

三木　復興計画[35]なんかで問題が起こってくるでしょうからね。

小松　これをきちんとやっておけば、日本だけでなく、地震国のイタリアとか、アメリカでも役に立つ。向こうの経験ももらわないといけませんが。

三木　データはたくさんあるのに埋もれているのではないですかね。

小松　実はこの新聞の企画を一つのコアにして考えていることがあるんです。それは、ゼネコンはゼネコンで、被災地は被災地でデータを退蔵してしまうのではなく、スーパーコンピュータークラスのものに、すべてを記録し、分類整理をやり、各方面がすぐ引き出せるようにしたい。時には、時間帯の変化で、被害がどう想定されるかというシミュレーションもやってみるとか、そういうことができたらいいなと考えているんです。

三木　まだ、掘り出すことがいっぱいありますから。活字化を待っている論文もある。

小松　大震災文庫みたいなものを作ってもいい。東京には防災科学技術研究所[36]がある。そのブランチの、防災情報センターをこっちへ持ってきてくれと言っているのですが、そこへ全部、情報を突っ込んでしまうのです。しかし、コンピューターもメーカーが違うと、なかなかつなげない。ジャパン・スタンダードみたいな方式はできないだろうか。

三木　すでに十年以上の実績を持つ民族学博物館とか、神戸市の「あじさいネット」などを軸にすれば可能性はある。ただ、玉石混交であっては困る。それをどう整理するかですね。

小松　想定される分類項目をまず考えないといけない。どういうタイプの情報があるかを、細かい感想から、場合によっては俳句みたいなものまで含めて分類する必要がある。これを機会にそういう一種の情報センターができたら役に立つ。

三木　世界の都市で役に立ちますね。地震国がたくさんあるから。

［'95・4・29］

第一章　一九九五年一月十七日午前五時四十六分五十二秒

混乱から年が変わった一九九五年

平成七年亥《い》年一月十七日火曜日――この年の「正月行事」、三が日、初出勤、七草、新年宴会、小、中学校の始業式は、順調に済み、十五日の「成人の日」が日曜日だったので、十六日の月曜日が振り替え休日となって、十四、十五、十六日の三連休のあと、この日十七日から、いよいよ社会は「日常生活」に戻ろうとしていた。

前の年の平成六年は、不透明な「混乱」が政治、経済、社会、あらゆる面で進行した年だった。――平成五年の八月、いわゆる「五五年体制」が崩れて、四十年に及ぶ自民党単独政権が崩壊し、野党の社公民、それに自民党から分かれたばかりの新生党、さきがけ、日本新党が連立して、細川内閣が成立したかと思うと、年が明けたら、総理が辞任して羽田内閣にかわり、これがわずか二カ月でひっくり返って、自社さきがけという奇妙な連立内閣が出現、社会党の村山富市委員長が総理になった。社会党員の総理は、一九四七年の片山内閣以来であり、しかも衆議院議長も社会党の土井たか子氏だった。――ほうり出された新生、日本新、公明、民社は、すったもんだの揚げ句、十二月上旬に「新進党」を結成する。

経済界はバブル崩壊後のリストラにようやく動き出したが、一ドル百円に近づいた円高、株安の行方が不安感を与えていた。――東京協和、安全二信組の経営破綻を救済する、東京共同銀行の設立が年末へかけて問題化し始めた。

社会生活の方でも、愛犬家連続殺人、松本サリン事件、エリート医師の妻子三人殺し、いじめによる中学生の自殺といった、暗い事件が、この年の後半に重なった。――全般として、何か混濁が進行する雰囲気の中で、平成六年は暮れた。

平成七年元旦、関西地方では、生駒山の稜線に、ちょっとすごみのある初日の出が見られた。

年明け第二週から、大きな話題になりつつあったのが、前年末からくすぶり続けてきた、いわゆる「山花新党」だった。――連立与党の一翼を担う社会党の右派から、山花貞夫新民連会長が、超党派の四人を含む「民主リベラル新党準備会」の初会合を開き、久保亘社会党書記長に、社会党の参加者二十四名のリストを渡した。これが党内新会派となるか、「離党」して新勢力をつくるかは秒読みの段階で、週明けぐらいが一つの山場と見られていた。

こんな中、村山首相は一月十日に成田を出発して訪米、十一日にはワシントンＤＣでクリントン大統領と会談した。話題は例のＫＥＤＯ（朝鮮半島エネルギー開発機構）の軽水炉資金援助と、日米安保堅持の問題だった。――一方、日米包括経済協議は、金融面である程度の妥協に達したものの、なお自動車・同部品問題がくすぶっていた。

十日は、関西では十日戎《えびす》でにぎわったが、この日、そろそろ帰省ラッシュが起こり出した北陸自動車道の滋賀県下で、三十台におよぶ車の大追突事故が起こり、三人が死亡、十七人が負傷した。――この週は有名人の訃報も相次ぎ、ラオスの元大統領スファヌボン殿下、女優の入江たか子さん、コメディアンの南利明さんなどが鬼籍に入った。

十二日には、将棋六冠王の羽生善治名人が「夢の七冠王」を賭《か》けた王将戦第一局を谷川浩司王将と指し始め、翌十三日、谷川王将が一勝した。このあと羽生名人はついに七冠王を逸したことは周知の通りである。――この日はまた、社会党を離党した伊東秀子衆院議員が、自民党推薦で北海道知事選に出馬することを表明した日でもある。

十四日、大学入試センター試験が始まったが、受験者は史上最多の五十一万八千人に達した。――インフルエンザが大流行で患者は前年の七倍に及び、マスクをかけた受験者の姿も見られた。

あまり明るい話題のなかった平成七年一月第二週の最後を飾る「関西への朗報」が、十五日の日曜日、成人の日にもたらされた。ラグビー日本選手権で、神戸製鋼チームが、大東文化大を一〇二対一四という大差で打ち破り、七連覇を遂げたのである！

この日鹿児島県内之浦から打ち上げられた文部省宇宙研の日独共同開発の回収型衛星EXPRESSは、予定軌道に乗り損ね、翌十六日、太平洋上に落下した。この日の晩、三代目中村鴈治郎は、満員の大阪中座で、「曾根崎心中」のお初役の千回目を演じ、翌日の毎日新聞の朝刊一面（大阪本社発行）を、華やかなカラー写真で飾ることになる。

かくして、一月最後の三連休の最終日十六日は暮れた。——この夜は満月で、ものすごいような赤い月を、多くの人が見たであろう。

夜が更け、日付が変わるころから、都市は、そして大部分の人々は深い眠りについて行く。終電車が車庫にはいり新聞朝刊の最終版の下版が終わり、テレビの深夜番組が終わり、数少ない夜勤、宿直の人々も仮眠につく。——神戸市中央区元町にある毎日新聞神戸支局の三階では、その夜の泊まりは三人だった。将棋好きのMデスクとN記者は、午前三時近くまで将棋を指し、それからベッドルームで横になった。翌朝は、差し迫った取材もなく、平日通りなら午前八時ごろに起きて、ゆっくりスタンバイすればよかった。ただ一人、Oカメラマンだけが起きていて、現像室で午前四時過ぎまで、前日撮影したセンバツ高校野球関係の写真を現像し、そのまま現像室で四時半ごろ仮眠に入った。

同じころ、市内三宮の北、中山手通りのNHK神戸放送局の三階で泊まっていたS記者は、いったん目をさまし、ぼつぼつ配達されてきた全国紙の朝刊に目を通した。——一月十七日火曜日の毎日新聞朝刊の一面トップは、横一段抜きで、「三十人で新会派結成」と凸版大見出しが入り、その右下に「山花氏に離党届一任」「社党から二十四人参加」と縦五段ぶち抜きで、山花貞夫氏による超党派「民主リベラル新党準備会」が、この日全員の会派離脱届を社党執行部に提出する記事をかかげ、いよいよ社会党は分裂の危機に直面したことを告げていた。その下に村山首相、武村蔵相の顔写真と、「社・さ政策研発足で合意、連携強化へ村山、武村会談」の記事があり、いよいよ政局の新たな激動を予感させる。――そして、一面左には、前夜中座でおこなわれた、成駒屋三代目鴈治郎の、「お初、千回公演」の華麗なカラー写真が五段抜きで掲載され、その下段には「回収型衛星、軌道投入失敗」の記事が大きく載っていた。

朝刊数紙に目を通したS記者は、五時十分ごろ、再びベッドにもぐりこんだ。――その時同じ建物の一階上の四階にはPD（プロデューサー）と編集マン、ほかに一階に警備一人、合計四人が泊まっていたというが、その三十数分後、S記者を襲った災厄を記録したスキップバック・レコーダーという新装置のついたビデオカメラがセットされていたことを、彼自身は知らなかったという。

一晩中眠らないシステムと、そのシステムを監視している人々もいた。兵庫県警、神戸市消防局、気象台、阪神高速道路公団、名神高速道路、関西電力、大阪ガス、警備会社等々の中央指令所とネットワーク――それは活気に満ちたウイークデーの昼間とは違って、起きて働いている人ははるかに少なかったが、「睡眠状態」にあるインフラストラクチャーやライフラインを維持するために、かなりの数の人々がシステムを監視していた。そして夜行便のトラックやスキーバスを運転する人たちも……。

午前四時すぎになると、今度は「早番」「早朝出勤」の人たちが、そろそろ職場に向かい、また作業の準備にかかり始めた。――私たちの社会は、だいたい朝五時ごろから動き始める。鉄道の始発は、おおむね午前五時から五時半である。車両を車庫、操車場からひき出しにかかり、始発駅止めの車両には電気が入り、暖房も動き始める。工場も操業の準備にかかる。ラジオ、テレビは宿直アナ、キャスターがスタンバイし、担当ディレクターは副調室に入る。その「立ち上がり」の状況は、関西電力本社、中央給電指令所の大きなグラフィックパネルの一角に鮮やかに見られた。電力需要曲線は午前四時が最低になり、それから五時、五時半と次第に上がっていく。ベースロードは原発が引き受け、上昇につれて各地の火力発電所が徐々に出力を上げていく。指令所では、指令をはじめ五人の所員が詰めていて、その有り様を見守っていた。

午前五時、各私鉄の始発が動き出す。もちろんお客はほとんどない。五時すぎ、朝日テレビ本社二階のAスタジオには、ディレクター、お天気キャスター、女性アナと二人の女性アシスタントが集まって、「おはよう天気です」の放送準備が始まった。午前五時二十五分、毎日ラジオの午前六時半からの番組「おはよう川村龍一です」のKディレクターは、神戸市西元町のマンションを出て、迎えのタクシーに乗り、阪神高速を大阪に向かった。

午前五時四十五分、ABC（朝日テレビ）の「おはよう天気です」の放送が始まった。――気温は摂氏二度、近畿北部では雪になりそうだが、南部は風はなく穏やかな日になりそうだった。日の出まではまだ一時間十数分あり、雲の少し残る暗い空の西には、まだ満月が煌々《こうこう》と輝いていた。

午前五時四十六分――あとで通報があったが、このころ、天空に奇妙な光を目撃した人が何人もいたという。[1]

そして、一月十七日午前五時四十六分五十二秒——それは突然、淡路島北端と阪神間の地下から襲ってきた。

〔'95・5・13〕

たった十秒間のできごと

それは、「たった十秒間」のできごとだった。――あの震源地明石海峡、マグニチュード7・2の「兵庫県南部地震」の激しい揺れは、そんな短い間だったのだろうか？

私自身は、実感的には、最初の激しい上下動から、引き続いて襲ってきた強烈な、みそすり運動型の横揺れが一応収まるまで、最低二十秒ぐらいは続いたように感じられたのだが……。震源地にもっと近い所に住んでいた友人は、「三十秒」は続いたと、直後に語った。

だが、地震計に記録された「主震」の持続時間は、「十秒間」を示しているのだ。


一月十七日の午前五時四十六分五十二秒までは、神戸市、そして阪神間は、西空に傾いた満月の光に照らされた、美しく、スマートな住宅地帯、そして高速道路や高層ビル、無数のガントリークレーン、巨大な工場施設群など、ダイナミックな近代産業の象徴が、これから新しい年の、新しい活動に入ろうとして、静かに覚醒《かくせい》前の息遣いを始めたところだった。阪神高速、湾岸道路の高架上には、オレンジ色のナトリウムランプの明かりが連なり、その間を乗用車やバス、トラックの光が動いていた。幹線道路の辻々には青、黄、赤の信号灯が明滅し、少しずつ数の増えつつあった車のヘッドライトや赤いテールランプが、生命の脈動のように止まったり、流れ出したりしていた。JR西日本、阪神、阪急電鉄の、始発、二番目、三番目の四両連結、六両連結の電車も、ヘッドライトを輝かせ、乗客の少ない車両の窓からいっぱいに明かりをあふれさせながら、駅の明かりから明かりへと動いていた。——静かな住宅街の道路には、各戸の門灯や、辻々の常夜灯が柔らかい光を投げ、神戸港の埠頭では、巨大なクレーンの列が夜空に黒い影を浮かばせ、何隻かの貨物船やフェリーは、舷灯をつけて出港の準備にかかっていたろう。ポートアイランド[2]、六甲アイランド[3]、芦屋浜シーサイドタウン[4]の高層ビル、高層マンション群では、ハロゲンランプの青白い光が、そのスマートな偉容の一部を照らし出していた。高層ビルの頂には、赤い航空灯が静かに点滅を繰り返していた。まだほとんどの市民は温かい寝床の中で眠っていたが、マンションの窓のいくつか、そして住宅街の台所のいくつかでは、そろそろ朝餉《あさげ》の支度の明かりがつき始める所もあったろう。

　穏やかな、冬の夜明け前の大都市圏の風景を見ていた人は、誰も、それが襲って来てからわずか十秒後に、その風景が、この世のものとも思われない、無惨で、めちゃくちゃなものに変わってしまう、などということは、想像もしなかったろう。——確かに鳥や小動物たちは、何分か前、あるいは何時間前、もしくは数日前に、その異変の「予兆」を感じて、異常な行動を起こしていたかも知れない。また、それが起こる何分か前、色も形状もさまざまな「異常光現象」を、戸外にいて見た人もあったらしい。だが、そ

地震波計　神戸海洋気象台（震度６）に設置された電磁式強震計の波計

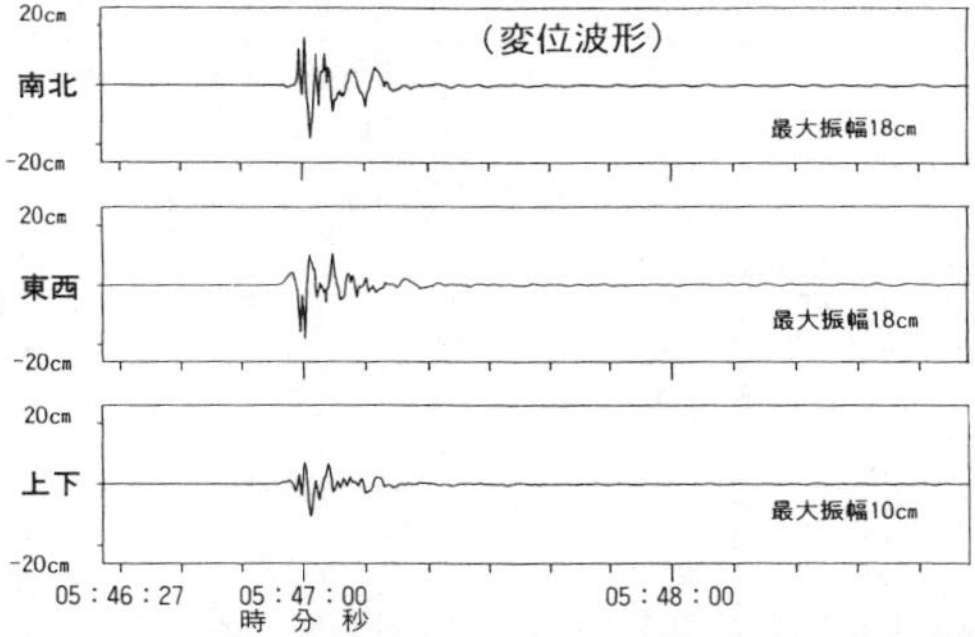

地面の揺れの幅を示す「変位」は、水平方向で南北・東西ともに最大18センチ、垂直方向で最大10センチを記録し、気象庁が現在の地震計を整備した1987年以降では最大となった。これまでの記録には釧路沖地震（93年、最大11センチ）や三陸はるか沖地震（94年、最大４センチ）がある。

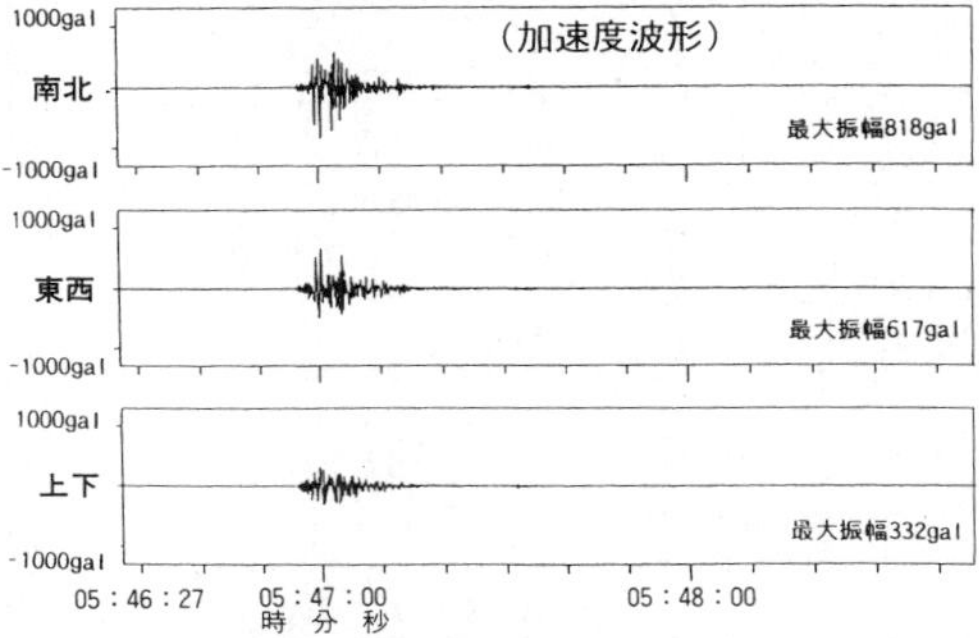

地面の揺れの強さを示す「最大加速度」は、水平方向では南北が818ガル、東西が617ガル、上下（垂直）方向では332ガルとなった。釧路で観測（93年）された919ガルには及ばないが、八戸（94年）の602ガルを上回る記録となった。「変位波計」も「加速度波計」も強い揺れが約20秒間続いたことを示し、これが建築物に大きな被害を与えた。

の直前では、誰も、おや？　とは思っても、その現象を、次に起こる大異変の前兆とは思わなかったろう。

そして、それは起こった。

大地の下から、巨大な水圧ハンマーをたたきつけるような、ものすごい上下動と、それにほとんど間を置かずに襲って来た、大地を激しくこねくりまわすような、東西、南北の水平動と……そして、たった十秒間のはげしい震動のピークが収まった時、関西、いや日本屈指の「近代的都市ベルト」の光景はまったく変わってしまったのだ。午前五時四十六分五十二秒の光景と、午前五時四十七分二秒の光景は、まるで「別世界」だった。

つい先刻まで、拡幅された国道43号の上を美しいカーブを描いて延びていた阪神高速道路3号の高架は、東灘区深江本町で約六百五十メートルにわたって橋脚が根もとから折れ、ほとんど直角に折れた折れ口から白いコンクリートとはじけた鉄筋がむき出しになった。高架そのものは、北側の国道43号上り線の上に倒れ込み、下を走っていた車を何台もつぶし下腹を空にさらして屏風のようにそびえたった。

阪神高速3号は、このほかに西宮市内の三カ所で、橋梁が落下した。そのうちの一カ所では、落ちた橋の先の空間に前輪を浮かせ、辛うじて後輪のブレーキで橋上に奇跡的にとどまった、あのスキーバスの、ほとんどシュールレアリスティックな状態も見られた。――高架道路の落下は、そのほかに阪神高速5号、いわゆる「湾岸道路」でも西宮港大橋が、国道43号は岩屋の高架橋が落下した。また、国道171号も、西宮市の門戸厄神、西宮北口間で、阪急今津線をまたぐ跨線橋がべったりと線路の上におちこんだ。

橋は、ほかにもいたる所で落下したり、通行不能になった。JR西日本の山陽新幹線は、新大阪から六甲トンネル東口の間で七カ所、神戸トンネル西口から西明石の間で一カ所、計八カ所の鉄道橋が落下した。在来線も、明石、鷹取、新長田、兵庫－三宮間、六甲道、芦屋、甲子園口の各駅付近で、高架橋落下、沈降が起こった。

阪急神戸線は、西宮北口以西、三宮間が、ほとんど壊滅状態だった。中でもひどかったのが、西宮北口－夙川《しゅくがわ》間二・七キロの高架で、九五年五月下旬現在も、まだ復旧していない。今津線では国道171号と山陽新幹線の跨線橋落下という二つの「もらい事故」があった。阪急は、このほか百貨店を含む三宮駅ビルの大ダメージと、伊丹駅舎の二階プラットホーム落下という建物損壊が目についた。

阪神電鉄は、一番海岸寄りを走っているので、被害も大きかった。西灘－御影間のたった三キロの間で、八カ所の陸橋が落下し、新在家の高架二キロも、全般的な損傷をうけた。新在家－大石間を運転中の普通列車は、高架上で脱線し、傾いた。乗客二十八人は負傷はしたが、奇跡的に死者はなかった。――この電鉄全社で、一番視覚的ショックを与えたのは、石屋川車庫の二階屋上に止められていた、八列車、五十八両の電車が、二階ごと一階下へ落っこちた光景だったろう。十秒前まで整然と並んでいた列車は、次の瞬間、ぐじゃぐじゃのうどんの筋のようになった。

ＪＲ西日本被害総額千二百億円、阪急七百十九億円、阪神七百九十億円――近畿地建管掌下の被害総額一兆一千六百億円……いやそれだけではない。三万八千人の負傷者、三十万人近い被災者と、ビルの倒壊、転倒無数、焼失を含む家屋全半壊十六万戸、淡路島北端では明石架橋の大橋脚が西に一・四メートルずれた。……その他大小の工場、会社、事業所、ライフラインの破壊損傷をふくめて、淡路島北部から神戸市、阪神間の「風光明媚」で「モダン」な都市ベルトは約二千万トンの瓦礫《がれき》の山となり、推定十兆円の資産が消えうせた。

それがたった「十秒間」の間に起こった「変化」なのだ。いや、当時五千五百人を超えていた死者のうちの、実に九割近くが、地震が始まってから、わずか五秒の間に、ほとんどが倒壊家屋の下になって亡くなったのである。

もっとも、こういった被害の全スケールが中間的に積算されてきたのは、地震発生後、二カ月近くたってからである。最初の激しい上下動とあわせて、「主震」と呼ばれる震動が続いたのが「十秒間」だったということを、私が知ったのも、二週間ほどたってからだった。――そして、それを知ってから、私は改めて戦慄《せんりつ》を感じた。

震災後二週間余たって、私はようやく取材の名目で被災地を踏むことができた。――四歳の時から大学卒業後も十年近く住んでいた阪神間、そして旧制中学五年間に、もっとも濃密な関係を持った神戸の市街の、無惨に傾き、崩れ折れ、あるいはひっくりかえり、傾き、中途階が下の階をつぶして落っこちているビルを見、一面の焼け野原と化し

約635メートルにわたって倒壊した阪神高速道路神戸線（東灘区深江本町）

た長田区の人家密集地帯や、一つまみの木っ端の山と化した家屋群、傾き落ちた鉄道軌条や、すさまじい折れ口を陽光にさらしている高速高架の橋脚群を見ると、その十秒間に、どんなすさまじい破壊のエネルギーが、この街に、施設に襲いかかったのだろうと、またしても唇が寒くなるような思いを味わうのだった。

少し意外だったのは、阪神高速の高架が倒れかかった国道43号北側の市民を除いて、地震の時の「大音響」を、強い印象にとどめている人は多くなかったらしい、ということである。——寝こみを、下からつき上げる上下動、それから地鳴り、家鳴りとともに主震に振り回され、ばたばた倒れかかってくる家具、本棚、食器入れをよけ——部屋の傾きと、あちこちめきめきと柱や壁、天井の壊れる音やガラスの割れる音を聞き、あるいは寝ている二階が、下の一階をつぶして落ちるどすんという音を聞き、……魂を飛ばしている十秒間、さらに震動のおさまったあとも、どこかでものの崩れる音を聞き——そして震動のあとまったく静かな一瞬がきた。

電気、ガスは主震の襲ってきた瞬間、もとで自動的にカットされた。月は出ていたが、夜明け前の暗闇の中で、外を見ても、全体として、いや一町内でも、どんな「変化」が起こったか、すぐには把握、理解できなかったろう。

長田区を中心に、あちこちで火の手が上がり出した[6]が、まだそれほど大きくはなっていなかった。

大破壊のあと、かえって来た静寂の中で、しかし社会システムの中枢や要所要所で、一斉にけたたましい音が鳴り始めた。

警察、消防、海洋気象台、電力、ガスの中央指令所その他の、ありとあらゆる「警報」「緊急電話」のベルが、一ぺんに金切り声をたて始めたのだ。

［'95・5・20］

「その瞬間」を記録した映像

被災各地域の、要所要所で、けたたましい警報ベルが鳴り出す寸前、――数秒前に、最初の激しい上下動、いわゆる「P波」[7]が襲いかかって来た瞬間が、民間テレビの、スタジオから生映像でオンエアされる珍しいケースがあった。

以前触れた（本書では四十九ページ）、大阪朝日テレビの午前五時四十五分からの「おはよう天気です」がそれだった。――もっとも、生放送でオンエア中のテレビスタジオが地震で揺れる、というケースは、これが初めてではない。何年か前、昼間のニュース番組放映中の東京の某民放キー局で起こった事がある。私は大阪でその番組を見ていた。男性のキャスターと女性のアナウンサーが、こもごもニュースを読んでいる最中、スタジオがぐらぐら揺れ、背後のロッカーやデスクがガタガタ鳴って、ファイルが落っこったりした。女性アナは、青ざめて、目を見開き、テーブルの端をしっかりつかまえていたが、中年の男性キャスターは、ありゃ、こりゃでかいぞ、という表情できょろきょろ周りを見回し、腰を浮かしたかと思うと、テレビカメラの方を気にしながら、女性アナを残して出口の方へさっさとずらかってしまった。それでも十数秒の空画面のあと、帰って来て、「ただ今、大きな地震がありました」と言ったのは笑止だったが——これを見てわが身を含めて、いざという時の中年男は頼りにならない、と思ったものである。

この日、一月十七日の早朝、関西のテレビ放送は、大体早い局で午前五時半ぐらい、それまではテストパターンと音楽を流し、続いてしこみVTRの映像などが流れる。NHK総合の天気予報は五時五十分から、毎日テレビが五時半から「あなたにオンタイム、出勤直前」、関西テレビが五時四十分から「天気予報」、読売テレビが五時半から「ぶらり途中下車の旅」、テレビ大阪が五時五十五分から「案内」である。——午前五時四十五分の時点で、「スタジオからの生放送」をやっていた局はそれほど多くない。女性三人、男性一人のスタジオ構成で、にぎやかに始めたのはABCテレビのこの番組ぐらいだったろう。

五時四十五分、素人っぽい女の子二人の「おはようー天気です」の甲高い呼び掛けでにぎやかなBGMに乗って、番組が始まった。ABCの女性アナ、お天気博士の男性キャスターと、トークが快調に回り、番組開始後一分半ぐらいたった時——突然画面がぐらりと揺れた。アシスタントの女の子二人は、最初何が起こったかわからなかったらしく、そのうちぎしぎしと音がして、天井のライトがゆさゆさ揺れるのを見て、キャーと悲鳴を上げた。すぐ明かりが落ちてしまったが、暗い画面の向こうで、ディレクターらしいのが、何か叫んでいるのが聞こえた。——私は、この時間は自宅二階で寝ていて見なかったが、あとになって何度か再放送されるのを見た。目を見張り、おびえた顔でうろたえるアシスタントの女の子二人に、何かしっかりした声でたしなめている女性局アナの落ち着いた態度が印象的だった。

この番組は、普段は朝日放送本館横にそびえたつ大阪タワーの中階のスタジオが使われていたが、この時は本社ビルのAスタジオだった。タワースタジオだったらもっとすごい揺れだったろう。

もう一つ、これも「その瞬間」を記録して、かなり評判になったビデオ映像がある。

――朝日テレビのように、生放送中の映像の記録ではなかったが、NHK神戸放送局の三階宿直室のビデオ記録は、それが本震が襲いかかる少し前から、ビデオが回り出しているので、映像が紹介された時、私も思わず、あれっと思った。二度目に放映された時、もっと注意して見たが、確かに地震が始まる何秒か前から、記録ビデオが回り出している。画質はあまりよくないが、若いらしい局員が、白っぽいトレーナーのようなものを着て、ベッドの上に寝転んでいる所へ、突然ぐらぐらと揺れが来て、起き上がろうとすると、ものすごい揺れが襲い、局員はベッドから転げ落ち、ロッカーや本棚、デスクが、彼に向かって怪獣のように襲いかかってくる。

在阪のセミキー局のスタジオからのライブ映像と違って、神戸市中央区中山手通、まさに「激震地」の中心での録画映像だったので、すごい迫力だったが、それにしても、VTRが、地震が始まる何秒か前に、スタートしているように感じられるのは、どういうわけだろう? 地震のくるのを何秒か前に「予知」してスイッチを入れたのか、それとも、防犯のため、一晩中ビデオ記録を回し続けているのか？　そう思って、三度目の放映の時、画面の隅の時刻表示を注意してみると、録画は地震が襲いかかる何秒か前にスタートしている。

これはどういう事だろう？——と私はしばらく呆然《ぼうぜん》とした。ついに日本のＮＨＫは、地震発生を何秒か前に予知する技術を開発したのだろうか？　この疑問は、震災発生後間もなく新聞に「ＳＢＲ（スキップ・バック・レコーディング）」という新技術が紹介される事によって氷解した。——この仕掛けは、何とＮＨＫ大阪の技術者Ｏ氏によって開発されたもので、二年前の一九九三年一月、釧路沖地震[8]の、釧路市の被害がきっかけだったという。その時、地震や防犯警報によってスタートする記録ビデオはすでに存在したが、「発生以前」そして「発生当時」の映像を、残す方法はないか、という要望で開発したものだという。

開発したＯ氏に直接聞いてみると、アイデアは実に簡単で、まさに「コロンブスの卵」だった。——ＳＢＲ装置は監視用の小さなＣＣＤカメラとつながっていて、いつも十秒分の動画映像を蓄えている。ただその映像情報をエンドレステープなど「動的メカニズム」を含むシステムに蓄えるのではなく、電気的にデジタル情報を書き込み、消去できる——パソコン世代ならだれでも知っている——ＲＡＭ（ランダム・アクセス・メモリー）を使っているのである。ＣＣＤカメラから送られてくるデジタル映像信号は、四メガビットのＤ（ダイナミック）ＲＡＭ四百個（最初は二百個だった）をつないだメモリーに順番に記録され、全部で十秒分の映像を蓄えると満ぱいになり、今度は最初の方を消して、次の情報を書き込んでいく。こうして常に「十秒分」のカラー動画映像、音声情報が蓄えられているのだが、このシステムはモーターを動かしたりテープでヘッドをこすったりという「動力学的部分」がどこにもなく、消費電力も極めて少ない。

一方、会館一階の空調室には震動計センサーが設置され、「震度1」を感知すると「揺れ検知トリガー」を介して、「VTR起動ボックス」に電源が入り、8ミリVTRの録画をスタートさせる。震度センサーがトリガーを介して電源を入れるまで一秒の遅れがあり、電源が起動ボックスに入ってVTRをたち上げるまで三秒の時間がかかるから、合計四秒の時間がかかる。十秒分の映像を記録しているSBRからは四秒分をひいて揺れが始まる六秒前からの画像をタイマー録画機能を利用してVTRに録画する。

このVTRスタートの六秒前の画像を、「予知画面」のように録画するSBRは、九三年一月の釧路沖地震から五カ月後の五月末には一応試作品が完成したが、残念な事にその年七月の奥尻島沖の大地震[9]には間に合わなかった。その後作動部分などの改良を重ね、最初は五秒分だったメモリー、つまり四メガDRAM二百個を倍の十秒分、四百個に増やし、各地方局に配置が始まったのが、九四年半ばごろからだった。

SBRと、VTR起動ボックス、8ミリVTRは、壁に取り付けられたカメラとは別のラックに収納されている。そんなに大きなものではなく、四メガのDRAM四百個は、いくつかのブロックをつくってコンパクトにまとめられていた。——これだけで一六〇

○メガ、すなわち一・六ギガビットだ。コンピューターの記憶素子は、何と小さく、しかも大容量になってしまったのか！　六四キロだ、二五六キロだと言っていたのが嘘《うそ》みたいだ。容量も、そろそろ一つの素子で一ギガ（十億）ビットというものが市販されようとしている。SBRは、面白い仕掛けだ。「地震が起きる前からの映像」を今度の震災で記録してみせた。しかし、この仕掛けの「応用範囲」と、もっとショッキングな「使い方」は、これからまだまだ出てくるだろう……。

O氏に聞くと、NHKで放映したのは地震発生六秒前から十数秒後の映像だが、テープにはまだこのあと三十分の映像が収録されているという。――本震が収まったあと、警報が鳴り響き、布団をかぶって本棚をふせいだS記者が起き上がり、デスク上からすべて飛び散った電話機を拾い上げ、大阪本局に連絡をしようとしてうまくいかず、ガラ電――つまりハンドルで磁石を回す。電話のハンドルを必死に回して、神戸海洋気象台を呼び出し、ここで「震度6」という叫びを聞いて、次に大阪へ通報する、といった一連の「孤軍奮闘」ぶりが残っているというのだ。

「いつか、その三十分も見せてくださいよ」と私は笑いながら言った。「大災害直後、人間がどういう動作をするか、といった解析に役立つかも知れない」

ちなみに、当のS記者は、SBRなどというシステムが、宿直室に取り付けられていた事を、震災後まで知らなかったそうである。

［'95・5・27］

「その瞬間」の消防局中央管制室

そして、一九九五年一月十七日午前五時四十七分前後、阪神間のあちこちで、「警報」は鳴り響いた。

わけても、災害中心部の神戸市消防局中央管制室では、ものすごい有り様だったらしい。

神戸市消防局[10]は、神戸市役所三号館にある。市役所は、神戸の三ノ宮駅から税関前へと南北に走っている、広やかで美しい、神戸市の象徴ともいうべき大きな花時計の見える「フラワーロード」の西側にあり、新しい三十階建ての一号館と、その北隣にあって、二、五、八階が連絡橋でつながった旧館二号館の裏側、つまり道を挟んで西隣に九階建ての三号館はある。三号館の一階は消防車の入ったガレージ、二階以上が、事務フロアになり二階に管制室がある。

その夜、つまり一月十六日の夜から十七日の明け方にかけては、本部庁舎内に十三人の司令課員が宿直していた。そのうち、監督者一人と課員四人が管制室で勤務につき、残り七人が待機室で仮眠、一人が事務室で勤務していた、という。

管制室には、前年十一月末に完成引き渡しが行われ、十二月五日からならし運転が始まったばかりの、三十億円かけた「新管制システム」の、真新しいコンソールがずらりとならんでいた。十二台の受令台、三台の無線通信台……モニターのCRTの何台かには画像が映り、残りは眠っていた。その朝、午前三時すぎに、須磨地区に発生した火災も鎮火し、時々かかってくる救急要請や、病院照会に応対する以外は、交通事故の通信が増え出す通勤時間帯までの、比較的穏やかな時間がすぎていった――とある司令課員は記録している。

そして、午前五時四十六分すぎ、それはあのすさまじい上下動と、ほとんど同時に激しい南北揺れを主体とした横揺れが襲ってきた。

「天井から埃《ほこり》が舞い、あちこちでガラガラ音がする。廊下の照明は停電し、非常灯だけになる。防火扉が音を立てて閉まる」と、その時、事務室で起きて仕事をしていた司令課の後藤陽さんは、神戸市消防局の広報誌『雪』の九五年三号、震災特集号に、その瞬間のことを書いている。「身体は南北に倒れそうなくらいだ。とうとう立っていられなくなり、腰をおろすと廊下を滑りはじめた」

揺れがおさまってから事務室のドアを開けると、中はロッカー、書庫が倒れ、床が一メートルぐらい埋まってしまっていた。書類やガラスが散乱する向こうで、奥の仮眠室のドアに体当たりする音が聞こえる。ロッカーが倒れてドアをふさいでいるので、ガラスの割れたベランダからまわるように大声で指示し、全員が管制室に集まったのは、地震発生二分後だった。

　その時の管制室の様子のすさまじさは、想像にかたくない。——自動火災警報のサイレンが鳴り響き、システムの警報音が金切り声をたて、一一九番、指令、専用線がすべて「着信状態」になり、指令台の指令ランプはすべて点滅、一一九番は間もなく満ぱい状態となった。その耳を聾《ろう》するようなサイレン、警報音、ベルの音のために、しばらく応答不能になる。応急処置をとるべく、右往左往する課員の足元を、デスク、テーブルから落ちてちらばった電話機、ＯＡ機器、パソコンモニター、ファクス類がからみつく。

　受信は間もなく可能になったが、地震発生後一時間で五百件もの着信があったという。「これは昨年の一日平均を軽く上回る」と、後藤氏は書いている。

　この地震の第一撃で市役所の古い二号館は、六階が全部ぐしゃっとつぶれ、一号館との連絡橋がひん曲がり、六階にいた清掃員一人がおしつぶされた。——今回の被災地のあちこちで見られた、十階建て前後のビルの「中途階の挫屈」[11]という現象である。どうしてあんなことが起こるのか、いろいろ専門家に聞きまわっているのだが、まだ明確な説明は聞いていない。

　消防局管制室では、直後のあまりの喧騒への対応に追われて、すぐ東隣の建物で起こった——昼間なら何百人という犠牲者が出たかも知れない——この大事故を、しばらく知らなかったらしい。やっとサイレン、警報類を止め、幸いにも無事だった防災システムで、受信をさばき始めた。最初のうちの通報は、ほとんどが倒壊家屋下の生き埋めとガス漏れで、火災は少なかったというが、ついに長田署から本署の真前で火災発生の通報が無線で入った。ただちに管制室では建物火災発生の第二出動態勢を指令すべく、指令系コンピューターを使って、「車両選別」の作業にはいったが、その操作中、長田区隣接の兵庫区、須磨区から、また東灘区から火災発生の通報が入ったため、第二出動をとりやめ、第一出動に切り替える。消防車を一カ所に集めず、十一ある区の、それぞれの火災現場に、それぞれの署が対応する態勢である。

それでも、火災以外の災害発生やLPガス漏れの通報は次々に入ってくる。「同時多発火災」をこえる「同時多発災害」の状況である。管制室の管理システムは、あっという間にパンクに近づく。

ここで司令課は、「非常呼集」を各署、各出張所にかけるとともに、防災指令を「災害多発時の運用マニュアル」に切り替えた。――これは「水防活動」用のマニュアルだが、地震に対するマニュアルが装備されていないため、応急的にこれを適用し、その代わり対象を「火災対応重点」とする。これに伴い、管制室で受けた一一九番は、そのまま各署に伝えられ、ある時点までの車両運用は、各署の「現場判断」にゆだねられた。こうして管制室は「本部機能」に集中する。――ここらへんの、臨機応変ぶりは見事だ、と思う。

管制室がとっちらかっていた初期には、監視テレビのシステムもダウンしており、ひっくり返った受像機ではテレビ放送も受信不能であったため、全体の被害状況の断片は、課員の持っていた携帯ラジオだけ、という情けない有り様だった、という。そのうち誰かが気がついて――ここらあたりが、私などにはとてもまねできないところだが――隣の市役所一号館の二十四階展望室までかけ上がって、市内の火災発生状況を視認し、その報告をトランシーバーで本部へ送らせた。まったく消防隊員は、当然のことであろうが、体が丈夫でなければ務まらない。

そうして、市内二十数カ所に火災が発生していることが、まず視認された。――そのうち、中央監視テレビが回復したが、まだ暗いのと、煙でよくわからない。赤外線カメラに切り替えて、市街地二十五カ所の炎上火災が確認された。

非常呼集をかけられた自宅待機の消防署員は、続々と各署に集まってくるが、交通網も道路もずたずたで、車が通れず、バイクや自転車、あるいは徒歩で部署にかけつける。午前六時五十分、警防部長が来て、管制室に本部指揮所が開設される。七時前後には、司令課長、消防局長、そして笹山幸俊神戸市長が管制室に顔を出した。[12] 笹山市長は六時半ごろには、市役所一号館に顔を出したらしいが、まったく素早い対応というほかない。兵庫県庁の方は、職員の宿直制度がなく、副知事が午前七時半ごろ顔を出したが、貝原俊民知事は二、三時間も動けなかった。代わりにフル稼働に入ったのは兵庫県警だった。

消防局の管制本部では、無線、有線、専用線、さらに一一九番着信による通信情報系の混乱はなお続いていた。十一の管区の千三百人の隊員、さらに十数カ所の出張所はフル出動状態だったが、家屋、ビル、道路、橋、高架の倒壊、破壊と、火災の状況の全体

地震後あちこちから火の手が上がり、燃え広がった（長田区）

像がはっきりつかめず、混線や誤信を避けるための「無線さばき」が大変だった、という。東京、大阪、京都、名古屋、川崎、千葉などの消防局から続々と応援が立ち上がり、状況報告と指示を求めてくるが、たった一波の共通無線[13]に頼らざるを得なかったため、ここでも混乱が起こりかけた。

ようやく全体の状況が把握できるようになったのは、午前九時十一分、ポートアイランドから、消防局の偵察ヘリが飛び上がってからだった——かつてない広域の家屋、建築物破壊と、二十数カ所での火災発生、高速道路、鉄道の破壊、埋め立て地の液状化現象など災害の「全貌」がおぼろにつかめ、そのあとすぐ、広域消防救援と自衛隊の出動要請の決断がなされた。そしてこれが十八日午前三時すぎの長田区大火災の鎮圧を挟んで、十九日いっぱいまで、「三日間のフル出動」という、神戸市消防局の長い長い闘いの始まりだった。

実をいうと、ここに紹介した経過は、前に挙げた神戸市消防局広報誌『雪』の震災特集「その時消防職員の胸に去来したものは」から引用させてもらったものである。この特集は発行人の消防予防部長、西田和馬氏の巻頭言を皮切りに、十一の管区、さらに東京、札幌はじめ八つの都市からの応援消防部隊、それに二つの課、一つの現場消防団の、五十四人の消防署員の「現場」からの証言を集めたもので、実に貴重な記録と言わねばならない。そのほかにも平成七年二月二十八日までに応援出動した三十四の他地域消防本部の名前が記載してある。「熱く」そして「貴重な」現場の、それもプロの声の集積である。

〔'95・6・3〕

電力とガスの復旧

大阪市北区の中之島にある、関西電力本社の中央給電司令所でも、平野町四丁目、御堂筋の西側にある大阪ガス本社の中央指令室でも、起こった事は、神戸市消防局司令課管制室とほとんど同じだった。こちらの方は神戸市より震源地からずっと離れていたのに、である(震源地が淡路島北端とすると、神戸市中央区までは約二十キロ弱、大阪市北区までは四十数キロになる)。立っていられないほどの震動、家鳴り、天井から舞い落ちるほこり、神戸中央と違うところは、最初の激しい上下動と次の横揺れの間に、わずかに重なりながらも、少しずれがあった事だろうか。ガラス窓で仕切られた北側の管制室のグラフィックパネルの上では、激しくランプが点滅し、警報が鳴り、激震エリアを中心に送電が自動的にストップされた表示があらわれ、ガラス窓を隔てた南側の事務室では、デスクの上から電話機が、コンピューターの端末モニターやパソコンモニター、テレビ、ファイル、書類が床にぶちまけられ、キャスター付きのいすがあちこち泳ぎ、ロッカーが口を開いて中身を吐き出しながら倒れかかり、本棚やラックから本やファイルが床めがけて飛び出した。頑丈なビルなのに、これほど揺れたという事は、司令所が六階にあったからではないか、という事だった。普通の建て方のビルでは、一階と上部階で揺れの振幅も速度も相当違い、当然の事ながら上部階の方が激しくなる事は、一階と上部階に別々に「加速度計」を取り付けていた高層建築[14]が、神戸、大阪に幾つかあり、はっきり記録が残っている。この揺れ方は、大阪ガスの大阪市中央区平野町四丁目の本社中央指令室も同じだったらしい。

　これはちょっと脱線、余談だが、今度の震災は、二、三週間たってから「書棚の震災」とか「本とＯＡ機器の震災」といった、冗談めかした表現が、地元でしばらく流通した。身内の死者のあるなしはともかく、全壊半壊を免れた何百万戸の家庭やオフィスで、共通に見舞われたのが、この「書棚、本箱、ＯＡ機器の散乱」だったからである。ほかにも据え置き型の食器ケースや、洋服ダンスが倒れ、吹っ飛び、運悪く寝ている所へ倒れかかられて負傷した人や、逆に壁で斜めに止まった本棚に、落ちてきた天井が支えられ、九死に一生を得た人もいた。地震が襲ってきた瞬間、これらの家具やブックケースは、「怪物」となって、大手を広げ、あるいは大口を開いて人々に襲いかかってきたのだ。無数の本や雑誌、ガラス器を吐き出しながら……。

　事情は、家屋損壊のほとんどなかった私の自宅でもそうだった。外国製の重いブックケース二つ、食器ケース、ビデオラックがひっくり返り、書庫一、二階を合わせて、約三千冊の本がぶちまけられた。ただ、天井まで作り付けになった書棚に入っていた本は、中には危ない入れ方をしてあったものもあったにもかかわらず、東西南北いずれの方角を向いていても、びくともしていなかった。

「いったい、あの瞬間、阪神間の被災地で、どのくらいの本が宙を舞ったんだろう？」

と、私は膨大なメモやリポートに目を通しながらつぶやいた。

「そりゃ、もう——何億冊じゃきかないでしょうね」と、この仕事を手伝ってくれている人物は言った。「全半壊、焼失家屋十六万戸を除いて、震度4以上の地域には百万戸以上の住居、オフィスがあります。一戸あたり百冊ってことはないでしょう」

こんなうわさを耳にした。関西の、いや日本の有数の書誌学者で、大蔵書家であるE・T某私大名誉教授が、川西市の自宅の書庫や部屋に足の踏み場のないほど積み上げてあった十五万冊の蔵書の山が、地震の時、ことごとく崩れ、彼の頭の中に整理されてあった書物の「山のマップ」が、崩壊してしまったため、再整理をあきらめ、とりあえず八万冊を古本屋に売り払った、という。何ともすさまじい話だが、二万冊、三万冊のコレクションを、「家庭内検索システム」の崩壊のために売り払ったという話は、ほかでも聞いた。処理業者も大変だったろうが、くずとして裁断する前に、古書市場筋のチェックが入らなかったのだろうか[15]？

私の家でも、数千冊の「飛び出した本」を、やっと元の秩序に戻すのに、長年働いてくれている女性秘書が、三カ月近くかかったのだから、それこそ「手を付けられない」絶望感に襲われた事は、想像に難くない。それにしても物書きとして、このエピソードは一番胸が痛み、腹の底に冷えびえとしたものを感じる。

閑話休題。

地震発生直後、関西電力では自動送電停止装置が働いて、二百六十七万軒が停電したが、午前七時半には、実害を受けた百万軒分にまで回復した。[16] この時点で本社に非常災害対策本部が設置され、本部長に鷲見禎彦副社長が座った。東京出張のため伊丹空港発の一番機に乗る予定だった秋山喜久社長は、そのまま東京へ飛び、電話会議で他電力への支援要請や、指揮を執る事になる。日本海側にある原子力発電所や、山中の水力発電所は被害がなかった。そういった電源から超高圧送電を受ける京都西、猪名川、北摂の五〇〇キロボルト変電所も無事だった。被災地中心部の尼崎東、東灘の火力発電所では、一〇キロボルトの火力発電機が、ボイラーのチューブ漏れ、地盤陥没によって操業停止に追い込まれた。そのうち東灘のガスタービン発電機は修理に長い期間を要する事になる。

変電所の被害は、二七五キロボルト系十カ所、一五四キロボルト系六カ所、七七キロボルト系三十二カ所に上った。さらにその先の六キロボルトの柱上変圧器など配電系統の被害は多数に上る。送電線路は二七五キロボルト系四線路、一五四キロボルト系七線路、七七キロボルト系二十七線路、配電線路は四百四十六回線、他に保安通信設備の通信ケーブル断線が九系統に及んだ。

それでも電力の復旧は速かった。当日十七日の午前十時には、第一回非常対策本部会議が開かれ、各電力会社、工事会社に復旧保守のための車両、人員、資材の支援を要請し、まず三千人態勢で作業が始まった。その日のうちに停電戸数は五十万戸、つまり半分に回復する。二日目の十八日午後には、それが二十万戸になり、三日目には九〇%が復旧する。一週間後の一月二十三日には、一〇〇%応急送電が完了した。

不思議な事に、大阪府北郊の箕面市にある私の自宅付近は、相当な揺れが襲ってきたのに、電気も、ガスも、水道も、つまり「ライフライン」は一度も供給停止にならなかった。後から送電網マップを調べてみると、自宅地区に電力を供給している「下穂積」「北豊中」の二つの二七五キロボルト変電所が二カ所とも無事で、大停電地域の中で、そこだけがポケット状に健在だった。

電気の復旧は、断線個所の発見も早いし、応急に倒れた電柱の電線をつなぎ、屋外からの引き込み線に直結する手段も使える。応急送電した時、抵抗の大きな所があれば、火災が発生したり、漏電の危険もあって、相当な決断が必要だったようだ。それでもライフラインのうち電気の復旧は、びっくりするほど早かった。

それに対して、ガスの復旧は、はるかに厄介で、責任者は苦難に満ちた決断の連続だったという。大阪ガスでは、供給地域を五十五ブロックにわけ、高圧、中圧、低圧、家庭用にガバナー（整圧器）で供給圧を下げて供給しているのだが、いったん元で供給を停止すると、あと復旧は極めて手間がかかる。[17]

まず数百世帯に供給するガスのバルブを掘り出してバルブを閉め、そこまでガスを送って、圧力変化などで途中配管の損傷を調べなければならない。ところが、あまりに損壊個所が多く、地域によっては地下配管がズタズタになっているので、作業量があまりに多く、全体像の把握がなかなかできなかった。そうしている間にも「ガス漏れ」通報が山ほど入り、現有勢力では対応しきれなくなったのでやむを得ず、当初二ブロック、次いで六時間後に合計五ブロックで供給停止を行った。地震の時の印象を聞くと、まず地鳴り、上下動、横揺れ、停電、家具転倒、倒壊音、そしてそれが静まったあと、「ガスのにおい」が特に屋外で印象に残った、という例が多い。ニンニク臭に似た、「警告臭」である。これで不安感にも襲われるが、同時に火の気に対する警戒注意も反射的に起こる。もう一つ、これは不幸中の幸いといっていいかどうか分からないが、大阪ガスは七〇年代初めから十六年かけて、供給源をすべてLNG、つまり液化天然ガスに変えていた。この主成分メタンは、石炭からつくったかつての一酸化炭素を含む都市ガスと違って、中毒を起こさない。さらに一酸化炭素の比重は空気とほとんど変わらないので、空間に滞留する事もあるが、メタンは火力が強いのに軽いので、速やかに拡散する。[18]

それにしても大阪ガスの復旧作業は困難を極めた。五ブロック、八十五万七千四百戸に供給が停止され、二カ月以上たった三月末でも四万戸強にガスが供給されず、一応一〇〇％復旧したのは、四月十日ごろだったのである。

〔'95・6・10〕

「水」の問題

前回の原稿をほぼ書き上げたころ――五月二十九日、例のサハリン北端のオハ市に近いネフチェゴルスクの町を襲った大地震[19]の報道が飛び込んできた。M7・6で、阪神大震災よりも大きい。テレビの映像を見ると、今度も直下型で、瓦礫の山と化したアパート群の下で、二千人以上の人が埋まっているという。火災は少なく、町の人口スケールや密度は阪神間とは比較にならないにしろ、まるで五カ月前の阪神大震災の悪夢が眼前に再現されたようで、再度、暗澹《あんたん》たる気持ちに襲われた。

数年前からの、日本列島とその延長線上の地震の発生頻度を振り返ってみると、本当に「活動期」に入ったのかもしれない。――慎重かつ広範に情報を国際的に集め、大がかりな統計処理をやってみる必要がありそうだ。

本題にかえって、電気、ガスに次ぐもう一つのライフラインである水道の初期被害状況について見ておきたい。

地震直後の上水道の「断水[20]」軒数は一番ひどく、百三十数万軒にのぼった。しかし、昭和三十二年に改正された戦後上水道の供給規定はかなり複雑で、その復旧過程の全容は、実のところ、まだ完全につかめていない。上水道の大もとの監督、許認可、検査、改良勧告権は厚生省にあり、そこから大体、地方自治体、公共団体に施設、管理、供給、料金徴収がゆだねられているが、私企業による施設、供給も認められている。「断水」といっても、水源からのパイプ欠損による圧力低下から、中間の埋設管破裂、家屋、ビル内の配管破壊と複雑であり、ガスのようにブロックごとに大もとでいったん止めて、それから末端、中間バルブを閉めて一系路ずつ破損を調べ、修理をしていく、というやり方よりも、もっとさまざまに入り組んだ修理を行わなければならない。

そのうえ「工業用水」というのがあって、これは通産省の管轄であり、下水道は建設省の管轄である。私たちの都市生活を流れる「生命・くらしの水」の流れは、それこそ大動脈から中、小動脈、毛細血管、静脈、濾過《ろか》器官を通って排泄器官まで、文字通りの「ライフライン」を形づくっている。おまけに単に水圧で送るだけでなく、管路の至る所に挟み込まれているポンプ類が、大、中、小の「心臓」の役目をしており、ここには「停電」が、致命的なダメージをもたらす。さらに消防用の「消火栓」の破壊、圧力低下は消防作業にも大きな支障をもたらした——というわけで「ウオーターライン」は単にライフラインというだけでなく、そのダメージの社会的影響は意外に多角的で広範に及んでいた。

しかし最初期の「一次被害」からの立ち直りという点で見る限り、水道はガスよりもスムーズだった。被災直後の断水百三十万軒は、十七日から十八日へかけて、百万軒に減った。——実は、これは「電気の回復」と関係しているらしい。電力供給は、被災瞬間に、安全のため自動的に二百六十七万軒がストップしたが、その日のうちに百万軒に減り、「復旧」はこのラインから始まる。水道も、少し遅れて「断水百万軒」レベルから、本格的な復旧に入ったらしい。「らしい」というのは、電力、ガスのように、供給源で「一元的に」状況が把握しにくいからである。

あとの復旧は、ガスよりはましだが、被災後、五日目、一週間ぐらいから悪戦苦闘が始まる。百万軒から六十五万軒まで回復して以後、これが二十万軒の水準まで持ち込んだのは、被災後二十四日たった二月十日ごろである。そこから、応急にほとんどゼロにまで回復するのは、さらに四十数日たった、三月二十五日前後である。つまり地震発生後、二カ月以上、六十七、八日かかっている。この時点で、ガスはまだ、十万軒のレベルで悪戦苦闘を重ね、おおむね一〇〇%に回復したのは、さらに二週間以上たった、四月十日前後であることは、先に述べた。

ただ「水」の場合は、電気、ガスに比べて、ちょっと違った状況があった。——電気、ガスは、言うまでもなく、ほとんど「末端備蓄」がきかない。供給元で、送るか送らないか、オール・オア・ナッシングの性質を持っている。

しかし、「水」は地震直後、完全倒壊をまぬかれたビル、マンションの屋上に「給水タンク」があり、これが無事だった所は、その建物の中ではしばらく水が出た[21]。私の聞いた範囲では、一日から一日半、つまりタンクがからっぽにならないうちは水が使えた、という。電気が来て、揚水ポンプが動き出すと、もうしばらく使えた、という話もある。それほど数は多くないが、例の六甲の某組組長宅のように、井戸を持っている所もあった。工業用水の井戸もあったらしいが、これは私自身、まだよく状況がつかめていない。

飲み水に関しては、全壊、半壊以外の家では、「冷蔵庫」というものがある程度の役割を果たした。氷の形でも蓄えられていたし、何よりもジュース、缶コーヒー、牛乳、ウーロン茶といった飲料類が入っていた。思いもかけなかったことだが、昨今の「名水ブーム」で、何とかの「おいしい水」のたぐいが、ペットボトルや、合成樹脂製タンクに入って、かなりストックされていたようだが、総量でどの程度になるか、とても把握できない。コンビニやスーパーなどにも、このたぐいの「パックド・ドリンク」は相当あったろう。

断水地域へ公共の給水車が破壊された道路に苦労しながら入っていく前に、周辺から合成樹脂製タンクやペットボトルに入った水が、見舞い、救援のバイクや自転車で次第に届けられ出した。この緊急時における「運搬給水」の効果については、もう少し細かく研究してみる必要があるかもしれない。

問題は、食器洗いや洗顔、洗濯、入浴、そして水洗トイレなど、「非飲料用水」や「下水まわり」の方である。「トイレ地獄」は、早い所では十七日の午後から始まって、被災地全域で大きな問題になった。何度も話が持ち上がった「中水道システム」や、水使用量の少なく、効率のいいトイレ――たとえばＪＲ新幹線の「ひかり三〇〇」型のトイレや、長距離旅客機のトイレを考えてほしい——を積んだ「トイレット・トレーラー」[22]を考案してもいいのではないだろうか？　いずれにしても、「生活用水系の災害対応」については、今度の大震災を機に、きめ細かく検討し直してみる必要がありそうである。

問題は、地震についての「情報・通信系」である。

激震がおさまったあと、幸いにも即死、重傷をまぬかれ、住居も全、半壊をまぬかれた被災地の人々も、広域停電の冬の未明のやみの中に残された。——家族が呼びあって、一応の無事を確かめあい、土ぼこりのにおいや、ガスのにおいの中で、さて、どんな被害が自宅に起こったか、火元、水元は大丈夫か、屋外、近隣の状況はどうか、このまま屋内にとどまるべきか、どこかへ避難すべきか、といった、さまざまな不安に直面する。いろいろと聞いてみたが、「大震災」にいつ襲われるかもしれない、といった生活想定のもとで、日ごろから準備をしていたような人はほとんどゼロで、つまり「不意打ち」を食ったのである。したがって、常日ごろから「非常持ち出し」用のナップザックなど、用意していた人も、少なかったと思える。暗がりの中で、懐中電灯を探し当てるのも容易ではなかったろう。かろうじてライターやマッチをともし、——そしてこれが震災直後の火災の原因になったケースが多かったとされるが——それで蝋燭《ろうそく》やランプを探し、次にポータブルやポケッタブルラジオに手を伸ばした、という人はわりといたようだ。

テレビは停電ではどうにもならない。バッテリー電源のポータブルテレビやビデオ・ヘッドホンステレオを使った、という例もあったが、ラジオに比べれば圧倒的に少ない。安い液晶のポータブルテレビが売り出されていたが、まだ携帯電話ほど普及していなかった。

で――かなりの人は、この時ラジオに手を伸ばした。中にはわざわざガレージへ行って、無事だった車のカーラジオをつけた、という人もいた。とにかく被災地の人たち、特に社会人は、停電の中で地震についての「総合的な情報」が欲しかった、という。「ものすごい地震で、近所で全壊家屋も出ましたが、何よりも電車が動いてるかどうか知りたくてね」と芦屋市に住むその人は言った。「会社が尼崎にあるんですが、そっちは無事か、被害が出たかどうか知りたかったし……」

だが――だれでも指摘するのだが、放送による「地震情報」は、直後には、あまり緊迫したものではなかった。公式情報の大もとである大阪管区気象台からの情報が、奇妙にもたついていたからである。

［'95・6・17］

取り消された「神戸震度6」

『放送批評』（放送批評懇談会発行）という老舗《しにせ》の批評誌がある。この一九九五年六月号に、坂本衛氏が「阪神大震災報道の記録」[23]という記事を、神戸、大阪の放送局に対するアンケートに基づいて書いておられるのを、編集部の許可を得て、一部引用させていただくとともに、他のリポートも参照してこの問題をチェックしてみる。

アンケートは、ラジオ・テレビ併設局としてＮＨＫ大阪、朝日放送、毎日放送、テレビ単独局としてＮＨＫ神戸、読売テレビ、関西テレビ、テレビ大阪、サンテレビ、ラジオ単独として大阪放送、ＦＭ大阪、ＦＭ８０２、ラジオ関西、兵庫ＦＭ局を対象にしている。

地震が襲ってきた一月十七日午前五時四十六分、テレビ局は、一局が東京からのネット番組を、三局がローカル番組を放送中だった。テストパターンを流していたのが二局、電波を出していなかったのが一局だった（ＮＨＫは一局とカウント）。この時間、ローカルの生放送をやっていたのは、朝日放送の「おはよう天気です」だけで、スタジオがぐらぐらと揺れ、悲鳴が上がり、出演者が避難し、一時停電した状況がバッチリ放送された。

ＮＨＫでは、五時四十九分ごろ、大阪のスタジオから宮田修アナウンサーが、「近畿地方に大きな地震がありました」と伝える。「神戸地方、震度６」の第一報が入ったのは五時五十分である。ところが、五時五十三分に東京のスタジオに引き取られた後、六時九分に、「震度６」はいったん取り消される。もう一度、「震度６」が確認されたことが東京から放送されるのは、六時十五分すぎである。その間、大阪スタジオの激しい揺れの映像や、神戸局で直撃を受けた宿直のＳさんの電話リポートがあったにもかかわらず、である。

東京からの初期地震情報は、「東海から、北陸、近畿、四国、中国にかけて広い範囲で強い地震……」といった、東京中心、東寄りの偏りがかかっていたようだ。

一方、ＭＢＳ毎日放送では、テレビが東京ＴＢＳ局からのネットで「あなたにオンタイム」を放送中で、ラジオの方も、ＴＢＳ発で「榎さんのおはようさん」を放送中だった。ＴＢＳテレビのキャスターが、五時五十一分四十八秒、東京から地震発生の第一報を伝えたが、その内容は「五時四十六分ごろ、北陸・東海地方で強い地震、各地の震度は岐阜で４、四日市、山口市で３……」というものだった。

まったく「神戸、淡路」はどこへ行っちゃったんだ！　という感じがするが、こういった、災害の情報を「総合的」に伝える社会的・公共的役割を担っているテレビ・ラジオの報道体制が、初期において、「おまぬけ」に近い状態に陥ったのは、調べていくと二つの原因がありそうだ。——一つは放送ネットワークのキーステーションがすべて東京一極に集中しているため、これほど大きな災害が起こっても、その「重大さ」や「熱さ」が、無意識的に東京からの「距離感覚」に翻訳されてしまい、情報発信の仕切りを「現場キー」に切り替える判断が遅れたこともあるだろう。関西も東京も、「関西には大震災はない」という根拠のない思い込みに汚染されていたのかもしれない。あれほど「地方の時代」「地方の自立」を唱えながら、その総合的判断については、反射的に「お上」を、「中央」をうかがうという条件付けがいつの間にかしみついていたのではないだろうか?

もう一つ、これも早い時期から何となく感じていたことだが、肝心の、最も「権威ある」地震情報を出す義務がある気象台の発表の「インパクトの薄さ」だった。地震当日、私は五時四十八分ごろ、二階から下りて来て、テレビをつけたのは六時十分ぐらいだったろうか。どの局だったか覚えていないが、すぐに地震情報になって、近畿地方の地図が出、そこへ震度の数字があらわれてくる。その時は京都府、滋賀県、兵庫県南部が「震度5」、大阪「震度4」と表示され、もうその時は、「震源地は淡路島北方、マグニチュード7・2」とテロップとアナウンスが入った。

今、考えてみると、この時は、早い段階でうたれた「震度6」が東京の方で、取り消されたいいい直後だったらしい。私はラジオの方は聴いていなかったが、『放送批評』の調査によれば、震度、震源、場所の三要素を含む「地震情報」を一番早く流したのは、あるラジオ局で、五時五十八分であり、これはテレビより五分早かったということである。

ニュースソースは「ウェザーニュース社」だったというが、この情報源をコメントした局はどこもなかった。

テレビは、その後もしばらく同じようなパターンの地震情報を繰り返したが、相変わらず兵庫県南部は震度5で、東京のスタジオからのネット報道には、さしたる緊迫感が感じられなかった。家屋もまあ無事だった私は、自分のまわりの状態から、地震「全体」を、大したことはないようだな、と思ってしまった。震度4なら「中震」、震度5は「強震」で、震度5では、「家屋の壁に割れ目ができ、墓石、石灯ろうなどが倒れ、煉瓦塀、煙突、土蔵などに破損が生ずる」という被害程度であることは、以前から知っていた。震度6[24]の「烈震」になって、初めて家屋が倒壊し、山崩れ、地割れが生ずる、という。倒壊家屋が三〇%を超えると「震度7＝激震」である。——してみると、「最高震度5」なら、全体として、「大したことはない」と、「被災地現場」を除いてつい判断してしまうのは当然であろう。

ラジオ、テレビ各局とも、発生直後から、その情報源は大阪管区気象台か気象庁だった。東京キー局経由の情報は、もっぱら気象庁の公式発表によっていた。

だが、一方では被災地地元、現場ローカルの発信源（たとえば、災害の直撃を受けて、十四分間の放送中断と、そのあと本社、スタジオが使用不能の状態になりながら、なお応急措置によってラジオ放送をつづけた「ラジオ関西」や、「サンテレビ」、「NHK神戸放送局」など）、さらに、たまたま現場居住地で直接被害を受けた職員たちから、「そんな情報タッチは違うぞ！」

と、ガンガン抗議、修正、フィードバックを受けた、関西、大阪のセミキー局のスタジオでは、数分、十数分、数十分単位で「ダメージ認識ギャップ」が、全国ネットのキー局と急速に乖離《かいり》しつつある、ということがスタジオ現場で理解されつつあった。

たとえば、以前触れた（本書では四十九ページ）、MBS毎日放送ラジオの、午前六時三十分スタートのローカルスタジオ出し生番組、「おはよう川村龍一です」のKディレクターと、この番組のパーソナリティー川村龍一氏の場合を、すこし詳細に見ていこう。

――Kディレクターは、前にも触れたように、一月十七日午前五時二十五分、神戸市西元町のマンションに迎えに来たMBSさしまわしのタクシーに乗って、阪神高速経由、大阪市茶屋町のMBS本社に向かった。川村氏もそれに前後して、芦屋の自宅にさしまわされたタクシーに乗って、MBSに向かうところだった。

運命の五時四十六分五十二秒、Kディレクターのタクシーは阪神高速の高架上、あの帝産のスキーバスが辛うじて後輪急ブレーキで踏んばった、尼崎、西宮間の高架落下現場を通過して三分ないし四分後に、高速からほうり出されそうな、ものすごい揺れに襲われた。タクシーはハンドルをとられ、運転手は前方のトラックとバスの衝突現場を辛うじてかわし、高速道側壁に車体をすりつけてなんとか止まった。――そのあと、気を取り直して、本来の下り口の海老江の一つ手前、大和田のランプから43号におり、まだ交通止めになっていなかった新淀川の十三橋を渡って（この橋は、段差ができたため、六時三十分前後に通行止めになる）何とか六時すぎにMBS九階スタジオにたどり着く。この

上：高架が倒壊してトラックが転落、積み荷が散乱（灘区味泥町）
下：民家が完全に倒壊（芦屋市伊勢崎町）

間、番組のAD（アシスタント・ディレクター）からタクシーの携帯電話に連絡があった。直ちに深夜番組明けのディレクターと、番組担当のADと打ち合わせに入ったが、そのころはまだ、「震災の全貌」がつかめず、「えらい揺れやったな」と、まわりの散乱資料や、天井、壁のラスの剝離《はくり》を見て軽口を交わす程度だった。

その間も、東京TBSキーの「榎さんのおはようさん」の放送は進行し、第一報の「東京発」の地震情報から、ローカル、つまり地元MBSのフォローを含めて、計七回の「地震情報」が報道された。そのうち、川村氏のパートナーの女性パーソナリティー豊島美雪氏が到着したが、この前後から、芦屋の自宅付近でもろに地震の直撃にあった川村氏が、カーラジオで、MBSの、自分の番組の直前の番組にインサートされる、TBSキーの「地震情報」の、あまりのたるさ、のんびりさにカッとなって、携帯電話で、MBSのスタジオ直通を呼び出した。——何という、かったるい報道だ！　おれのまわりでは、家が無数につぶれ、火災が発生し、つぶれた家屋の下になった人を救ってくれ、という悲鳴が上がり、サイレンが狂ったようになってるぞ！　と……。

〔'95・6・24〕

依然続いた「東京情報」

通常の生活感覚では、地震の「震度4・中震」と「震度5・強震」では、どこがどう違うのかあまりぴんとこない。「震度6・烈震」となると、家屋の三〇％ぐらいが倒れるケースがあるというから、これは大変だ、という実感がわくが、関西に住む私たちは、私の記憶する限り、ここ何十年か、震度5はもとより、震度4の地震も、体験してこなかったと思う。

それに、地震の大きさを表すマグニチュードが、M7・2とか8・0とか、小数点下一桁まで表示階があるのに、どうして震度階は整数一桁の表示なのか。仮に小数点下一位まで表示があるとして、震度4・0と震度5・9では、ほとんど2の開きがあるが、ここでは四捨五入は使っているのか？――もし「気温」が、この方式で表示されるとすれば、「気温1」の最低は一〇℃、「気温2」の最高は二九℃になるわけで、これはだれでも実感できるように、前者は早春の気温でオーバーやセーター、マフラーが要り、後者は夏の季節の温度で、半そでシャツに扇子でもほしいところである。

気温、気圧、湿度、降水率、風といったほど、私たちの日常生活に密着した情報ではないにせよ、これだけ活断層の多い、地震多発国の日本では、それなりに重要な社会的意味を持っている「地震情報」、特にその最も基本となる「震度」の感知と分布の発表システムには、実に奇妙で首をひねらされる点が多い。私自身、多少「知ってるつもり」で、今度腑《ふ》に落ちないことがいくつもあったので調べてみて、いささか呆然とした。何だか「学界」と「官制」と「習慣」と「権威」といったものがつくり出す、茫漠《ぼうばく》たる迷宮に足を踏み入れたような気がしたからである。例えば、0から7まで八段階ある日本の「気象庁震度階」は、日本だけに通用するもので、国際的には「改正メリカル震度階[25]」という十二段階のものが広く使われている――今度のサハリン北部の地震は、この表示が使われていた――ということは知っていたが、実は地震の大きさを表すマグニチュード[26]にも、「気象庁マグニチュード」と「モメント・マグニチュード」、それに河角広博士によって始められた「河角マグニチュード」など七種類があることは、今回初めて知った。「河角マグニチュード」は、国際的に広く使われている「グーテンベルク゠リヒターマグニチュード」より少し大きく出ているので、理科年表の「地震史」などは、それを補正して表示してある、ということである。

　これでは、気温や気圧と違って「震度階」や「マグニチュード」から、直接国際比較はできないではないか。なぜこんなことになっているのか、いささか心細い気になるが、その理由は素人にはなかなかわからない。事態は急速に改善されつつあるようではあるが、この問題は、のちの章でもっと詳しく突っ込んでみるつもりである。それというのも、今までそれほど直接社会生活に関係ないように思われてきた、「震度階」というものが、いつの間にか、社会的システムの「行動規範」として、かなり広範に組み込まれつつあるからである。

その一つの例が、前回から取り上げてきた、毎日放送ラジオの震災当日初期の「対応」に見られる。

この六月に、毎日放送から『阪神大震災の被災者にラジオ放送は何ができたか』（毎日放送編、同朋舎出版）というB5判二百四十四ページのリポートが発売された。

これは一月十七日午前六時半から二十八日まで約二百五十時間にわたって続けられたMBSラジオの「震災特番」の全テープを、スタッフ八人がかりで二カ月かけて起こし、四百字詰め原稿用紙四千枚という膨大な量になったものを、さらに六百枚に整理し、それに十二人のアナウンサー、放送スタッフのインタビューを添えてまとめ上げたもので、省略はあっても修飾はなく、実に迫力のある、文字通りの系統的ドキュメントになっている。特に、被災地とのやり取りから、ラジオ放送局は、「被災地の、被災者のためにだけ役に立つ情報報道に絞り込み、非被災地のリスナーはある意味で切り捨てる」といった、テレビと役割分担した方針を取ることにした、その決断は鮮やかに見てとれる。その意味でも実に貴重な記録と言うほかない。

この記録に従って、TBS＝MBSのラジオ番組の放送経過をたどってみよう――前回にも触れたように、一月十七日午前五時三十分、東京TBSから、榎本勝起氏によって、「榎さんのおはようさん」が、「東京は冷え込んでおりますよー」の第一声で始まった。五時三十七分、この日最初のニュース「社会党の二十四人が離党」の報道に続いて、四十五分、大川栄策の「さざんかの宿」が流れる。ＣＭをはさんで五十分、東京スタジオで地震が感じられて、スタジオの表示は「震度１」であることを告げる。

続いてまた歌が流れるが、二分後の五十二分、「地震情報」をブレークインさせて、ニュースデスクに引き渡す。デスクは「五時四十九分ごろ」東海から関西地方へかけて大きな地震があったことを告げ、「彦根、京都震度５、震度４の中震が岐阜、四日市、和歌山、姫路、福井、伊賀上野、津、敦賀、大阪、震度３の弱震が山口」とリポートする。ここでは神戸は入っていない。――発生時刻を二分強遅い「五時四十九分」としたのは、地震波の伝わるのに時間がかかったからで、明らかに「東京中心」の情報であることがわかる。

そのころ、ＭＢＳの「おはよう川村龍一です」のＫディレクターのタクシーは、背後で六百三十メートルにわたって阪神高速の高架が落ちたことも知らず、やっとのことで高速を下り、段差のある十三大橋を渡ったところで、本社で準備中のＡＤから携帯電話に連絡を受け、到着次第ラジオ報道で打ち合わせと告げられた。ＡＤはそのあと川村龍一、豊島美雪両パーソナリティーの携帯電話にも、連絡を入れる。午前六時本社に着いたディレクターは九階のラジオ局で打ち合わせに入る。この時刻、東京のスタジオから地震情報の第二報が入り、「彦根、京都、豊岡、震度５。広島、福山、岡山、姫路、神戸、四日市、震度4、名古屋震度3」と告げ、この時初めて「震源地は淡路島で、震源の深さ二〇キロ、マグニチュード7・2」の規模、震源情報が入る。

マイクは続いて大阪MBSラジオの報道スタジオに切り替わり、増田一樹アナが、「五時四十八分ごろ」近畿、四国、中国地方で強い地震があり、「震度5の強震が京都、豊岡、彦根、震度4が大阪、和歌山、姫路、徳島、高知」と告げる。この時初めて大阪管区気象台の発表として「津波の恐れはない」と報道。続いて「日本気象協会関西本部」杉山輝吉氏にマイクが回り、初めて「五時四十六分ごろ」と正確な時刻が告げられた。

震源地も緯度、経度で示されたが、「震度5は豊岡、彦根、京都、震度4は津、敦賀、福井、岐阜、その他舞鶴、大阪」と、何だかいやに「北陸寄り」の報道になっている。

――そしてこの二、三分後の六時九分、五時五十分に大阪NHKテレビが第一報を打った「神戸震度6」が、東京NHKテレビのアナによって「取り消され」た。

そして、そのころ――MBSのラジオ制作部では、次第に近づいてくる大阪発の生本番「おはよう川村龍一です」を前にして、一つの「決断」を迫られつつあった。気象台の情報を聴き、NHKテレビを見ても、神戸地区は震度4、大阪も震度4だった。「震度5」は、京都、豊岡、彦根とある。豊島パーソナリティーは、まもなく到着しそうだが、川村氏は、交通事情の混乱のため、六時三十分の本番に間に合いそうもない。

ところで、前年暮れに回ってきた地震についての報道マニュアルを見ると、「京阪神地区震度5」なら、「CMを飛ばして特番扱いにする」とある。大阪は「震度4」、京都は「震度5」だが、兵庫南、神戸はまだ震度4のままだ。

あと十数分で始まる「大阪発生本番」を「特番」にするかどうか——民放としては、「CMを飛ばす」というのは、相当な決断を要するところだ。朝まだ早く、上司とは連絡は取れない。

六時二十分、豊島パーソナリティーはMBSに到着、通信社から神戸震度6の情報も入った。川村氏はまだ車の中だが、携帯電話を通じて、周囲の状況を緊迫した調子で伝え、東京キーの「地震情報」のたるさを伝えてくる。——ついに本番十分前、Kディレクターは、始末書覚悟の「現場判断」で、六時三十分からの大阪発を、CMを飛ばして「地震報道」を中心とする「特別番組」にする決断をして、スタジオや報道スタジオ、AD、車の川村氏に伝えた。ちょうどそのころ、東京のスタジオは、「神戸で震度6」を伝えた。

そして六時三十分、豊島パーソナリティーは、「おはようございます」の第一声から、五時四十六分の地震を伝え、まだ到着しない川村氏を携帯電話で呼び出した。川村氏は、今、武庫川を国道2号で渡った西大島のあたりを走っていることを伝え、芦屋の自宅付近では、停電で交通信号も消え、周りの家もつぶれて、「阪神高速は落ちました！」と伝えた。

この時から、彼の携帯電話は、オンエア用の「移動する現場マイク」になったのである。

［'95・7・1］

放送メディアの教訓

「阪神高速落下！」の第一報を、現場近くのタクシーの中から携帯電話で、自分が生出演するはずだったMBSラジオの「おはよう川村龍一です」のスタジオに送った川村龍一氏に、この五月三十一日、全国民放百八十三社とNHKの番組の優秀作品に贈られる「ギャラクシー賞」[27]（第三十二回）の中で、テレビから一人、ラジオから一人に贈られる「個人賞」の、ラジオ個人賞、DJパーソナリティ賞が贈られた。民放ラジオの早朝番組としては、珍しいことだが、この時の「異常事態」に偶然、巻き込まれたパーソナリティーとスタジオの、何ともいえぬ緊迫感と臨場感、そして電波報道に対する「使命感」が、その後のMBSラジオの震災報道の基本的方向を決めたといっていいだろう。

テレビの方の対応もMBSは早かった。――地震発生の時は、TBSキーの「あなたにオンタイム」という早朝番組が放映中だったが、五時五十一分四十八秒に地震についてのコメントが入り、五分後の五十六分二十四秒に「JNN地震速報」の第一報スーパーが入った。六時七分、MBSテレビスタジオから初めて映像が送られ、報道スタジオの揺れる有り様をVTRで再現した。――この少しあとの六時九分、NHK東京のテレビは、五時五十分にうった「神戸震度6」を取り消している。地元の気象台の情報も混乱したが、六時十五分には震度6を再確認し、六時二十分ごろにMBSテレビが流した。ラジオの方は、MBS出しの六時半から、「CM抜き」の特番体制に切り替えた。テレビの方は、TBS出しのCMをどうするかのやり取りで、もう少し決定に時間がかかったが、それでも二時間遅れの八時半からCMとばしの特番体制に入る。――どちらも在阪民放局で最も早く、その特番枠放送時間も最も長くて、二日後の十九日午前十時まで、ラジオは五十一時間三十分、テレビは十九日午前五時三十分まで、四十六時間にわたって、「特別報道番組」体制が続けられる。

六時半から特番体制に入ったラジオのスタジオには、パーソナリティー川村氏の携帯電話リポートに加えて、伊丹空港へ向かっていた田丸一男アナの同じく携帯電話ルポ、六甲アイランドで被災した美藤啓文アナの電話ルポも続々と入り、被害のスケールが徐々に把握されてきた。それを踏まえて、テレビ取材班も次々に被災地現場へ向かった。六時四十五分、ヘリ空撮取材スタッフがヘリコプター基地のある大阪府の八尾空港に出発、午前七時三十五分、離陸。夜はもう明けていたが、最初の方針にしたがって、震源地の淡路島北端、明石海峡へ向けて、大阪湾を西へ横断してまっすぐ飛ぶことにしたので、神戸市長田区の大火災の煙は見たろうが、とにかく映像は送ってこない。――八尾空港から明石海峡まで、直線距離で五十数キロ、約三十分間でヘリは第一目標に到達し、八時五分から、北淡町の被災現場の空撮のライブ映像を送りはじめる。これも緊急飛行許可をどう取ったか知らないが、ずいぶん機敏な話で、民放、NHKを含めて、ヘリ空撮映像は一番早かった。

二月一日に、私の東京事務所に知らない方からファクスが送られてきた。その方は、毎朝七時から八時半まで、TBSテレビの映像を録画されているということだが、当日のテープをプレーバックして、「東京の一般市民家庭」で、TBSテレビを通じて、どんな地震報道と映像に接することができたかをメモにして送ってくださった。

それによると、七時十分に、キャスターのコメントで「伊丹に倒壊家屋がある模様」、七時二十五分「西宮の三カ所で火災発生」「一一九はパニック状態」「JR芦屋で脱線」、七時三十四分「洲本で十四軒倒壊」、そして七時五十二分、MBS地上班の映像が初めて入り「これは川西市の映像です」とコメントする。八時〇分「西宮で多数の生き埋めがある模様」、そして八時六分からヘリコプターの空撮映像の生中継が始まり、八時八分「淡路島北部の倒壊家屋」、八時十六分から神戸上空へ向かい、八時十九分「須磨区の火災」、八時二十三分「長田区の火災」、そして八時二十四分「阪神高速崩壊現場、横倒し」、八時二十九分「三宮ビル崩壊多数」、八時四十一分「阪神電車転覆映像」「伊丹駅崩壊現場」「道路渋滞状況」とあり、その方は「すでに八時すぎには、M7・2都市直下型のせい惨な映像が画面いっぱいに映し出されていました。この映像を東京で見ている役人が、木造家屋が多数倒壊し多数の人が生き埋めになっているのではないか、ということを、なぜ直感できなかったのでしょうか?」とのコメントを添えられている。

総理、内閣中枢各行政トップが、いつ事態のスケールと重大さをさとり、緊急対応を立ち上げる体制に入ったかは、各省庁や大臣秘書、国会関係を丹念に回ってみなくてはならないが、実のところ、まだそこまでは手が回っていない。

おそらく総理も官房長官もその日の全国紙朝刊一面の報ずる「山花新党」の方に気をとられていたのだろう。

私自身は、その時自宅で偶然4チャンネルMBSを見ていた。NHKに八時に切り替え、空撮が入ってからはくぎ付けになってしまった。——阪神高速が六百三十五メートルにわたって「横倒し」になっている映像を見た時、いすに座ったまま「腰がぬけた」ことは、以前、他誌にも書いた。「震度6」なんてうそだ！　震度7、いやもっとすごい、と心の中で叫んだのも、ヘリ映像の展開を見ながらだった。

そしてこれ以後、民放、NHK各局が続々とヘリを飛ばしはじめ、地上取材の中継車も殺到しはじめた。——MBSでは、ヘリ三機、TBSから応援ヘリ五機、ほかにネット系列局のCBC、RCC、RSKから各一機合計十一機のヘリがピーク時に投入された。NHK、民放、新聞社、消防署、警察、自衛隊を合わせて一番のラッシュ時には四十八機のヘリが阪神間上空に殺到したというから、——倒壊家屋の生き埋めになった人たちに声をかけながら助けようとしていた人たちからは、やかましい！　とクレームの声が上がり、地元の視聴者からは、どの局も同じような空撮映像ばかりだ、もっときめ細かく、違った絵を映せ、というクレームが多かったというが、しかし、「ヘリ空撮の功罪」ということを考える時、少なくとも初期、一日目は、「被害の全体像」を把握し、重大さを実感させるのにどんなに大きな役割を果たしたか、ということは否定できない。ただ全国ネットのテレビの場合、在阪局は、スタッフを百人から百五十人（MBSの場合、東京、系列局の応援を含めて合計四百八十二人）、当然、局アナも十数人単位で現場へ投入されたので、地元局では当日午前中、圧倒的な人手不足に陥り、勢い番組の引き取りと仕切りを東京キー局にゆだねる形になり、そのどうしようもない距離が、「緊急報道番組」の緊迫性、地元住民からのフィードバックに対する対応の適切さ、機敏さがぬるくなり、ニュース「ショー」やワイド「ショー」的なやじ馬的感覚がちらつきがちだった。――私自身も、九時すぎごろ、いらだって知り合いの東京キー局の報道関係者に電話し、「地元仕切りに切り替えろ！」と言おうとしたが、もうその時は、電話は地元も東京も完全に不通状態だった。

電話は、ヘリ空撮が惨状の全貌を映し出すにつれ、そして、事態の異常さ、重要さが全国多数の人々や企業に認識されるにつれ、たちまち回線使用数が急上昇し、自動交換機は自衛システムが働いて、入信をカットしはじめ、家庭電話が真っ先に、次に業務用専用線の一部も、そしてついには携帯電話もヒートアップしてしまった。ただ、なぜか「公衆電話」[28]はかなりな数が「生きて」おり、地元の人々が列をつくり出す。

気象台の表示する震度は、相変わらず6のままであり、ようやく震度7がうたれるのは被災地現場に目視調査が入ったあと、三日目のことである。

震度だけでなく、もう一つ奇妙なずれを見せたのは、ようやく七時半であり、一時間後の八時三十六分に「死者一人」がテレビに出たのは、ようやく七時半の発表で「八人」、ようやく二けたの「二十二人」、続いて九時二十分に「三人」、九時半の発表で「八人」、ようやく二けたの「二十二人」になるのは十時三分、三けたの百三十一人になるのが十一時三十五分である。――現場の救急隊は当然のことながら、負傷者、生き埋め者の「救出」を最重要視し、死者は収容し、救急病院に運んで「死亡確認」をしてから、警察本部へ報告が上がるから、遅れも仕方がないと思うが、やはりこの「ずれ」も、被害全体数の大きさ、重要さの実感を遅れさせることになった。

午前中から午後にかけて、在阪各新聞社は「号外」を出した。昔のように鈴を鳴らして走り回ることはしなかったろうが、郊外の私の家にはこなかった。後で見ると、「阪神間の大地震、家屋倒壊、死者多数」という字は躍っているが、死者数はまだ出ない。ようやく夕刊になって、各紙一斉に「死者四百三十人余!」という大見出しが叫び出した。

――それでも、最終五千五百人を超える死者の数とはほど遠かった。「五千人」を超える報道は、ちょうど一週間後の一月二十四日朝刊になってからである。

〔'95・7・8〕

1月17日 火曜日

MAINICHI

毎日新聞

号外

近畿で大地震

淡路島震源 M7.2

神戸 震度6

高速道落下、倒壊…死傷多数

当日発行された『毎日新聞』号外（大阪本社版）

届かなかった「一年生議員」の叫び

まだ薄暗い被災地現場に閉じ込められた、関西民放ラジオのパーソナリティー、キャスター、アナウンサーの携帯電話による緊急リポートが、在阪局の電波を通じて、徐々に大震災の「全貌」を浮き彫りにし始めた一月十七日午前七時ごろ——。

同様の激甚災害を被った神戸市東灘区の住吉川の付近から、やはり一つの携帯電話を通じて、周りの死者、負傷者、倒壊家屋と発生しつつある火災について熱い叫びが上がっていた。ただし、その通話先は、関西を飛び越して、日本の政治中枢が集中する東京にある議員宿舎の、武村正義蔵相の部屋につながっていた。

「神戸で大地震がありました!」

と泣かんばかりの声で叫んでいたのは、地元兵庫一区選出の「さきがけ」所属の若い衆議院議員、高見裕一氏。寝起きの武村蔵相は、「え? 地震?」とびっくりしたようだった。

前後の事情からみて、この携帯電話が、政権中枢に地元国会議員から「直接」入った地震情報の第一報だったと思われる。

高見議員が、この四月、「KKほんの木」という、主として環境問題やボランティア活動に関する書物を出している出版社から出した、『阪神・淡路大震災　官災・民災この国の責任』という著書によると、当日、東灘区の3LDKの賃貸マンションで、地震の直撃を受け、「寝ていたベッドにほうり出された上、そのベッドに上から襲いかかられる」という、ほとんどオカルト的な体験をしたという。暗やみの中で、何とか夫人とお嬢さんの安否を確かめたあと、近所の人の車を借りて、近くに一人で住む御母堂の安否を確かめに走った。道がずたずたになっている所を何とか、山手幹線の南側の、惨憺《さんたん》たる崩壊地域で御母堂の無事を確かめ、続いて完全崩壊した弟さんの家を訪ね、彼が「火災発生の可能性がある」と言って家族と付近の人を、近所の小学校に誘導して無事なことを確かめたうえ、午前六時三十分か四十分ごろ、携帯電話で議員秘書を呼び出し、秘書の招集を命じて、その次の段階で、自分の政治家としての「師匠」にあたる武村蔵相を呼び出した、というわけである。

高見議員は、一九五六年神戸生まれ、今年三十九歳の若手だ。追手門学院大学在学時代から、「関西リサイクル運動市民の会」を立ち上げ、のちこれを全国展開して「日本リサイクル運動市民の会」をつくり、その代表から代表顧問になった。省資源、省エネ、環境保全などについての、若いころからの「市民・社会運動家」である。同会の事業の一部として、低農薬有機野菜の宅配事業「らでぃっしゅぼーや」を運営し、成功させている。

私自身、昭和十年から二十数年間にわたって西宮に住んでいたから肌で分かるのだが、阪神間という地域は、戦前から、市民の自主的な生活改良運動[29]や文化活動が盛んな所だ。灘神戸生協のように、日本で初めての生活協同組合が戦前からあったし、消費組合の建物の中では、絵画教室やママさんコーラスの会なども行われた。神戸女学院などミッション系の女子スクールの歴史が古く、一般に主婦の学歴、教養も高かったこともあろう。子供会などには、旧制中学や高専の生徒も世話人として参加したし、いわば阪神間は、戦前からのボランティアの本場だったのである。

学生時代の草の根リサイクル運動を、社会人になっても続けていた高見氏は、十年ほど前、当時、滋賀県知事だった武村氏に会いに行く。これは、当時私も注目していたが、琵琶湖の水質汚染の進行を避けるため「琵琶湖条例」という、自治体レベルとしては画期的な条例を成立させたことに関心を持ったからだった。以後、武村氏と高見氏の交流が始まり、武村氏はその後、衆議院に自民党から立候補して当選、そして九二年の暮れ、高見氏は当時自民党の環境部会長だった武村氏に呼ばれ、そのころ日本新党を準備中だった細川護熙氏に引き合わされて、立候補を勧められる。高見氏は東京から生まれ故郷の神戸に移り、九三年七月の総選挙で、日本新党から立候補して初当選、翌年、新党を離れて「民主の風」を結成、そのあと武村氏が党首の「さきがけ」に移籍する。

ようやく一年生議員から一歩を踏み出した九四年の末、高見氏は国会の「災害対策特別委員会」の理事になる。そのほかに運輸委員会や逓信委員会のメンバーだが、ちょう

帯状の激甚災害

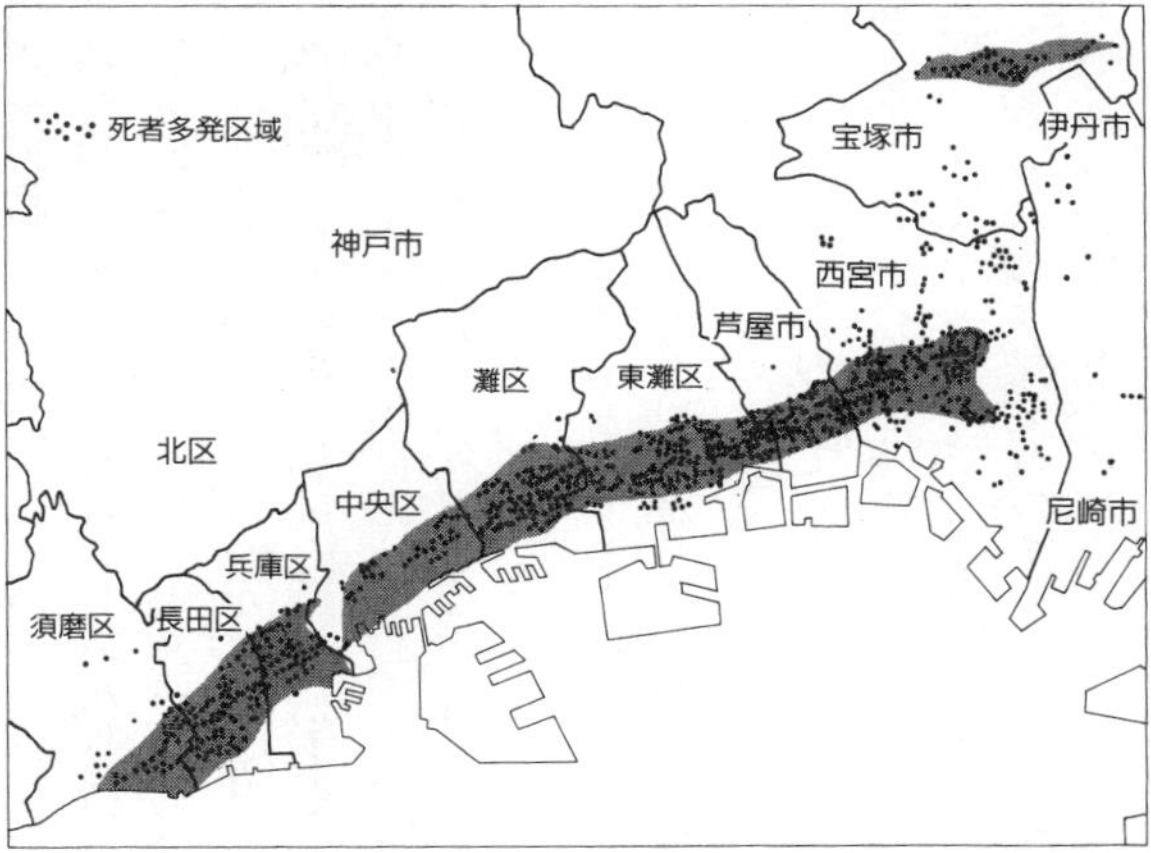

死者多発区域
宝塚市
伊丹市
神戸市
西宮市
芦屋市
灘区
東灘区
北区
中央区
尼崎市
兵庫区
須磨区
長田区

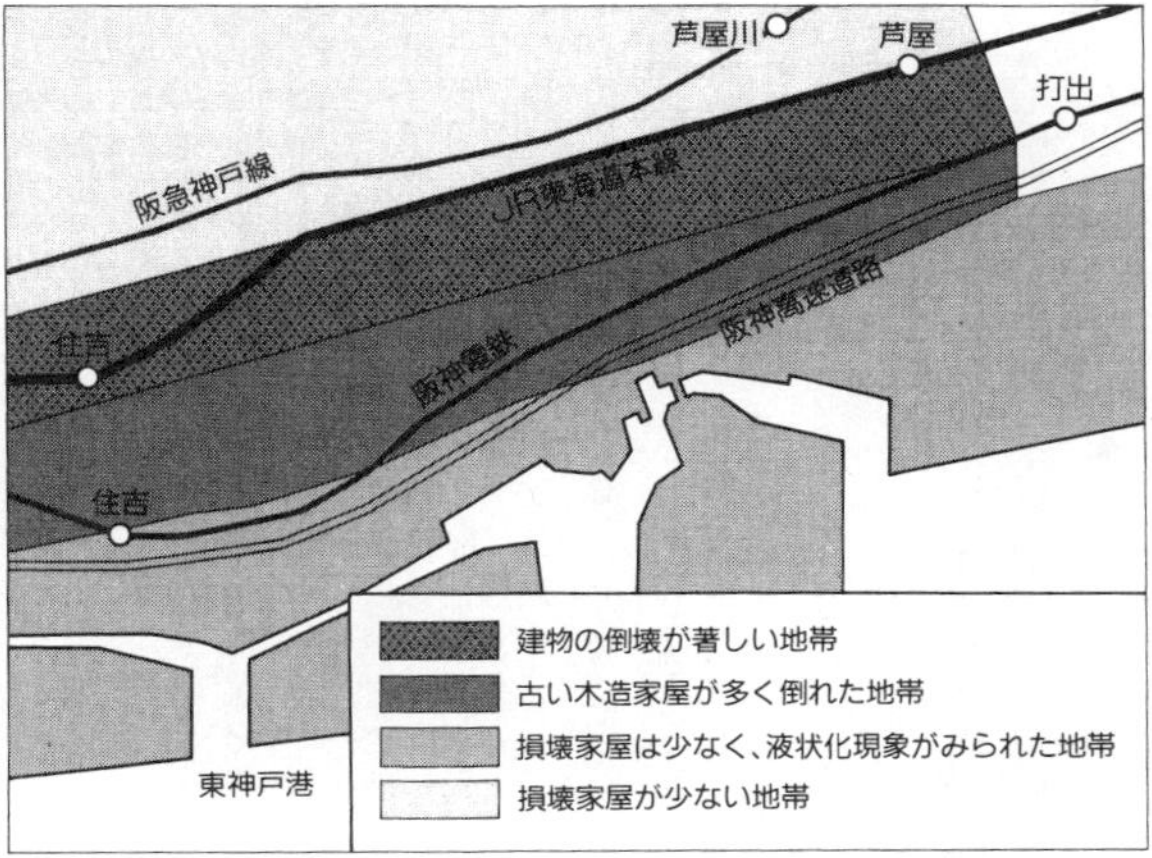

芦屋川
芦屋
打出
阪急神戸線
JR東海道本線
住吉
阪神電鉄
阪神高速道路
住吉
東神戸港
建物の倒壊が著しい地帯
古い木造家屋が多く倒れた地帯
損壊家屋は少なく、液状化現象がみられた地帯
損壊家屋が少ない地帯

ど災害対策特別委に入ったとたんに、一月十七日の大震災に遭ったわけだ。

家族の無事を確認し、避難させてから高見議員は倒壊、火災、そして死者や負傷者の姿が至る所に見られる被災地を走り回り、家屋の下敷きになった人を助けるのに人手を求め、通りがかりの車に大声をかけ、一方では携帯電話で、東京の秘書を、官邸を呼び出し続けた。地震直後から市内通話は完全不通になった。

「市役所も、県庁も、消防署、警察、一一〇番、一一九番はもちろん入れたが、全部話し中でつながらない」（『阪神・淡路大震災　官災・民災この国の責任』五十四ページ）と高見氏は著書の中で書いている。

「東京にしかつながらなかった私の携帯電話は、はじめの頃の午前七時、八時でも三回に一回しかつながらなかった。それが九時台には五回に一回になり、十時を過ぎると十回ぐらいかけないとつながらなくなっていた。そして午後一時を過ぎる頃には、もう何回プッシュボタンを押してもだめ、完全につながらなくなってしまった。もうどことも連絡が取れない」（同書六十五－六十六ページ）

だが、ヒートアップ[30]してしまう以前、午前六時半から午後一時まで、その携帯電話が、おそらくただ一つ、被災地のまっただ中から、政治中枢の官邸へ、議員宿舎へ、議員会館や国会へ、そして中央官庁や大臣室へ、直接つながっていた「ホットライン」だっただろう。だが、現場からの必死の叫びを受け止める政治中枢は、あまりに遠く、反応は鈍く、対応は重かった。

被害状況が容易なものでないことが「見えて」くるにつれ、高見議員の焦りも高まってくる。武村蔵相に電話したあと、彼はアドレス帳で衆議院議長公邸の電話番号を見つけ、同じ兵庫選出の土井たか子議長に電話するが、あいにくと不在。そのうち八時二十分ごろ、今度は彼の携帯電話に東京から社会党の五島正規衆議院議員のコールが入る。被害の巨大さ、悲惨さを描写しながら、「国家非常事態宣言でも緊急事態宣言でも出してくれ！　あらゆる対応を取るように官邸に電話してくれ！」と叫ぶ。

さらに彼は、死者と負傷者、下敷きのままの人々の数を見て「これは警察[31]や消防隊の千人や二千人の出動では対処し切れない。万人単位で自衛隊に出動してもらわねば」と思い、議員秘書に電話して防衛庁に連絡させる。がその返事は「県からの要請がなければ……」というものだった。県庁との電話はつながらないので、兵庫県の東京事務所から、専用回線で知事に出動を要請してもらうようにと頼む。それも「県として情報収集中で、一応上へ上げましたが……」というタッチなので、ついに彼は秘書に「玉沢徳一郎防衛庁長官に直接電話して、議員バッジを外されてもいいから出動を要請してくれ！」と叫ぶ。

高見議員の「手記」を読んでいると、ここらあたりから、「国家中枢」と「地方」の「認識ギャップ」の拡大ぶりに、絶望的な感覚に襲われていく過程が、手に取るように分かる。それは「現場」と「自治体行政中枢」ともそうだった。結局、兵庫県知事から自衛隊の正式出動要請がなされたのは、午前十時のことだった。

その後も彼は被災地を駆け回り、下敷きになった人の救出に手を貸し、負傷者を運び、倒壊家屋に挟まれたまま息を引き取っていく老人や子供の体をさすり、文字通り「泣きながら」携帯電話をかけ続けた。五十嵐広三官房長官にもかけ、病院を訪ねて医師に薬が足りないと言われると、すぐに厚生省へかけて、必要な薬品の名前と量を告げ、緊急手配を要請した。

その間、消防車やパトカーの姿はほとんど見かけなかった、と彼は証言している。――ある街角に消防車が一台止まっていたが、消防士の姿はなかった。長く伸ばしたホースの先で、水源の確保に追われていたらしい。昼すぎ、やっと一台のパトカーを見かけたが、救出手助けの要望に、ほかの所も見回らなければならないから、と二、三分で走り去る。――こうして高見議員は、十日後の一月二十六日午後の衆院予算委員会で、現況報告をするために上京するまで、九日間被災地を駆け回る。この間、高見議員が実感したのは、平常の生活では、社会秩序の安定と、行政の公平を守るための「手続き」が、非常事態の時には役に立たないばかりか、邪魔になる、ということだったであろう。

この手記を含む著書は、ついこの間までは草の根社会運動家だった駆け出しの議員が、この大震災の現場で悪戦苦闘しながら、「国政の責任」ということを急速に感得し、一人のしっかりした「ステーツマン」として育ち上がっていくドキュメンタリーとしても、感動に値するものである。

［'95・7・15］

第二章　全貌を把握するために

あの日から半年

早いもので、あの大震災の日から今週で半年が過ぎた。

この連載を始めてからも、すでに三カ月半が経過している。

だれでも思うだろうが、今年一九九五年の前半は、びっくりするような事件の連続だった。一月十七日の大震災の全貌がようやく明らかになってきた三月の後半、今度は東京の中心部で「地下鉄サリン事件」が起き、ニュースの焦点は「オウム問題」に集中していく。そうこうしているうちに、四月の知事選で東京都知事、大阪府知事に、どちらも元参院議員の芸能タレントが当選する、というプロ政党、政治家真っ青の異変が起こる。一方で円高、株安は引き続き危険水準に迫り「大震災、円高サリンにパンパカパン」という不謹慎な川柳（川柳というものはもともとこっけいなものだが）を聞いたのは、ちょうどそのころだった。

そして五月、今度はサハリン北端の石油採掘をやっている町ネフチェゴルスクの直下で地震が起こり、五階建ての石造アパートがぐしゃぐしゃに崩れ、二千人もの住民が圧死した。六月に入って、ＪＲ西日本[1]に続いて阪急電鉄[2]、阪神電鉄[3]が一応全線開通し、まだ仮設住宅に住む人はかなりいたが、瓦礫《がれき》の山や倒壊ビルも片付けられ、再建、復興の方向づけも検討され始めて、ようやく被災地に明るさと活気が戻りかけた時、今度はお隣の韓国で、あっけにとられるような「事故」が起こった。六月二十九日夕刻、ソウル南郊にある三豊百貨店の五階建ての売り場が、突然全階崩れ落ち、何百人かの客が生き埋めになったのである。

私は最初てっきり地震の少ない韓国にも地震が起こったのだ、と思った。しかし、地震でもなく、アメリカ・オクラホマシティーの連邦ビルのように、テロリストの爆弾によるものでもなく、ただ手抜き工事と無理がたたって、突然崩壊したのだと知って、あっけにとられた。

とにかく、今年前半は、日本だけでなくやたらあちこちで、ビル、高層アパートの崩壊した光景が見られた時期だった。

そして、七月に入ると梅雨の長雨で、九州北西部では多数の家屋が床上浸水し、町が濁水に半分水浸しになった所もあった。

まったく、「災害列島」ともいうべき状態だが、しかし、その災害の中でも、「阪神大震災」に限っていえば、その手ひどいダメージに意気消沈するのではなく、そのダメージを越え、災害の「実像」に迫り、そこから将来へかけての貴重な教訓を――それも阪神間、関西のためだけではなく、日本と、世界の地震多発地帯にも通用する「普遍化された教訓」を抽出し、一方、都市計画から建物、ライフライン、救援、市民生活に至る、耐震、防災の「新技術」を開発し、社会の安全性を改善していこうとする意欲が動き始めているように感じられる。

震災から半年、すでに私の手元には、さまざまな企業、公共機関、専門学会、研究機構から送られてきた震災リポートや特集広報誌が、膨大な数に上っている。さらに新聞全国紙が発行してきた震災特集の縮刷版のたぐいが、一カ月後、二カ月後、三カ月後、五カ月後と送られてきている。私自身も、全国紙五紙の震災関係のスクラップを、当日夕刊から始め、現在も継続中だ。

そのほか週刊誌八誌、グラフ誌三誌、科学誌二誌は、発生の時から三カ月分は全部そのまま保存してある。月刊の総合誌、オピニオン誌も、七誌をストックし続けている。さらに、これは今までに集めてあった、地震学や災害史の研究文献のコレクションに加えて、今回新しく発行されたものを買い集めた。

それに加えて、オンエアされたテレビのビデオカセットが二十数本、ラジオのオーディオカセットが十数本ある。一本大体二時間くらいだ。パソコンネットの方はとても手が回らないので、マスコミ関係に勤める二男に頼んでチェックしてもらっている。

とにかく、目下私の書斎は、地震、震災関係の資料、文献、リポート、ペーパーに周りを占領され、とてもまだ全部を整理し、突き合わせるところまでいかないが、日々、悪戦苦闘中である。そして、震災直後の一月末から二月へかけて、あちこちのマスコミで「それぞれの業界、団体ごとに特化した〝大震災情報センター〟を作り、それを横につないだネットワークを形成してほしい」と訴えた。

まず、「災害の正確な描像」を把握するために、「一次情報記録」を集積すべきだ、と考えたのは私だけでなかったらしく、あちこちで「震災情報・記録研究センター」が誕生しつつあるという話が聞こえてきた。まだ正式に取材していないが、神戸に「震災文庫」を作るという話を聞いた。また「関西サイエンス・フォーラム」（理事長・秋山喜久関西電力社長）では、今回の大震災の直前に、大勢の人たちによって認められた「異常前駆現象」――空の光や犬、ネズミ、鳥などの異常行動を、アンケートなどで広く集めて、統計的研究をするネットワークづくりを始めた。この研究は、中国遼寧省で一九七五年に起こった「海城地震」の時認められ、それが「警報」として、被災の軽減に役立った、という実績を踏まえ、日本でも力武常次先生が早くから唱えられ、関西では大阪市立大学の「阪神大震災学術調査団・前兆現象調査グループ」の弘原海《わだつみ》清・理学部教授を中心に早くから進められている。

また、神戸大学では文学部まで含む十学部合同で、総合調査研究会を発足させた。

考えてみれば、今度の大震災は、これまでの日本の社会が経験した地震と、ちょっと時代的、社会的背景が違うように思う。確かに三百五十万の都市民の住む地域の直下で起こり、アッという間に五千五百人余の死者と十兆円の被害を発生させたそのダメージは相当なものだが、その被災区域は北淡、明石から東に向かって幅二キロ前後、長さ二十キロから、せいぜい三、四十キロの、極めて局限された区域であり、しかも、その被災地でも、すべてがべったり破壊されたわけではなく――これは私も初めて見る「活断層直下型地震」の異様さというべきかもしれないが、ある街並みがベルト状に全壊を被っていながら、道路一つ隔てた向かいでは、大したことはない、という「被害のむら」があちこちに見られた。ある高層ビルはぐしゃぐしゃになっても、その隣の新しいビルはぴんしゃんしているといった光景もたくさん見られた。

そして、この局限化された激甚災害地区の「近隣」には、被害がそれほどでなかった、高度の経済、社会活性をもった、大阪、京都の二府二政令都市圏があり、被害中心地にも一政令都市、二つの高級住宅都市、海岸地帯のコンビナート、そして国立総合大学をはじめ、いくつもの歴史の古い公立、私立の大学が存在していた。大阪には六つのセミキーテレビ局、四つのAMラジオ局、二つのFM局があり、五つの全国紙大阪本社があった。これらのマスコミが、被災地へ飛ばし始めたヘリによって、災害発生二時間余で、その被害の「全貌」の映像が、全国ネットで送られ始めた。

この被災地に含まれる兵庫県伊丹市には、自衛隊の「中部方面総監部」も存在していた。同じ伊丹の大阪空港、泉南の関西新空港はともに無事で、エアラインは運航していた。

こうみてくると、今度の地震は「広域大都市圏の限定された区域」で起こり、しかも、この災害を取り巻く社会環境は、これまでの先行する災害と違って、「高活性、大衆化ハイテク、ハイインテリジェンス」だったといえる。大衆化ハイテクの典型的な例は、前回に述べた「携帯電話の大活躍」である。携帯電話そのものは、随分前から出現していたが、NTTに対して、DDI、日本高速通信など「新電電」が、前年の九四年四月から参入すると同時にデジタル化が推進され、機種のバリエーションも増え、単価も下がり、九四年半ばから急速に普及してきた。これが現場を歩き、あるいは車で移動しながらの、「個人的移動情報発信源」になったことの社会的意義は、まだ今後の解析に待たねばならないだろう。

もう一つパソコンネットワークの活躍である。これはボランティア活動や救急活動にもある時期まで力を発揮した。「コンピューター時代」の災害に対する意義は、パソコンネットにとどまらない。もし、高速大容量の電力・ガス、新聞社などの使っているようなコンピューターが利用できれば、そこにまず「一次情報」をすべて記録する（もちろん分散記録でもいい）。さらに総合建設会社（ゼネコン）がコンピューター利用設計システム（CAD）やシミュレーションなどに使っている、高性能コンピューター・グラフィックス（CG）処理も可能なコンピューターを使い、震災の基本的機構[4]——地殻エネルギー放出や、地表への被害を基礎的に抑え、それに社会的活動状況の時間的変化をパラメーターにして——たとえば、もし同じ地震が二時間後、つまり通勤ラッシュ時に起こったら、その被害はどうなるか、あるいは同じ程度の地震が、東京の直下で起こったらどうなるか、といったシミュレーションができたら——その時こそ「阪神大震災」の教訓は、ほかの地域、異なった社会条件下でも生かせるような、普遍化、一般化の手掛かりとなるのではないだろうか？

〔'95・7・22〕

心細い気象台の観測網

七月六日の全国紙朝刊の一部に、こういう記事が載ったのをご覧になった方があるだろうか？（この場合、日本経済新聞を引用する）

見出しは、「気象庁――地震直後に震度7速報――来春めど計測機を全国に設置」とあり、内容を要約すると、「今年の三月、学識経験者をメンバーに発足した〝震度問題検討会〟は、阪神大震災の時の震度情報が、防災機関の初動に影響したのではないか、との教訓を踏まえ、〝震度7の速報も必要〟という結論を出し、気象庁もそれをうけて、震度7を機械的に測れる震度計の設置を決め、古いタイプの震度計も、随時新しいものへ替えていく方針」だという。さらに「一九四九年以降、〝震度5は、石灯ろうが倒れたり、煙突、石垣が破損したりする〟といった、被害状況を基準として判定していた〝震度の決め方〟そのものを変更し、すべて計測機で決定することに改める」とある。

震度の決め方は、今まで計測機によるものと、「体感」が混在していたが、来春以降、すべて機械化する。

その先に、もっと注目すべきことが述べられてあって同検討会では、震度5と6についても、「被害に差があり、幅が広すぎる」という意見があるため、今秋をめどに「震度4に近い5」や「6に近い5」など、防災により役に立つ表現を目指すという。

この記事を読んだ時、私はいささかショックをうけた。

この「震度問題検討会」の記事の載った日付の五日ほど前、私は七月一日付の連載で（本書では九十三ページ）まったく同じような問題点を指摘しておいた。気温を「気温階」で表したら「気温1」に一〇℃、「気温2」には二九℃が含まれ、その体感差は早春と盛夏のそれに近いものになって、「実用性」が薄くなる。震度階も荒っぽすぎないか。なぜ震度4・7とか5・8とか二ケタ表示がとれないのか、と。

入稿は二週間前だから、六月半ばの提出日のぎりぎりまで、いろんな地震専門家や気象庁関係者に話を聞いてみたのだが、「震度問題検討会」という組織で検討が進んでいる、とはだれも教えてくれなかった。

もとよりその方面の専門家ではないが、二十数年前に『日本沈没』というSFを書いた関係で、これまでも、多少は地震についての知識は持っていた。日本は、大正十二（一九二三）年の関東大震災の時に、それまで備えつけていた地震計がすべて振り切ってしまい、強震計に換えたということ、昭和二十三（一九四八）年の福井大地震のあと、それまで震度0から6まで七段階だった震度階に7という階梯を付け加えて八段階にしたこと（しかし、相変わらず震度決定は体感と被害程度視認である）、そして確か昭和六十年代に、ようやく震度階の区切りを地震の加速度と関連づけるべきだ、という学会答申が出たこと――ここらあたりまで大震災前に知っていた。

だから、今度の地震発生後、しばらくたって、それまでの気象庁発表の震度6だけでなく、震度7の地域があったことが発表された時、エッ、と思った。福井大地震で震度7が付け加えられて、はじめての、「実際の」震度7に見舞われたのが阪神間だった。一応「震度7」を専門家が判定したのは、地震発生三日後であり、新聞などが大々的に地図入りで取り上げたのは二月上旬だった。

その「おくれ」を見て、エッ、まだ震度階は、少なくとも、7に関しては「被害視認」でやってるのか、と驚いた。その時、一体今使われている「震度計」とはどんなもので、どこに設置してあるのか、と疑問に思って、二月上旬、神戸市の港の後背地高台にある神戸海洋気象台を訪ねた。ずっと以前にも一度訪ねたことがあったが、駐車場や宿舎は大きくなっていたが、本館の外装はまだ大正時代の末に建てられたままのものを使っていた。

そこで分かったことは、新しいタイプの震度計測システムは、去年完成したばかりで、震度計自体は地中深く埋められていて、一般の人にはお見せできない、ということだった。さらに驚いたことに、「測候部」には古いタイプの地震計はあるが、その震度計がキャッチした地震の揺れの情報は、そのままＮＴＴの回線で大阪市内にある大阪管区気象台に送られ、コンピューターを使って、「震度階表示」に直され、神戸には、そのデジタル表示が送り返されてくる、ということだった。地震当日、そのＮＴＴ回線が切れてしまったので、「震度6」が大阪からなかなか出せず、以前のタイプの地震計でキャッチした神戸から、無線電話で震度6を大阪へ告げたという。あのNHK神戸で振り回された映像をSBR（スキップバックレコーダー）に記録された当直のSさんが、直後、神戸海洋気象台に電話をかけた時、先方の背後に聞こえた「震度6です！　震度6！」の叫びは、この無線連絡の叫びだったらしい。

　それにしても、兵庫県には、この最新式の計測震度計は、いくつあるんですか？　と聞くと、何となくすまなそうに、この「兵庫県南部地区」には一台だけです、という返事だった。これはあとで分かったことだが、「大阪管区気象台」は、西日本の「近畿」（三重県と福井県を除く）、「中国」「四国」の十四府県、二十九地区（たとえば、兵庫県は「兵庫南部」「兵庫南西部」「兵庫北部」に分けられる）に、それぞれ「一台ずつ」、最新鋭の「計測震度計」を置き、そこでピックアップした震度情報を大阪管区気象台で集中管理している。そのほかに「津波地震計」[7]があり、これの配置密度はもう少し小さい（二十カ所ほどあり、これがどうやら従来の「地震計」らしい）。

「震度計」の現物の設置状況は、気象台関係では見せてもらえないのは、とりあえず仕方がないとして、せめて震度計のメーカーを教えてもらえないか、というと、ちょっとためらいながら「明星電気」という会社名を教えてくれた。

　それにしても、地震の大きさを計測する「震度計」が、その公的な責任のある気象庁の管轄下に、こんなにぽつり、ぽつりとしか配置されていないとは、ショッキングだった。あとから配置マップを入手してチェックしてみると、兵庫県は南東部、南西部、北部の三地区に、それぞれ「神戸」「洲本」「姫路」「豊岡」に設置されているが（だから今度の大震災は、気象庁の「公式名」は「兵庫県南部地震」なのである）、大阪府下には一カ所しかない。古い地震計はほかに二カ所ほどあるが――それにしても、平均五、六十キロメッシュの配置密度でしかない、というのは、何といってもその地域に住む住民にとって心細いかぎりだ。

　ところが、その神戸海洋気象台訪問の数日あとの新聞に、今度の大震災被災地域の各点における「最大加速度」の計測数値が、地図の上に示されている記事が発表されているのを見て、私は目をむいた。それは「一カ所」どころではなく、大阪府下を含む被災地域十九カ所（一部速度計を含む）に「加速度計」が配置されており、おのおの計測値が「震度階」ではなく、加速度の単位である「ガル」で表示されている。もっとも場所によっては「上下動」と「東西・南北」の三次元方向の加速度が表されているが、ある所は水平動の二次元数値である。気象庁はこんなに高密度に配置されていることを、私に「隠した」のか、と少しむかついて、記事をよくよくみると、気象庁の「震度計」は確かに一カ所だけだが、それぞれの「加速度計」は、関西電力、大阪ガス、鉄道総合技術研究所、関西地震観測研究協議会（民間団体）、建設会社の松村組などが、それぞれ任意に設置したもので、その数値を総合して二月六日に発表したことが分かった。

　私が「目をむいた」のは、一つは明石から大阪まで、せいぜい四十キロしかない、細長い被災地域内部での、各観測点の数値のあまりに大きい隔たり――つまり「震度むら」だった。たとえば大阪ガス西宮の加速度計は、水平方向で七九二ガルを示しているのに、そこから四・五キロしか離れていない関西電力尼崎第三火力のそれは水平で二七九ガルしか表れていない。もっともこちらは、三次元で測っており、上下動の加速度は三三一ガルと記してある。

阪神大震災で、私も経験したことは、あんなに激しい、突き上げるような上下動に先駆され、それが終わるか終わらないかのうちに、ものすごい南北に振幅の大きい水平動がくる地震は初めてだということである。最初にくるP波は、疎密波で、その縦揺れは「初期微動」などと表現されていて、つい私も最初の上下動は、次にくる横揺れのS波より小さく、被害も小さい、と思い込んでいたが、これはとても「微動」などというものではない。

もう一つ私の目をひいたのは、大阪ガス葺合の加速度計（水平のみ）が、八三三ガルを記録していたことである。震度階を体感、視認だけでなく加速度計測値にもとづけようとする計画は十年ぐらい前から始まっていることは前にも述べた。その時の基準は四〇〇ガル以上は震度7とする、ということだった。

〔'95・7・29〕

震度計測の意外

新聞が「被災地各地点における地震の最大加速度」の記事と地図を発表してからしばらくたって、月刊誌『日経サイエンス』の三月号[8]に「兵庫県南部地震」の特集記事が載った。

前半は「電波による地震の予知研究」で、今回クローズアップされた京大理学部の尾池和夫教授への編集長インタビュー、後半が編集部のまとめた「活断層」に関する記事で、ここに新聞より大きく詳しい、活断層と各地の最大加速度の分布地図（次ページ参照）が載っていた（何よりも、図も活字も大きいと、私のように視力の衰えた〝老人〟にはありがたい。呵々）。

それを丹念に見ていくと、加速度計（一部は速度計）は、この地域に、西端の「ＪＲ西日本西明石」から、東は「大阪阿倍野」まで、神戸海洋気象台を含めて、二十カ所に配置されてある。しかし、その所属はまちまちで、「様式」も必ずしも統一されていないようだ。

ちなみにその配置場所と、加速度計の所属をあげてみると、

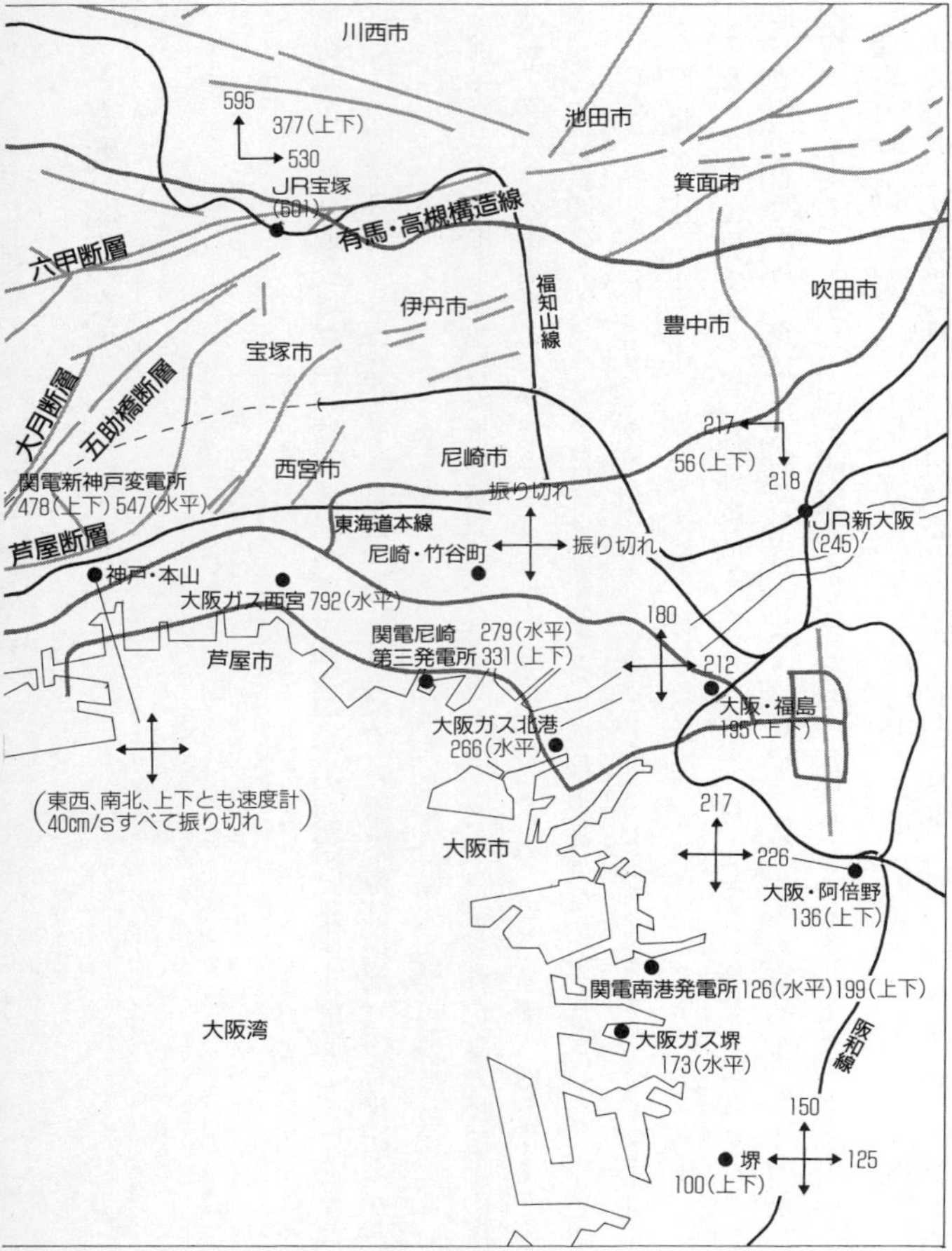
川西市
595
377(上下)
530
池田市
JR宝塚
(601)
箕面市
有馬・高槻構造線
六甲断層
福知山線
吹田市
伊丹市
豊中市
宝塚市
大月断層
五助橋断層
217
56(上下)
尼崎市
西宮市
218
関電新神戸変電所
478(上下) 547(水平)
振り切れ
JR新大阪
(245)
東海道本線
芦屋断層
尼崎・竹谷町
振り切れ
神戸・本山
大阪ガス西宮 792(水平)
180
関電尼崎
第三発電所
279(水平)
331(上下)
芦屋市
212
大阪・福島
195(上下)
大阪ガス北港
266(水平)
(東西、南北、上下とも速度計
40㎝/sすべて振り切れ)
217
大阪市
226
大阪・阿倍野
136(上下)
関電南港発電所 126(水平) 199(上下)
大阪湾
大阪ガス堺
173(水平)
阪和線
150
堺
125
100(上下)

最大加速度 （『日経サイエンス』95年３月号より）

鉄道総合技術研究所、神戸海洋気象台、関西地震観測研究協議会、関西電力、大阪ガス、松村組で発表された各地の最大加速度をまとめたもの。ＪＲ各地点のカッコ内の数値は最大加速度値。グレーの線は活断層（『日本の活断層』東京大学出版会による）。

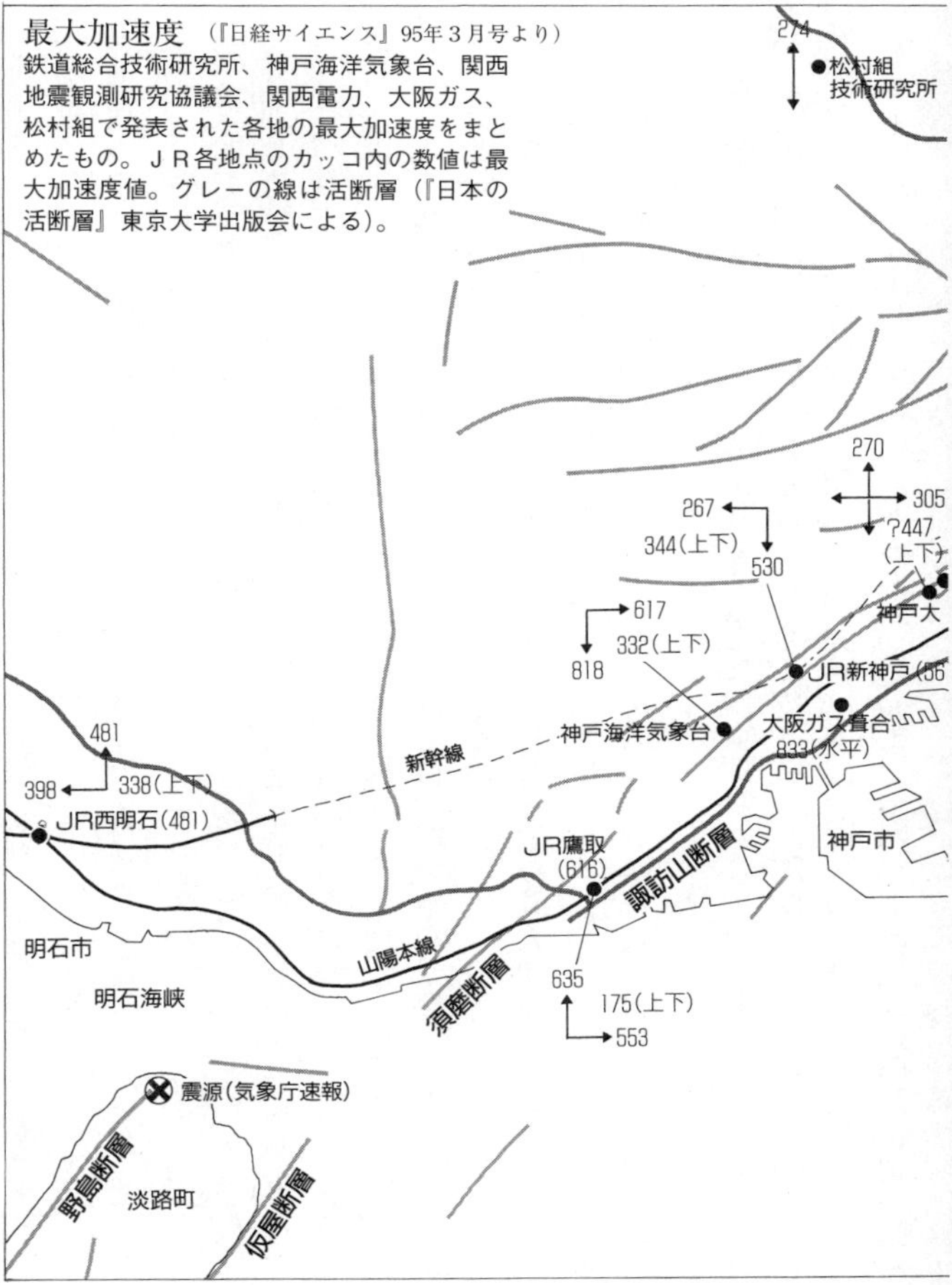

▽鉄道総合研究所　五カ所（JR西日本西明石、鷹取、新神戸、宝塚、新大阪各駅）
▽大阪ガス　四カ所（葺合、西宮、大阪北港、堺）
▽関西電力　三カ所（新神戸変電所、尼崎第三発電所、大阪南港発電所）
▽神戸大学　一カ所（関電新神戸と隣接）
▽KK松村組技術研究所　一カ所（有馬）
▽関西地震観測研究協議会　五カ所（神戸市本山、尼崎市竹谷町、大阪市福島、阿倍野、堺市）

これに、神戸海洋気象台の震度計を加えると、合計二十カ所になる（ほかに、管轄下には淡路島洲本市と加西に地震計がある）。それほど高密度ではないが、大阪管区気象台が配置している新式の「計測震度計」が、神戸市、芦屋市、西宮市などを含む阪神間に、たった一台というのに比べると、よほどきめ細かくなる。

その一つ一つの加速度計設置点において観測された地震の最大加速度の数値を子細に調べていって、私は思わず息をのんだ。大阪府下と尼崎の一部を除いて、ほとんどの地点で、四〇〇ガルを超えている。大阪ガス葺合の八三三ガルを最高値に、七〇〇ガル台、六〇〇ガル台が、何カ所も見られる。

何度も触れたように、これもようやく最近、「震度階」と、地震計によって計測された、地震の「加速度」が関連させられるようになって、「震度6」の「烈震」が、加速度二五〇ガルから四〇〇ガルまで、四〇〇ガル以上は震度7の「激震」と表示されることになったが――では、七〇〇ガルも八〇〇ガルも、すべて「激震」の階層に突っ込んでおいていいのだろうか？　これも繰り返し述べたように、「震度階」は、「体感」や「被害度視認」に基づく、という伝統があり、これがようやく「科学的計測値」と結び合わされるようになったのだが——「計測値」と被害度を表す「震度階」は、こんな事でいいのだろうか？

やや煩瑣《はんさ》のきらいはあるが、観測各点で記録された最大加速度数値をいくつか見ていくと、

▽JR西明石駅　東西三九八ガル、南北四八一ガル、上下三三八ガル
▽JR鷹取駅　東西五五三ガル、南北六三五ガル、上下一七五ガル
▽神戸海洋気象台　東西六一七ガル、南北八一八ガル、上下三三二ガル
▽JR新神戸駅　東西二六七ガル、南北五三〇ガル、上下三四四ガル
▽大阪ガス葺合　八三三ガル（水平のみ）
▽関電新神戸変電所　上下四七八ガル、水平五四七ガル

ところで、この公表された数値表示について、何かお気づきになった事はないだろうか？——私も、最初はいくつかの計測点の加速度数値の大きさに目をむいたのだが、よく見ると、それぞれの「管理組織」によって、表示の仕方がまちまちである。JR西日本や海洋気象台の計測点での加速度は「東西、南北、上下」の三成分について表示してあるのに、関西電力のそれは、「水平・上下」の二成分のみ、大阪ガスにいたっては「水平」のみの表示である（JRの表示は、前記三成分のほかに、カッコしてもう一つ別の数値

が添えられてある）。

数値は、いずれも加速度単位「ガル」で表示されているが、これではおのおの組織によって、「計測機」や「測り方」が違うのかという疑問が生じる。大阪ガス西宮で「七九二ガル・水平」の表示があり、そこからわずか四、五キロ南東の関西電力第三発電所で「水平二七九、上下三三二ガル」が表示されているが、「活断層直下型」では、わずか数キロ離れた地点で、こんなに震動に差があるのか、この二点の間に武庫川が流れているが、それによって差が出たのか、と調べようとしても、表示方法が違うと、計測法も違うのか、という疑問がわいて、そのまま直接比較していいかどうかためらわれる。あからさまに、計測・表示が違うのは、神戸・本山に設置された「関西地震観測研究協議会」の計測値で、「東西、南北、上下ともに、速度計四〇センチ／秒すべて振り切れ」と注がついている。ここでは、「加速度」ではなく「速度」で測っているのだ。この研究協議会の存在も、今回の震災があるまで知らなかったし、『日経サイエンス』の地図をチェックしていた段階では、どんな組織かわからなかった。

そのうえ、この地図に添えられた記事の中には、もっと気になる一節があった。すなわち「地図上に示した震源（すなわち淡路島北端＝筆者注）は、気象庁の速報値である。京都大学防災研究所のグループは、神戸市兵庫区の和田岬付近としている（傍点筆者）」という記述である。

これにはまったく呆然としてしまった。——京大防災研は、まず権威のある機関だ。

それに、各組織、団体が、それぞれ異なる地域で測った地震の加速度数値をつきあわせたマップに添えられた記事の中で述べられているのであれば、その「総合的結果」として、一応和田岬を指定したのだろう。それにしても、淡路北端ないしは明石海峡を震源として発表した気象庁の情報と違いすぎる。和田岬といえばいわば最大被災地神戸市のどまん中、ポートアイランドの西の対岸だ。どうしてこんな違いが生じたのか？

それを思うと、矢も盾もたまらなくなって、さっそくある企業関係の組織が設置している「加速度計」の現物を見たくなって、編集部に申し込んでもらった。気象庁の「計測震度計[9]」は、いわば国有財産であり、震災後も日々重要な役割を果たしつつあるのだから、素人が簡単に「現物」を目にするわけにはいかないだろう。しかし、企業が、研究か保安のために設置した「加速度計」なら、いわば企業所有だから、見せてもらえるのではないか、そしてどういう原理とメカニズムで、どういうふうに計測し、そのデータをどう処理し、どう役立てているのか説明してもらえるのではないかと思ったのだ。

ところが、編集部からの返事は、その組織は意外にガードが堅く、どういう目的で見るのか、書面でもって申し込んでほしい。それに、絶対「現物」の写真を撮らないこと、また設置場所を暗示するような文章を書かない事を約束してくれ、という事である（断っておくが、その時点で、まだこの連載は始まっていない。準備に大わらわだった段階である）。それにしても保安の意味はあるにしても、どうしてこんなに警戒するのだろう、といささか気が重くなった。気を取り直して、そのマップに載っている別の企業に電話をして、同地区に加速度計を設置している別の企業と、横の連絡をとっているか、と確かめると「とっておりません」という返事がかえってきた。その企業の加速度計の計測データは、その企業の中央コントロールセンターに集められるだけで、データの交換はやっていない、という事である。それぞれ、公共性の極めて高い企業である。

たまりかねて、この問題を地震の専門家にぶつけてみた。そうすると、その後何度も出合った、「素人にはわからないだろうが……」といった薄笑いとともに、

「地震の加速度と被害[10]は必ずしも関連しませんから……」

という、返事がかえってきた。

しかし、それにしても、以前は伝統的に「体感と視認[11]」によって決めていた「震度階」が「地震加速度の大きさ」と関係するといわれていた。おおむね震度6の「烈震」は二五〇ガルから四〇〇ガル、震度7の「激震」は四〇〇ガル以上と聞いている。もし昨年設置されたばかりの、気象庁の最新の「計測震度計」のデータ回線が、たまたま運悪く当日断線してしまっても、これだけ多数の企業、団体関係の加速度計や速度計があり、普段から横の連絡をとりあっていて、揺れの周期や継続時間なども加えて総合的に判断するシステムがあれば——「四〇〇ガル以上」の計測値は、いたる所にあり、中には七〇〇〜八〇〇ガルを示していた所があったのだから「震度6」の発表にもたつき、「震度7」の認定は、震災後三日もたって、現地を視察して発表される、といった事はなかったのではないか？

［'95・8・5］

軽視される強震動観測

前述『日経サイエンス』の記事の周辺調査でもたもたしているうち、東京を中心に、この連載のアシスタントをやってくれている日高敏氏が、岩波書店の『科学』の四月号の「科学の目」というコラムのコピーをファクスで送ってくれた。日高氏はもと某出版社の編集者、今はフリーで、東京での学会、中央官庁、業界などをカバーし、出版物やリポートなどを小まめに送ってくれる。何しろまだ、官産学界とも、そして特に出版は、東京の集中度が極度に高い。

京大防災研の入倉孝次郎教授の書かれた「兵庫県南部地震の強震動解析」という記事は、それまでの私のもやもやのほとんどを氷解してくれた。

阪神大震災のような大被害をもたらした地震の災害原因を解く鍵の一つは、「地震動がどのように生成、伝播し、さらに増幅され、構造物に破壊的打撃を与えたかを知る事にある」と入倉教授は説き起こす。「それには震源近傍での強震動の記録が必要である」

ところが、アメリカなどに比べ、日本ではこの強震動観測が極めて貧弱で、「地震防災計画では一貫して軽視されてきた。国家プロジェクトとして取り組まれている地震予知研究のなかでは、強震動観測はなぜか全く無視されている。地震予知研究グループのなかでは、地震予知と強震動観測は相いれないという考えが、いまも支配的なようだ」

やっぱりそうだったのか！——と私はそれまでに話を聞いた、何人かの「地震予知専門家」のリアクションを思い出しながら、考えた。——しかし、なぜだ？「地震学の先進国」といわれる日本が、なぜそんな妙なことになっているのだろう？

それでも一応「強震観測事業推進連絡会議」という長い名前の会があって、普及計画の策定がなされているが、「その台帳によると数の上では強震計は二千台以上になるが、そのほとんどは旧式の機械式のものと思われる」と入倉教授は続ける。——精密なデータ解析のできるデジタル強震計は、その数分の一、気象庁は一府県一台程度配置しているが、国立研究機関や民間による設置点は、東京と関東圏に集中しているという。しかも、デジタル波形記録が公開される[12]のは、「気象庁以外は一、二の機関だけで、そのほかは国立機関でも公開しても数年後か、あるいはまったく公開しないかのどちらかというのが現状である」

とすれば、今回、全国紙や雑誌に被災地域の「加速度分布マップ」が出たのは、異例なことなのであろう。

実は、入倉教授らは、こういう状態下でもし関西に大震災が起こったら、と憂慮し、「関西地震観測研究協議会」（会長・土岐憲三京大工学部教授）を民間の任意グループとして三年前の一九九二年に発足させ、電力、ガス、建設などの民間会社に呼びかけて、五年間のプロジェクトで基金を集め、昨年四月に、ようやく大阪から神戸にかけて十地点に強震計を設置した。

「地震計としては、より広い周波数帯域で精度のよい記録を得る速度計[13]とした（傍点筆者）」

これで先に紹介した『日経サイエンス』の地図に添えられた記事について、かなりの疑問が解けた。「関西地震観測研究協議会」とは、こういう性格の「民間任意グループ」であり、そのグループの五カ年計画の二年目にやっと設置された十カ所の「地震速度計」（地図に表示されたのは五カ所）が、今回「間に合った」わけである。

「強震記録のもう一つの活用は、地震後早期に断層破壊域を推定することである」と教授は結論部分で述べている。「破壊域が特定できれば、地殻条件を考慮して大きな揺れの地域が推定され、緊急救援活動に生かすことができる」

これもまことに我が意を得たり、という指摘だった。私は早速秘書に入倉教授のアポイントをとらせ、京都府宇治市にある京大防災研[14]を訪ねることにした。防災研のある場所は、戦時中は陸軍の火薬庫、戦後、私が新制京大二年生の時に、京大宇治分校となって、時々通った。もちろん野原みたいだった当時とは、周囲はまるで変わってしまっているが、四十五年前のことを思うと、何となくほろ苦い思いがこみあげてくる。

防災研はだいぶ前に一度訪ねたことがあるが、その細長い建物もだいぶ古びてしまった。防災安全の最も基礎的な研究をゆだねている、関西の国立大施設が、何だかうらさびしい感じで、これでいいのかね、と思わせる。

入倉教授は、ややや せ形で、物静かで、知的で、いかにも学究らしいタイプだった。招じ入れられた研究室は広いが、がらんとした感じで、中央テーブル上のOA機器以外にあまり機器もなく、その時は教授のほかに女性のアシスタントが一人いるだけだった。

インタビューは、教授が岩波の『科学』に書いた記事の、ディテールの確認から始まったが、私の興味の焦点は、例の「関西地震観測研究協議会」という組織のことだった。

――なぜ、それが「民間有志の任意グループ」のスタイルをとったのか?

「何しろ、強震動観測点を関西にも増やすべきだ、という意見では一致しても、われわれ学者グループには、公的研究予算以外、あまりお金がありませんのでね」と教授は苦笑した。「そこで、普段から研究上の接触のある民間のインフラ系企業やゼネコンの協力をあおいで、基金の形でお金を集めていただいて、設置していったんです」

「予知連の方からは補助がなかったんですか?」と私は聞いた。「あの組織は、年間数十億から百億近い予算を持っていたと思いますが……国費でね」

「それが、あの記事にも触れておいた通り、地震予知計画の主流の方では、強震動観測の優先順位はうんと低いみたいです」

「なぜでしょう?　地震学の伝統ですか?」

「さあ。私もよくわかりません。何しろこの世界では、私や尾池さん(=尾池和夫・京大教授)は、まだ〝若手〟ですからね……」

もう一つのポイントは、インフラ企業が、それぞれの要所に加速度計を設置しながら、その公表数値が、ある企業は一次元（水平一方向成分）、別の企業では二次元（同二同）、あるいは三次元（三方向成分）表示であるのはなぜか、ということだった。

「さあ、それはそれぞれの企業特性から、必要に応じた方式を採用されたんじゃないですか？　少なくとも私たちのグループの強震計は、上下、東西、南北の三方向で測る速度計方式に統一してありますが」

「神戸本山の速度計は三方向とも振り切れたそうですね」

「あんなすごい速度が出るとは予想していませんでしたからね」と教授は苦笑した。

「記録された波の山が、最大値でみんな切れてフラットになっているのを見た時は愕然《がくぜん》としました」

最後に私は聞いた。——設置用の金がなかったというが、計測装置は一台いくらぐらいですか？

「安くないんですよ。単体なら一台三百万円ぐらいですが、要所に取り付けて、通信回線を引っ張って、中央集計装置に取り付けると、何やかやで一台平均四百万円ぐらいになります」

私はちょっと判断に迷った。——一セットが中型自動車の新車一台ぐらいだ。高いか安いか？

その計測装置はここにありますか？

「いや、この研究室にはありません。全部要所にセットしてありますので」

集計装置も防災研にはないという。――研究室を辞する前に、この研究室の年間研究費はどのくらいでしょうか、よかったら教えてくれませんか、と聞くと、教授は視線を落とし、ためらいながら、ちょっと恥ずかしそうに、ある数字を言った。

それを聞いて、私も何だか恥ずかしくなって、視線を落とした。――それじゃ一台四百万円の強震計が、「高価」に感じられるわけだ。私は国民として、納税者として恥ずかしかった。こんなに重要な「基礎研究」に、われわれの税金は、これだけしか回っていないのか！

この研究室だけでなく、大阪市立大でも、京大でも、この方面の専門研究者の所には、震災後、膨大なデータの処理作業が覆いかぶさってきている。助手や、大学院の学生だけでは手が足りず、アルバイトなどを使わざるを得ないのだが、その費用は多くの場合、研究責任者のポケットマネーで賄われているのだ。在関西の企業、経済団体も、メセナでかっこつけるだけでなく、もっともっとこういった研究に資金サポートすべきではないか？　今はもう「産学協同反対！」なんて、デモや封鎖が起こる時代でもないだろう。いずれにしても、震度計や加速度計の「現物」は、ここでも見られなかった。あとはメーカー――たとえば「明星電気」にあたってみるしかなさそうだ。

［'95・8・12］

計測震度計に「航空電子工学」が

東京のオフィスから、明星電気の「計測震度計」のパンフレットが届いていた。

気象庁指定の型式の震度計を造っているのは、この会社だけではないらしいが、とにかく関係者からこの会社の名前を、初めて聞いたので、コンタクトを取ってみた。ところが、最初、大阪支店に問い合わせてみると、そんな機械は売っていない、という。そんなばかなことはないだろうと、東京のオフィスを通じて、本社広報に問い合わせると、ワンクッションおいて「第二営業部」というところを紹介された。

後で分かったのだが、「明星電気」という会社は、戦前の昭和十三年、「東京無線」として資本金三十万円で設立された老舗の、無線機・通信機の会社で（昭和十四年、資本金を五十万円として、現社名に変更）、戦後も発展を続け、現在は資本金十九億五千四百万円、年商二百五十三億四千八百万円（平成六年度）。東京本社以外に、全国に九支店を置く大会社になっている。

営業品目も、各種電子交換機から、宇宙・気象観測装置、つまりロケットや衛星搭載のトランスポンダーその他、ロケット追尾装置、気象衛星受信局、ロボット雨量・水位計、波浪計、自動気象データ集信装置（アメダス）、そして「地表観測用テレメーター装置」。そのほかコードレスホンや、船舶位置測定装置、航空管制用通信制御装置などがあるが、ざっと見て、この会社が「運輸省御用達」ということが分かる。ご存じだと思うが「気象庁」は運輸省の管轄下にある。

　この会社で作っている「計測震度計」について、何か情報が欲しいとリクエストすると、アート紙二つ折りにしてA４判ぐらいのちらしようの印刷物が一葉送られてきた。――まだあまりポピュラーな商品でないらしく、一応カラーを使っているが、説明もひどく簡単で、中のイラストも、デザインもごくあっさりしている。表紙の上には、「気象庁検定合格品」「計測震度計ＯＳＩＳ」とある。ＯＳＩＳとはObservation System for the Intensity of Seismic movementの略で「地震動強度観測システム」というところか。

　表紙には、あと一本の樹木のイラストと処理装置らしい箱の絵がついているだけで、「人と街の安心づくりのために」のコピーがあり、それだけである。

　ページを開くと左上に「基本システム」つまり計測震度計の単体セットのイラストがあり、その下段に「確実なトリガー機能」「波形収録用メモリーカード内蔵」とかの「特長」をごく簡単に列挙したコピーと、それに並んで、ディスプレーの「画面表示例（グラフ型）」と地震発生時の震度数値、時刻表示の図が二つ示されている。

　対向ページの上段には、複数の「基本システム」からＮＴＴ回線で送られてくる信号を、モデム[16]を介してＭＬＣ（多重回線制御装置）に送り込み、この集計されたデータを、パソコンまたはワークステーションで処理してグラフィックディスプレーに、あるいは日本語ページプリンターに表示し、さらにこの処理済みのデータを出力ボードを介して警報装置へ、またCD-ROMやハードディスク[17]のデータ記憶装置へ、さらにデジタル信号の形でINS（情報ネットワークシステム）へと送り出す。単体の基本システムは一〇〇ボルトのAC電源だが、多重処理システムは「無停電電源装置」がついている。

ページの下の方には、震度0から7までの揺れと被害程度をマンガで示し、その右の方に「三成分自動記録例」として、東西、南北、上下の震動波形と、下の方に震動情報を数値で表したプリント例が載っている。

裏表紙にはスペック（仕様）が載っている。二ページ目の基本システムの装置類と引き合わせてみると、黒塗りの円盤状の「計測部」が、直径二十七センチ、高さ十二センチ、重量三・五キロ、「処理部」は、昔の四分の三インチ用のビデオデッキを思わせる四角い箱で、幅四十三センチ、奥行き四十センチ、高さ二十センチ、重量十八キロ、正面にEL（エレクトロ・ルミネッセンス）[18]の表示盤とテンキーのボードがつき、内部には「震度観測検討委員会」の答申した気象庁方式のアルゴリズム（計算手順）で計測部から送られてくる三次元の加速度シグナルを「震度階」に換算するシステムが内蔵されている。

処理部本体についている表示装置以外に、オプションで大型の表示盤もつけられる（ほかにオプションでNHK時報音をキャッチするラジオもつけられる）。これは縦二十五センチ、横四十三センチ、厚さ十センチ、重量七キロとかなり大型で、表示部にはＥＬより強力な高輝度発光ダイオード[19]を使い、震度階は高さ十センチの一ケタの算用数字、その右側に、上段に時刻、下段に最大加速度が四ケタの数字で表示されるようになっている。「基本システム」のイラストを見ているうちに、ふとひっかかるところがあった。――処理部本体についている表示装置には、時刻と震度「６」の表示だけが示されてあるが、オプションの「表示盤」の方には、同じ「６」の表示と時刻のほかに最大加速度の表示があり、九八五（ガル）の数値が示されている。――おいおい、という感じだった。「重力加速度」が九八〇ガルだからそれを超える数値だ。

　何度も繰り返すようだが、もう一度おさらいすると、昭和二十三年の「福井地震」のあと、それまで６までだった震度階の上に「７」を加えることが国で決定された。地震時に計測される地盤の揺れの最大加速度と震度は相関関係があるとされ、かつては「二五〇－四〇〇ガルは震度６、四〇〇ガル以上は震度７に相当する」とされていた。だのに、九八五ガルを表示しながら、震度表示は「６」というのはどういうわけだ？

　首をひねって、と見こう見しているうちに、対向ページの震度階を説明するマンガの最後のコマの下に、小さい小さい文字で、「注、震度７は気象庁により判定を行うため、本装置では計測できません（傍点筆者）」と書いてあるのにやっと気がついた。

　そうか、「震度７」は、この機械では表示してはいけないのだ！――「計測できません」ではなく、「表示は許可されていません」と書くのが正しいだろう。事実、オプシヨンの表示盤では、最大加速度の「計測値」が、おそらく一〇〇〇ガルぐらいまで表示できるようだ。しかし、もし「本体」だけ購入して、予算上オプションの表示盤を買わなければ、計測値は九〇〇ガルだろうが一〇〇〇ガルだろうが、来年三月末までは表示は「震度６」までしかでてこない。

実をいうと基本システム二百五十万円とか三百万円というなら、一台買ってどこかに寄付しようかと思っていたが、これで意欲が半減した。——そして私の興味の焦点は、「計測部」に移った。大阪支店にはその時「本体」は置いてなかったようなので、東京・小石川の本社に問い合わせると、置いてあるし、見せてもいいという。システムは大体分かったが、実は計測部の心臓の「加速度センサー」の実物を見、メカを知りたいと突っ込むと、ちょっと困ったように、その部分は当社では造っていない。「日本航空電子工業」という会社で造ったものを組み込んでいる、という。

出た！　という感じだった。——何となく予感はしていたのだが、この荒っぽく巨大な「地震」の要素計測に、繊細な「航空宇宙電子工学」がかかわっていたのである。とるものもとりあえず、アポをとって、東京・渋谷の「航空電子」本社へえっちらおっちら駆け付ける。

対応してくれた人が、「これです」と見せてくれた「サーボ型[20]加速度センサー」の本体は、へ？　というほどかわいらしいものだった。ＪＡ-５Ｖという最新型のそれは、銀色の直径二・五センチ、長さ四・五センチ、取り付けフランジの径三・八センチの

――まあちょっと小さな錠剤薬のビンぐらいの大きさで、もたせてもらったが重量は九十グラムである。この中に薄板型の振り子、振り子の変位検出器、電気信号として検出された変位を増幅して、マグネットとコイルを組み合わせたトルカ装置や読み取り抵抗に送るサーボ増幅器などが組み込まれている。ものすごく薄く削られたクレクチャーという部分で「つるされた」薄板振り子は加速度を受けて振動し、その変位度が検出器で測定されて、その電気信号がサーボアンプに送り込まれ、サーボ機構はこれを増幅してトルカ装置にフィードバックして振り子をもとの位置に戻すように電流を流す。この電流を読み取り、抵抗を介して出力電圧として検知し、これを加速度として検出する。値段は一個三十万円という（すぐ値段を聞くから関西人はヒンシュクを買うがやむを得ない）。「ただし、地震計のセンサーとしては、これを三次元方向に組み合わせて、三個必要です」と担当者はいう。「さらに、その三つの信号を組み合わせて、震度表示にするまでいろいろありまして……」

もともとこの加速度センサーは、ミサイルや航空機の「慣性誘導装置」[21]（旅客機で最初に積んだのはボーイング747〝ジャンボ・ジェット〟と記憶するが）に使われていたものだという。

ここにいたって、私は少し胸が晴れた。――子供のころ「電気科学館」で見た、重っ苦しい、でかい振り子をつり下げた「地震計」の心臓部が、いまやこんなに小さく、軽くスマートなものになっているのだ！

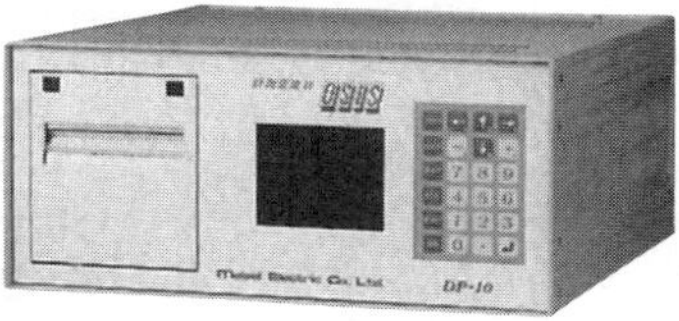

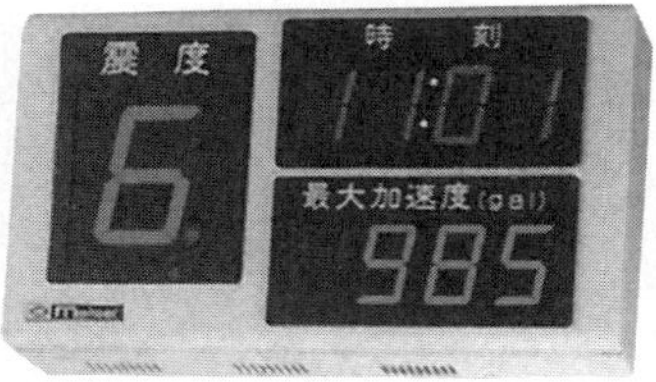

震度６までに対応する計測震度計（明星電気）。左上が処理部、左が表示盤、上が計測部。表示盤は、95年３月現在の商品パンフレットより

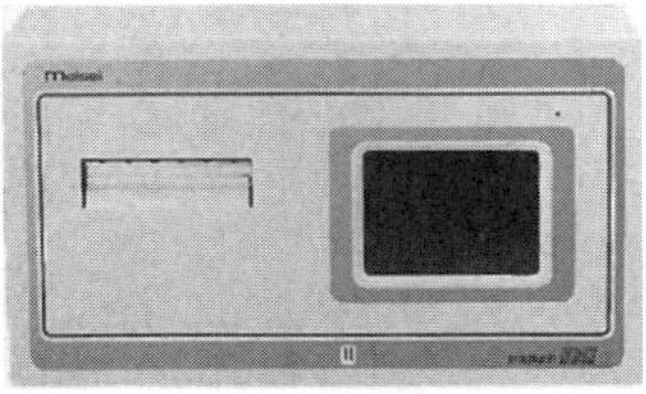

震度７に対応する計測震度計の処理部。今回の地震を機に、震度７の表示が可能となった

サーボ型加速度センサー（日本航空電子工業）。計測震度計の計測部に組み込まれている

大震災を機会に、「地震科学館」や「災害、防災博物館」を設立して、二十一世紀の子供たちに、こういった最新のメカやイノベーションを提示してやるべきではないか?

［'95・8・19］

【対談】地震の予知は可能か

地震の予知は可能なのか。地震研究の現状はどうなっているのかを知りたいところだが、「予知」の研究で知られる京大地球物理学の尾池和夫[22]教授に、地震学の現状についてて話をうかがった。

小松　地震には前兆現象があると昔から言われていました。この前ＴＢＳテレビで、尾池さんが阪神大震災の前に、「地震の番組を作ってもいいですが、それまでに来るかもしれません」と言っていたのが流れていましたね。

尾池　去年の十一月ごろのことで、私は覚えていなくて、ディレクターが、「来ますよ」と私が言ったと言っています。

小松　地震の先行現象として空中に電磁波が出るのを見つけられたのはいつごろですか。

尾池　実を言うと、まだ見つけていないのです。地震の前に電磁波があるという話は、時間的に前、つまり先行する現象としてそういう現象があるかもしれない。記録にはいつも出てくるので、そのなぞを調べているという話をしたのです。それがいつの間にか前兆になってしまった。それから地震は岩盤の破壊ですから、地震が起こった瞬間にその破壊から発生した電磁波があるだろうと、それを物理現象として捕まえたいのです。ところが、まだ捕まっていない。

もう一つは、揺れている時、震源は向こうの方にあって、地震の波はある速度で伝わってきますから、アンテナが置いてある台地が揺れ出した時に、電波がその揺れから発生するのがある。これはもう四回か五回ぐらい捕まえている。大きく分けると、一つは地震の起こる前に出るもの。二つ目は起こった瞬間に出るものです。われわれは震源の破壊を地震と言いますので、地震が発生した途端に出る電磁波と、揺れによって出る電磁波があります。

地震の前に出るものが正体不明で、よく分かっていないのですが、直接的な前兆現象が多分ある。

小松　VLF（超長波）が出てくるとか？

尾池　VLFとLF（長波）は簡単な装置でキャッチできる。ソニーのCRF1ラジオが、一〇キロヘルツから三〇メガヘルツまでカバーしている。一〇キロヘルツは、人工電波を出す国際条約の対象にしている最低の周波数の範囲で、それを全部カバーするラジオです。このラジオを使うと、低い周波数のものまで分かる。ただしAMラジオですから変調した音しか聞こえませんから、中を開けてちょっと改造しまして、電波の強さそのものが取り出せるようにするわけです。それをずっと続けていくのですが、その中に入ってくるスパイク状のノイズ、一定の振幅を超えたものだけ数を数える。それを、例えば一時間に何個という格好で、一応チャートの上には一個入るたびにペンが動くようにしてあります。それと同時に、VLFのもっと低いところで一〇キロヘルツ以下のところを調べる。

小松　地電流[23]、地磁気[24]の方は、地震予知連とかで専門にやっている方はいるのですか。

尾池　あまり多くありませんね。

小松　地電流というのは、少し間隔を開けて電極を埋めて、その間を測るという、そういうものでしょう。

尾池　正確にいうと、それは地電位ですね。そこで抵抗が分かれば電流が計算できるだけであって、電位差は測っている。

小松　地電流は交流ですか、直流ですか。

尾池　非常に周波数の低い電流でほとんど直流。

小松　電位差は出てくるわけですね。普通、測定する時は何メートル間隔くらいで電位差を測るのですか。

尾池　それは短くても長くても、電位差は出てくる。昔やったのは、思い切り短くした。断層破砕帯[25]には粘土が挟まっていますので、それを測っていく。ここはツボになっているはずだという発想です。

それが面白いことに、マグニチュード6ぐらいの地震の前兆をきれいに捕らえた。ツボに当たれば長く取る必要はない。兵庫県の山崎断層[26]という有名な断層をテストフィールドにして地震予知の実験をやってみたところ、一つまともに前兆らしいものが捕らえられた。

小松　十年くらい前に山崎断層が動きましたね。

尾池　一九八四年に姫路で震度4の地震[27]があり、その時もいろいろ記録が取れました。

小松　VLFの場合ですと、本震が起こるどのぐらい前から異状が発生するのですか。

尾池　私が今まで十何年やった中で出てきた先行する現象といっているものはだいたい一日単位です。

小松　遠くの地震をだいぶ捕まえたそうですね。

尾池　北海道東方沖地震とか、北海道南西沖地震とか、あの程度の距離です。サハリンの地震までいくと、ちょっと遠すぎる。

小松　VLFを観測している研究所はたくさんあるのですか。

尾池　そんなにありません。

小松　それが分からない。あまりカネのかかる話ではないのに。

尾池　というよりも、まず電磁波に関心を持つ地震学者が少ないのと、地震の前に電波が出るという話がちょっと並外れているわけです。まゆつばだと思う人も多い。そうすると、自分からやろうかという人は少なくなります。

それからもう一つは、地震学会の会員は二千人いますが、その中で地震予知の研究に興味を持っている人は百人いるでしょうか。こういうわけの分からないことに手を出すと、業績が上げられないので、結局、やる人がほとんどいなくなってしまう。

小松　西播磨の天文台で木星の電波観測をしていたら前兆らしい電波をキャッチした話[28]がありますが。

尾池　あれは本物だと思います。先ほど言いましたように、前兆現象に二種類ありまして、直接的なものとよく分からないものがある。私がやっているのは、よく分からない方です。直接的なものは、破壊が始まる時に、断層面のずれを生み出す震源断層の断層面から電波が出てくる。それは明瞭な形で出てくる。そういう意味では、木星観測の前田耕一郎さんのものはまず方向が分かる。それから電波の出た源が地球に固定されているものなのか、他の天体であるか、その区別ができる。電波干渉計という二つの八木アンテナ[29]でやっていますから、方向と同時に、つまり、アンテナと自分が一緒に自転している地球の上で出たものと、他の天体から来たものは区別できるわけです。その二つの点から、明石海峡の方から来たことと、地球から出ているという保証があるわけです。しかも、本震の発生する直前のその日の朝五時ごろから、ノイズがバッと出てくるのが始まった。この三点があるので、まず間違いない。

　午前五時ちょうどくらいから始まっていて、私が取っている自分の記録と突き合わせたら、私のは十日ほど前からわけの分からないノイズが出て、当日の午前五時ごろから出方が急激に増えている。それで、やはり何かそこからあったと。私のは強さだけで方向は分からないから、彼の方向の分かるのを突き合わせると、明石海峡のあたりから何かが五時ごろに始まったと分かる。これは今度の地震で初めて見つかったのです。

小松　しかし、偶然というか、すごい。

尾池　あの記録はすごい。二二メガヘルツの短波帯[30]ですが、この周波数は天体を観測するために使う周波数で、まず人工電波を出す人はいない。午前零時から始まって、午前五時でカクッと上向いて、これはノイズを積算した数ですが、ここから明らかに急激に増え始めている。

小松　尾池さんがこうした地震の先行現象の研究を始められたのは何年ぐらいですか。

尾池　一九八三年です。部屋を銅板で全部包んで、外からの電波が入ってこないようにアースして、石を割ったら電波が本当に出るのか実験をやった。パッと腕を振り上げると、筋肉から電力が出るので、万力を持ってきて、遠くからコソッと回して締めつけて、パシンと割る。見事に記録が取れました。石にどのくらいの割れ目が入るとどのくらいの電波が出るのか定量的に測定できました。それが十年ぐらい前です。そして近畿の地震は花崗岩帯に起こるのだから、自然のものを捕まえてみようと始めたのですが、お金がないから最初はラジオを買ってきてやった。

小松　話は変わりますが、今年三月号の『日経サイエンス』に、活断層のあちこちに置いたガス会社や電力会社やＪＲの加速度の数値が出ていた。その時にびっくりしたのは、たしか神戸・葺合の大阪ガスの所から、水平だけなのですが八三三ガルという数値が出ている。もう一つは、子細に見ていくと、上下、東西、南北と三次元で出している。水平二方向と水平一方向、上下水平二方向で三次元のものと、それぞれ違う。それを突き合わせてデータになるのでしょうか。

尾池　なります。ガス会社などは水平方向しか機械を置いていない。一つしかないというのはメンテナンスが悪くて壊れていたのですよ。

小松　気象庁のだ。

尾池　神戸海洋気象台のは取れていますよ。

小松　計測震度計を置いておいて、神戸海洋気象台からパスして大阪管区気象台へ入るのです。そのラインが切れたと言っていました。

尾池　記録はちゃんと取れています。それで換算して使えるかとおっしゃるけれども、学者は速度波形に興味があるので、速度計を置いているから速度振幅の最大値が出てくる。コンピューターで計算したら加速度に直せますから、大体の分布はうまく出ています。

小松　震度階の話をしたいのですが、震度は気象庁が発表するのですね。

尾池　そうです。素人が出すものは参考震度といいます。阪神大震災で震度7が初めて出ましたが、あれは福井地震の翌年に制定されたもので被害率、被害震度で、倒壊率三〇%を超えると震度7という定義です。しかし、この七月に加速度を加味した数値で計算して、震度7を即時、出すことになった。

小松　あれは不思議ですね。体感と視認で決めたのは。長い伝統だろうけれど。ところで地震計ですが、最近の地震計の加速度センサーで最新式のサーボ機構は慣性誘導装置の製作で知られる日本航空電子工業で作っている。心臓部は直径が二・五センチで、長さが約四センチ、重さが九十グラム。二十G[31]ぐらいからマイクロGまで測れる。

尾池　ダイナミックレンジは広い。

小松　昔の地震計といったら、大きなおもりがぶら下がっていて……。

尾池　昔の地震計は、振り子で不動点を作るのですが、今はジャイロで作っている。

小松　この計測機が全国にあればいいが。

尾池　気象庁の補正予算で百四十四台つきまして、あちこちに置きます。

小松　東京ガスなど関東圏には加速度計が三百台ほどあるとか。

尾池　もっとあるでしょう。民間会社はよく置いていますよ。しかし、企業秘密というほどでないのに、今回の記録はまだ隠れている。学術会議から記録を出してくれと要請を出そうと思っているのですよ。

小松　発表すべきですよ。

尾池　震度7が発表されるような大地震はめったに起こらない。その記録を取ったのだから、これは一企業の問題ではなくて、世界の財産なのです。研究のために即刻公開すべきだ、というふうに。

小松　僕もこの連載の最初に、被害を調べていくうちに企業を責めるべき点が出てくる

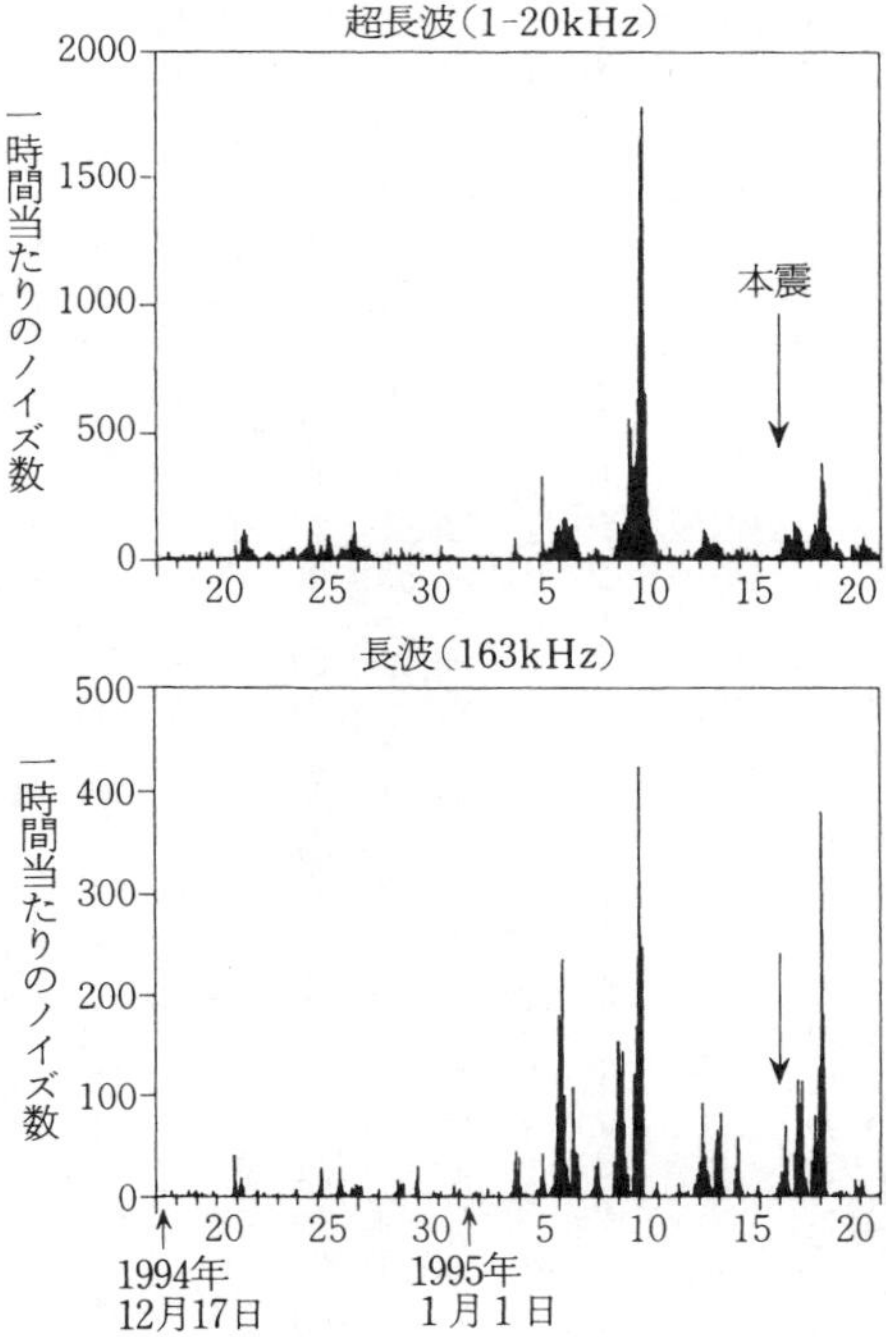

尾池教授が宇治で観測した本震前後の超長波（上）と長波（下）の電波ノイズの変化
『活動期に入った地震列島』（岩波科学ライブラリー）より（下図も）

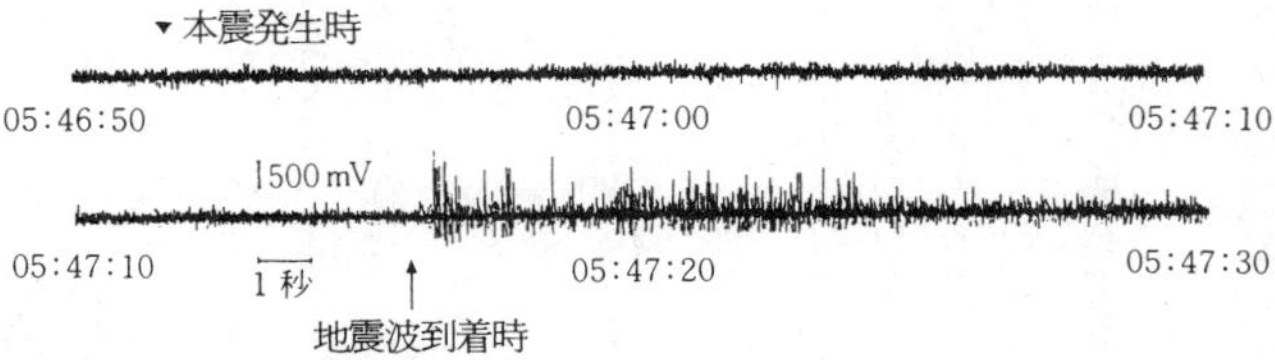

本震による地震波到着と同時に始まった電波ノイズ（宇治観測点）

かもしれないけれど、責めるなという話から始めました。そうでないと、みんな公開しないから。ところで、地震計を、同じ建物でも、上と下に置いておけば、階数の上の所はガルが大きい数値がバチッと出てくる。

尾池　それが企業秘密になってくる。あの会社のビルは上のほうが揺れやすいというふうになって。私たち学者が欲しいのは記録なんです。それを要請しようと思います。それでも今度の場合は、発表された方が多かったと思います。なぜかというと、割合壊れなかったから。例えば関西国際空港はできたばかりで、強震計が置いてあって記録が取れ、いち早く発表している。「全然被害がなかった。実によくできている」と。ポートアイランドもボーリングして下と上に強震計を置いていた。その記録は明らかになっている。

小松　地表と三段階ぐらいに置いていた。

尾池　あれはヒットでした。というのは液状化を起こしたからです。液状化は震動で起こるわけですが、そこから地震の波が上まで伝わらない。だから、上の地震計はそんなに動いていない。液状化することによって大揺れが吸収されたのが今度、分かった。

小松　埋め立て免震構造ですね。

尾池　だから、地表面だけに強震計を置かずに、液状化しそうな所は下にも埋めておいたら、いいデータが取れることが分かった。

小松　特に沖積層の厚い所で大揺れになった所もある。

尾池　震度7の神戸の部分はまさにそうです。しかし、妙なメカニズム論ばかり出てきたのにはまいった。そういうことがきちんと分かるのは強震計のお陰なんです。強震計を震度7の所に置いて、よそにも置いて、余震の記録を取ると、やはりそこがよく揺れる。五倍も十倍も揺れる所がある。そこに地震が起こるのではなく、揺れやすい。

小松　この前、尾張一宮で、一八九一（明治二十四）年に濃尾大地震があったと話していたら、学者がその余震がまだあるといっていた。

尾池　内陸の活断層の場合、余震は大体百年は続く。神戸もまだ百年は揺れる。

小松　だから地震予報がいる。予報といっても「ちょっと揺れる恐れがあります」ぐらいでいい。いま「降水確率何%」というのをやっているでしょう。地震予報の場合は「水とか非常持ち出しの点検をやってください」と。この程度でも大分違いますね。

尾池　私は地震庁を設置して、地震に関する情報をすべて出せと。地面の下は見えませんから、一般の人は何も知らないわけです。長期的な話でいいから、「神戸には活断層があるのだ。震度7クラスが起こるのだ」と毎週言いなさいと。

二十年前の話ですが、神戸新聞の一面に「神戸に直下型地震の可能性」と大きな記事が出ていた。神戸市が学者に研究を委託した地震対策[32]の報告書なんです。「神戸には六甲山に活断層がたくさん走っている。マグニチュード7クラスの地震が起こる街である」と書いてある。ところが、余りカネがかかるので、直下の活断層はやめて、西の山崎断層にしよう。これが動いたら神戸は震度5だと。それで震度5を想定した対策を進めてきた。開発の方にカネをかけたわけです。私が地震庁を作れというのは、地方行政だけに任せておいては自治体の方針が違えば隠れてしまうからです。

小松 今度の地震では携帯電話と公衆電話がつながっていた。何かあったら各観測点から先生の研究室へザッと情報が入ってくるようにはしてくれないのですか。

尾池 それをやるために地震庁を、と言っているのです。地震現象のデータ処理は専門家でないとできない面があるので、専門の役所を設けて、地方自治体も巻き込んで、活断層の調査などは都道府県でやれと指導もする。情報センターを地方に置いて、そこから全部つなげと。十年かかってもこれは言わないといけないと思っています。

小松 それから、加速度数値を出してもらったらどうですか。

尾池 気象情報では「雨が降りました」じゃなくて「何ミリ降りました」というわけですから、そこまでいかないといけない。

小松 震度も一ケタぐらい増やしてもいい。

尾池 本当は加速度にするのが一番いい。なぜかというと、震度6と7の間に6・5を作ると、マグニチュード6・5と混同する。マグニチュードは世界の約束事で変えられないので、震度を、例えばケタ数を変えて50とか51にする話もある。

小松 断層の話を聞きたいのですが、京阪神の大きなものは、花折断層ともう一つ南に有馬・高槻構造線がある。

尾池 有馬・高槻構造線は、東西方向に走っていまして、あれは今すぐは動かない。十年、二十年は動かない。花折断層の方がまだ動きやすい。山崎断層も可能性が高い。

小松　十六世紀末の京都・伏見の大地震[33]の時はどこが動いたのですか。

尾池　それが分からないのです。説が三つほどあって、その一つは、考古学調査の噴砂現象の跡から、有馬・高槻構造線[34]が動いたとする説です。今年、地質調査所に補正予算が十何億円つきまして、有馬・高槻構造線の界隈を調べることになった。一年ぐらいすると、有馬・高槻構造線が動いたかどうかは答えが出ると思う。

小松　地震の予知ですが、中国で動物の行動から予知したことがある。一九七五年の「海城地震」の時に効果があった。あとの「唐山地震」の時はだめでしたが。

尾池　データは二つの地震とも同じなのですが、唐山の場合は間に合わなかった。動物異常はあって、広く分布していました。

小松　海城の場合は、訳の分からないデータを集めてきて、これはひょっとしたら危ないといって、一応、警報を行政が出したということですね。

尾池　海城の場合は非常にスムーズに出せた。それともう一つは、何千年も動いていない断層に起こったので、きれいに出てきた。唐山の方はいつも活動しているような所に出てきたから、見えにくかったとか、いろいろ原因があると思う。でも、中期予報までは出ています。

小松　なにが原因になって犬が逃げ出したり、ネズミが逃げたりするかは分からないが、歴史的経験である程度統計が取れ、しかも地震の発生との相関性があるということが分かれば。

尾池　陸地の地震には役に立ちますね。逃げた分布を見ると、ここが割れるという震源断層ができる場所を囲んで分布している。だから、場所が押さえられる。ただ、日本は狭い国だから、分布まできちんと出せないでしょうね。

小松　異常現象をもうちょっとみんなに知らせて、何かあったら地震一一〇番へ通報するようにすればいい。コンピューターで統計したら、動物の異常行動とか、年寄りの血圧が上がったとか、そういうものが増えてきたら何かありそうだと分かる。

尾池　ただ、活断層が動くのは千年に一度ですから、それを全国でずっとやって持ちこたえられるかというと、たぶん無理でしょう。もうすぐ起こりそうだという断層を指定するとできますが。

［'95・8・26／9・2］

二十四年ぶりの防災基本計画改定

七月十八日付の全国紙夕刊に、「政府は十八日、首相官邸で中央防災会議（議長・村山富市首相）を開き、阪神大震災を教訓に、全面改定作業を進めてきた、新しい防災基本計画を決定した」（毎日夕刊）という記事が出た。

防災基本計画の改定は二十四年ぶりであり、昨年から改定の準備に取りかかりかけていたところへ、今回の阪神大震災をきっかけに、急きょ、中央防災会議を一月二十六日に招集し、防災基本計画を抜本的に改定することを決め、「防災基本計画専門委員会」を組織し（委員十二人、座長・末広重二　元気象庁長官）、二月九日初会合を行った。この専門委員会のスタートの記事は、各紙の二月十日付の朝刊に出ていたが、扱いは小さく、私も見過ごしていた。

改定案決定は、五月中を目標にしていたが、いろんなことがあって、七月十八日までずれこんだ。本文百八十五ページ、二十二万字に及ぶ大部のものになったが、これに対して、「旧計画」は、わずか十四ページ、一万五千字であったのと比較すると、いかにも今回の「新計画」は、力のこもったものになっているような印象を受けるが、半面、いかにこれまでの「国の防災対策の基本」となるべき旧計画が、ささやかで、小さな「意義づけ」しかされてこなかったものだったか、ということが感じられる。

とりあえず、この改定された「新防災基本計画」の、大きな四つの柱を紹介すると、
(1)国家中枢への情報伝達系統の確立と強化。災害一次情報を「内閣情報調査室」に迅速に直送するルートを確保する。
(2)自衛隊の協力強化。自治体からの「要請」がなくても、防衛庁長官の判断で、出動できるようにする。またヘリコプターにテレビ映像送信機能を持たせる。
(3)近隣自治体や公共機関の相互協力態勢を強化し、市民団体やボランティア、外国からの救援の受け入れもスムーズにする。
(4)一般市民も、普段から水、食糧の非常備蓄、ある程度の「自主防災態勢」を強化する。
といったところである。

いかにも、今回の「阪神・淡路大震災」で一斉に噴き出した諸問題への「反省」を踏まえた、かなり力のこもった改定案で、その目配りも、積極的に評価したいが、では、これまではどうだったんだ? と、「災害列島」日本に生を受け、あくせく日常生活に追いたてられている者としては、つい思ってしまう。

ところで、「中央防災会議」や「(旧)防災基本計画」というものの存在を、一般読者の方はご存じだったろうか?——私自身も、二十数年前、ある作品を書くため、日本の

防災システムについて調べているうち、ちらと「中央防災会議」の名称を見たような気がするが、「防災基本計画」の方は見た覚えがなく、作品中にも使わなかったと思う。ちなみに、手元の百科事典類や『現代用語の基礎知識』（自由国民社）一九九五年版にも、この二つの項目では出ておらず、前者は「災害対策基本法」[35]の項目の中に、後者は「大規模地震対策特別措置法」の項目中に、「中央防災会議」の名前がメンションされているだけである。

これまでは、あまりマスコミに登場せず、国民にもそれほど知られていなかったこの組織と基本計画が、今回にわかにクローズアップされたのだが、そもそも、この「中央防災会議」というのは、三十四年前の昭和三十六（一九六一）年に制定された「災害対策基本法」に基づいて設置されたものであり、この法律ではこのほかにも地方防災会議、及びその協議会、災害対策本部、非常災害対策本部の設置の基準が決められている。

この時から、それまでの消防法その他を超えた国及び自治体、公共機関の総合的災害対策への取り組みが始まった、といっていいのだが、この法律の生まれるきっかけになったのは、その二年前の昭和三十四年九月、三重、愛知、岐阜を中心に大被害をもたらした、あの「伊勢湾台風」だということになっている。

公式名称は「台風15号」と呼ばれるこの台風は、死者・行方不明者五千百一人、全壊流出家屋四万八百四十一戸、負傷者三万八千九百二十一人、被害総額は五千億円以上という、戦後最大の「広域被害」を出した災害だった。その三年前の昭和三十一年の『経済白書』は「もはや戦後ではない」という有名なキャッチフレーズを発し、日本は戦後の復興経済を脱して、オートメーション、鉄鋼一貫、石油コンビナート、原子力発電など、新しい産業イノベーションを取り入れつつ「高度成長」時代に足を踏み入れつつあったものの、この府県を越える広域災害に対しては、何か国家レベルでの対応の基礎が必要だと思われたのは当然のことである。翌昭和三十五年の五月にはチリ沖の地震[36]による大津波が、三陸海岸を襲い、死者は百十九人だったが、全半壊流出家屋は五千戸を超えた。これによって、「地震、津波警報」の重要性の認識も高まった。

だが、この「基本法」が検討され出した昭和三十五年は、あの「六〇年安保」の大騒動が起こった年であり、五月に日米新安保条約が強引に議会に上程、可決され、国会乱闘、東京を中心に全国的に大デモ、騒乱が起こった時だった。岸首相退陣、池田内閣成立、全学連デモで女子学生死亡、秋には浅沼稲次郎氏の刺殺……こんな情勢下で、災害対策基本法は翌昭和三十六年に成立し、それに基づいて招集された中央防災会議は「防災基本計画」の検討を始めて、さらに二年後の昭和三十八年にできあがるのだが、これは災害救援の第一次的責任は、中央よりも災害状況を把握しやすい地方自治体にある、とされており、自衛隊は「知事は天災地変等に際して、自衛隊に災害派遣を要請することができる」という、自衛隊法八三条に基づく関係が基本になっていた。

前にも述べたように、わずか十四ページの「防災基本計画」は、八年後の昭和四十六年にごく一部が修正[37]されただけで、今回の大改正まで、実に三十二年の間そのままだった。——その間、地震のみならず、洪水、大火、噴火など「大災害」がなかったわけではない。

「災害対策基本法」ができた昭和三十六年にも、二月に日向灘地震、九月に第二室戸台風が関西地区を襲い、十月には鹿児島市の大火がある。「防災基本計画」のできた翌年の昭和三十九年には、架かって間もない橋が落ち、鉄筋アパートが流砂現象でひっくりかえった新潟の大地震が六月、七月には山陰・北陸地方が集中豪雨で被害を受ける。その後も宮崎県えびの地震、北海道十勝沖地震、一九七〇年代以降も鳥海山噴火（七四・三）、台風17号による全国的被害と長良川の決壊（七六・九）、酒田市大火（同・十）、有珠山噴火（七七・八）、伊豆大島近海地震（七八・一）、宮城県沖地震（同・六）、木曽御岳山噴火（七九・十）、川治温泉大火（八〇・十一）、日本海中部地震（八三・五）、三宅島大噴火（同・十）、伊豆大島噴火（八六・十一）、雲仙普賢岳噴火（九一・六）、釧路沖地震（九三・一）、そして二年前の北海道南西沖地震で奥尻島の津波被害（九三・七）、鹿児島県集中豪雨（同・八）——年表からざっとひろっただけで、これだけある。まことに「災害列島」[38]の名にはずかしくない。一、二年の間にどこかで「大災害」が起こっているのだ。

　この災害の中で自衛隊の災害救助出動は当然、何度も実施されている。近くは雲仙普賢岳の時が印象的であろうが、私は伊豆大島噴火の時の、海自の救出活動をテレビで見て、強いインパクトを受けた。しかし、これらはすべて、三十年以上前に決められた、古い「防災基本マニュアル」に基づいてなされた。六〇年代から七〇年代初めへかけては「押せ押せ」の高度成長の時代であり、七〇年代を中心に各地に「革新自治体」が輩出したこともあって、所によっては、災害救援の第一責任者である地方自治体と、各地自衛隊の災害出動訓練は、しっくりいっていなかったこともあったようである。中には、ここ十年以上、一回も合同訓練をやっていなかった府県もあったそうで——特に「大地震はない」という迷信にとらわれていた関西では、その傾向が強かったといわれている。

〔'95・9・9〕

自衛隊の救助活動

伊丹市緑ケ丘七丁目にある、陸上自衛隊の「中部方面総監部」の広報を訪ねたのは、七月中旬だった。

その少し前、自衛隊は災害当日朝から半年にわたる「災害救助出動態勢」に一段落をつけ、被災地住民が手を振る中、「自衛隊ありがとう」と大書された横断幕をくぐって、隊伍を組み、輸送車に乗って引き揚げていった。[39]――日焼けした若い隊員の顔は、相変わらず引き締まっていたが、どこかうれしそうだった。

私も別の件で阪神間を訪ねた時、偶然その情景をちらと見たが、詳しいことは、震災直後から8ミリビデオでいろんな場面を記録し続けている知り合いのフリージャーナリストにビデオを見せてもらいながら説明を聞いた。

「自衛隊も、今度はすっかり名を上げたね」と、私は言った。「数カ月現地でがんばったんだからな。――でも、最初のうちはどうだった？」

「初めは、受け入れ側もちょっとぎくしゃくしてたみたいだが――何しろ連中は、てきぱきとよく動くし、若い隊員は黙って、危ないところにも突っ込んでいくしね」

もと中国地方の地方紙の記者で、若いころには、かなりの「闘士」だった彼は、すっかり薄くなった頭をなぜながら、ちょっとほろ苦そうに言った。「それに――去年、村山内閣が成立した時、社会党が〝自衛隊は合憲〟と方針転換したろう。あれが何となく効いたような気がする……」

震災という天変地異にどっぷりのみこまれてしまったが（彼の借家も半壊した）、あとから考えてみると、去年、一九九四年あたりから、日本社会全体に大きな変化の底流が動き出していたような気がする、と彼はつぶやいた。――どんな方向へ向かっているのか、まだよく分からんが……。

確かに――九〇年代に始まる「バブルの崩壊」のトレンドの中で、政治における、いわゆる「五五年体制」の解体が起こって、細川、羽田、村山と首相がめまぐるしく代わり、円高、松本サリン事件、そして山花新党の準備など、「戦後五十年」へ向けて、何か正体のつかみかねる変動の兆候のもとに、この大震災は起こったのだ。

一月の終わりごろに来たというオウム真理教の連中は撮ったか？　と聞くと、自分は出会わなかった。うわさによると妙な宣伝ビラをまいたり、尊師が予言したとか、地震兵器[40]だとか口走って、殴られそうになったとも言うが、確かめていない、という返事だった。――三月下旬の東京の地下鉄サリン事件のあとで刺殺された村井秀夫という人物が一時、神戸製鋼に就職していたというので、彼が来ていたのではないかとも思ったが、これも確かめようもない。

伊丹市の、産業道路と中国自動車道に挟まれた、陸上自衛隊伊丹駐屯地の中部方面総監部を訪ねる途上、私は国道171号をたどって、阪急伊丹駅の前を通ってみた。——171号は、一応順調に流れていたが、まだ大型トラックや冷蔵車、トレーラーが神戸へ向かって走る姿が多い。中国自動車道は、相変わらず下り西行きが大渋滞している、という交通情報がラジオで流れる。猪名川を越える時、河川敷や沿道の空き地に、うずたかく木っ端や瓦礫《がれき》の山が築かれているのが目についた。

「阪神間の震災ゴミを、伊丹が大分ひきとっているんだな」と私は阪急タクシーの運転手に言った。「これを次にどう片付けるのかね?」「埋め立てでもやらなしょうないんやないですか?」と、地元に詳しい運転手は答えた。「伊丹市自体のゴミも、だいぶ積まれているようでっせ……」

阪急伊丹駅——例の二階建てのプラットホームが、初発から三番目、四番目の電車を乗せたまま、一階の改札口へ落ち、一階の派出所の警官二人が下敷きになり、その一人が死んだという事故が起こった所だ。一階には、駅長もいたが、幸いにも無事で、二階のプラットホームにいた乗客三人、男性二人と女性一人、乗務員も無事だったという、悪夢のような中に、奇跡的に犠牲者の少なかった事故現場である。しかし、何も予期せず、二階のプラットホームにいた三人の乗客——うち一人はトイレに入り、もう一人はキヨスクをのぞいていたと聞いた——は、プラットホームが、突然、乗るべき電車ごと一階に落ちて、文字通り「驚天動地」の体験をしたろう。できれば、その「一般乗客」

三人と一階の二人の警官の氏名を特定し、その遺族とのインタビューをやりたいと努力を続けてきたが、その時点ではまだ実現しなかった。

震災当日からすでに半年、あの二階プラットホームが、車両ごと一階へ落っこった「異様な光景」は、もうすっかり片付けられ、そのあとには、白と黒のテントが多数張られ、かつての「新駅」のすぐ南、道路をまたぐ古めかしい石造りのアーチの上が、「臨時駅」として機能していた。その「古い石造駅」の下の店舗も、形としては無事だったらしく、たくさんの商品を並べ、お客が出入りしている。――季節はもう夏で、市民は明るい色彩の軽装でたくさんの人々が伊丹駅の周辺を行き来しており、テントを張られた、もとの駅だった空き地の向こうや周辺では、私が一つ南の「新伊丹駅」の近所に住んでいた三十年前とは、まったく違った高層ビル、デパート、マンション類が立てこんで、ピンシャンとしており、「震災の爪跡」は、ある程度関心と注意をもって見なければ、ああ、ここが、と思えないほどだった。――「日本の都市生活」のたくましさは、あれほどの災害のあとたった半年で、これほど「景観」をリカバーしてしまうのか、と私は何となく複雑な気持ちを味わった。

陸自伊丹駐屯地の、中部方面総監部の東入り口では、あらかじめファクスを送ってもらっていたので、門衛のピシッとした敬礼を受けて、難なく通過し、若い隊士の先導を受けて、「広報部」の前まで到着した。――ここでタクシーを返し、私はまず太って日焼けした、何かいろいろ話したくてうずうずしているような窓口広報マンに迎えられた。

彼は、まあマスコミに知られている「SF作家」を、自分のホームグラウンドで「生」で見られる、ということに、自分で多少興奮しているみたいだった（この反応は、被災地のいろんな所に見られた）。

最初に通された「中部方面総監部・広報室」の部屋は、決してそんなものものしい、ハイテクの中枢部みたいなたたずまいでなく、かなりくたびれた「何とかがんばって保っている小企業の広報室」という感じだった。――建物もプレハブっぽいし、中の什器類も、大阪中之島、あるいは「あの」東京都千代田区、大企業のセンターの「どうだ！」というものに比べれば、資本金ン千万円の会社の、しかし「地道にマジメにやってます。ゼータクはしてません」という感じだった。

そういう部屋に通され、奥から広報責任者のFさんが出てこられた。――こちらは資本金ン億――ン十億円の会社の責任者という感じだった。

「毎日新聞の連載、読ませていただいています」と彼は頭を下げて言った。「大変に参考になります」

「それはありがとうございます」と、ここはいわゆる〝プロトコール〟というやりとりである。「ところで、――あの当日、ここも被害を受けられましたでしょう？」「はい――大ショックで、この広報室の電話、パソコンモニター、本箱、みんなすっとんで、書類が散乱しました。本箱はひっくりかえってガラス扉が割れ、ひどいことになりました。その時の記憶を忘れないために、ガラスがなくなった、あの本箱を、あの通り置いてあります。耐震のしかけは、ちゃんとしましたが……」

「ところで——一つお聞きしたいのですが、この伊丹、中部方面総監部では、あの地震のあと〝非常呼集〟をかけられましたか？——それは何時でしたか？」

「総監部の〝非常呼集〟は6・00——つまり午前六時でした」。Fさんは手元のメモを確かめるようにくりながら、打てばひびくように言った。「それから——地元の第三師団、千僧《せんぞ》の駐屯地に〝全員非常呼集〟をかけたのが、当日の午前六時三十分でした……」

〔'95・9・16〕

自衛隊の組織配備

私自身も、今回の大地震であらためて実感したのだが、陸上自衛隊の「中部方面総監部」の管轄範囲は、かなり広範なのである。

「中部方面隊」は、三重県を除く近畿地方全体をカバーする「第三師団」、その東の三重県を含めて、愛知、岐阜、福井、石川、富山の、中部・北陸の西半分をカバーする「第十師団」、さらに中国地方全体をカバーする「第十三師団」と、四国地方全体をカバーする「第二混成団」からなる。

この中部・北陸の西半分、近畿、中国、四国の二十一府県にわたる地域の東は「東部方面隊」、九州以西は「西部方面隊」の管轄域になる。中部方面隊の防衛警備担当地域の総面積は一一・二万平方キロで、日本の全国土面積の三分の一弱、地域住民の人口は約四千五百万人で、日本の総人口の二分の一弱だから、一方面隊としてはかなりな担当地域面積と人口だ。

兵庫県伊丹市緑ケ丘の中部方面総監部広報室で、F一佐から簡単なレクチャーを受けたあと、別棟の幕僚長室に移って、幕僚長の久留島昭彦陸将補から話を聞く。

実をいうと、今年春の定期異動と、この総監部を訪問した二週間前、六月末日に一部の人事異動があって、震災当日から数カ月間にわたって現場を担当した隊員は、かなり異動してしまったという（六月は人事異動の月であり、気象台も、ＪＲも、中枢部はかなり変わってしまった）。

前に述べたように、地震発生の十数分後の午前六時には、総監部に非常呼集がかかり、六時半には、総監部のすぐ西の千僧にある第三師団及び中部方面隊全部に非常呼集がかかった。伊丹駐屯地の第三十六普通科連隊は、緊急出動態勢をとる。この時、朝七時に停電したが、一部では自家発電が稼働した。

広報室のラックや、パソコンモニター、テレビ受像機のすっとんだ状況を聞くと、伊丹駐屯地も相当な衝撃を受けたと思うが、建物の崩壊や、死者、負傷者はなかったようだ。ただし、午前六時の時点でテレビの受像が可能でも、ＮＨＫの報道はまだまだ被害の全貌を伝えていないことは、以前にもチェックした通りだ。兵庫県庁、県警、神戸市消防局へ連絡しようにも、先方は停電や電話のストップ、さらに、それぞれの部署が、直接の打撃から立ち直るのに混乱のきわみであって、被害中心部は、ほとんど連絡のとれないブラックアウト状態である。

そのうち、地元の伊丹の警察から、緊急の出動要請[41]が二件あったという。――一件は、例の落下した阪急伊丹駅の一階部分が崩れ、下敷きになった派出所詰め警官二名（うち一名は死亡）の救出要請である。

そして、午前七時十四分、総監部は、大阪府八尾市に駐屯する中部方面航空隊のヘリを出動させる[42]。

「自衛隊のヘリには、テレビ中継装置はなかったんですね」と私は聞いた。

「積んでおりません」と広報室長は、ちょっと残念そうに言った。「当初、この地域では、八尾の中部方面航空隊及び第三飛行隊から偵察のため、小型ヘリ二機が飛び立ちました」

とすれば、ヒューズ社のOHタイプのヘリだろうか？

「個人用の8ミリビデオを持ちこんだものがいると聞きましたが、あとでプレーバックしたら、ハレーションで役に立たなかったそうです」と広報担当者が苦笑した。

「中部方面隊に、ほかにヘリはなかったんですか？」

「第十師団の三重県明野に、航空学校と第十飛行隊、第五対戦車ヘリ隊はありますが、何分距離が遠いので……」

たしかに、三重県南東部、松阪市と伊勢市の中間にある明野から、明石海峡まで、直線距離で百五十キロはある。途中、高見山地を越えるので、高度もとらねばならない。

「中国地方――第十三師団の方は？」

「これはもっと遠くて。第十三飛行隊は山口県の防府にありますから……」

私は絶句した。――ちょっと頭の中で地図を思い浮かべただけでも、山口県のほとんど西端に近い防府から、明石海峡まで、直線距離で三百数十キロはあるだろう。最近では、もっと性能のいい戦闘専用ヘリも出てきているようだが、私が知っている範囲で、ヘリコプターの最大時速は二五〇－三〇〇キロ、航続距離も三〇〇キロから五〇〇キロだ。もし目的地で給油ができなかった場合、行動半径はその半分になる。

「航空自衛隊[43]はどうなんでしょう？　愛知県小牧や石川県小松などだいぶあちこち基地があったと記憶しますが……」

「空自の中部方面隊の総指揮は、埼玉県入間の司令部が統括していますので……」

えっ――という感じだった。呼称からしてカバーエリアは変わらないのかと思っていたが、だいぶ「東」へ寄っているのだ。

それにしても、埼玉県入間とは――いかにも「現場」に遠い。

「陸自の空挺団がありましたね。――あそこはたしか、ボーイング・バートルか何かの大型ヘリがあったでしょう？」

「空挺団は千葉県習志野にありますが、ヘリコプターを保有しておりません。大型輸送ヘリは、木更津のヘリコプター団[44]が保有しています」

ここにきて、私もあらためて、自衛隊は、日本という国の「防衛」のために組織・配置されてきたのだ、ということに思いいたらざるを得なかった。

しかし、「これからは」、少し重点がシフトしてもいいだろう。地震、津波、台風、洪水、あるいはまだ記憶に生々しいあの雲仙・普賢岳のような大噴火など、ほとんどのべつまくなしに、どこかが自然災害に襲われる「災害列島」にあって、その国民の生命、

震災翌日、被災者を捜索する自衛隊員（長田区）

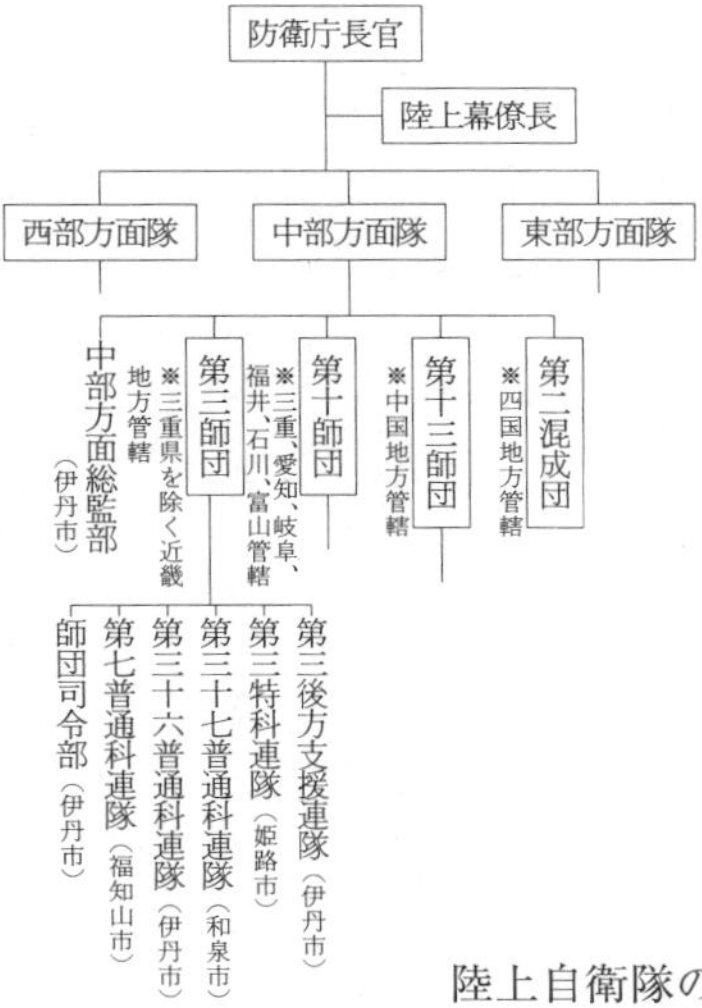

陸上自衛隊の組織

財産、生活、そして「国土」を守るために、運用の仕方によっては、極めて強力で効率の高い「防衛システム」が、もっと有効に使われるシステムを、私たちみんなで考えてもいいのではないだろうか？（これは、もっとあとで触れるが、この九月十一日に提言を出した、首相の私的諮問機関「防災問題懇談会」（諸井虔座長）も、この面に一番重点をおいていた）

さて――。

とにかく、震災直後、「現場」に直接正面から向きあっていた自衛隊は、陸自の中部方面総監部と、地元の第三師団だけだった。――非常呼集の直後、午前六時七分ごろ、気象庁のファクスが、国土庁防災局に入ったというが、その時点ではまだおそらく「震度6」はリポートされていなかったろう。

とにかく陸自のヘリは、七時十四分に八尾を飛び立ち、その二十分後、関西民間テレビの、これは映像中継設備を積んだヘリが、現場へ向けて飛び立った。このヘリコプターの生映像が、八時六分からその民間テレビの全国ネットで東京にも流れはじめたことは、前に触れた通りである（本書では百ページ）。それまでに、兵庫県側から国土庁へ、あるいは国土庁から県庁へ、連絡を試みたという話もあるが、状況は伝わらないし、つかめない状態が続いた。ヘリからのテレビ空撮の生中継映像が流れ出して、中央は、はじめて「全貌」に気づきはじめたのである。

民間テレビがヘリを飛ばすより二十分早く、偵察ヘリを発進させていた中部方面航空隊は、テレビ中継設備はなくとも、被害状況をヘリからの目視無線報告で、かなり的確につかみはじめていた。自衛隊の強みは、陸・海・空とも、きわめてがっちりした、「危機に強い」通信システムを持ち、訓練をしていることであろう。中部方面総監部も第三師団も、それぞれNTTの専用地上回線のほかに、独自のHF（短波）、VHF（超短波）の無線回線を持ち、中部方面総監部は全域をハンドルする「中部方面通信群」、第三師団は「第三通信大隊」という専用の通信部隊を持っている（それぞれ専用の「音楽隊」も持っているところがちょっとユーモラスだが）。

少ない人数――第三、第十三各師団は、当初九千人体制で出発したが、第三師団は昨年六月、第四十五普通科連隊を廃止して七千人体制になり、第十三師団は十四年ほど前、四国の第二混成団を分離して七千人体制となった。第十師団は当初から七千人体制――を有効適切に運用するために、まさに「通信は命」なのであろう。

民間テレビが現場映像を流しはじめた直後の午前八時十分、兵庫県を担任する第三特科連隊[45]は、兵庫県に「災害派遣」を打診する。――しかし県側は、状況がまだつかめない、ということで、派遣を断った。

〔'95・9・23〕

露呈した役所組織の欠陥

陸自中部方面総監部が、兵庫県に「災害派遣」を打診して、断られていた、午前八時十分ごろ——。

「政府中央」は、一体どうしていたのだろうか？

この時点、つまり一九九五年一月十七日の時点において、中央の「災害対処」は、一元的に「国土庁」の所管下にあった。

国土庁の中に「防災局」があり、そこの「防災調整課」が、事務処理の窓口になっている。——「災害対策基本法」に基づいて、中央で「緊急災害対策本部」が設置されると、その本部長に座るのは「国土庁長官」であって、総理ではない。

ところで、国土庁は、昭和四十九（七四）年五月に成立した「国土利用計画法」に基づいて、その年の六月に設置された役所で、比較的新しい組織である。——この「国土利用計画法」は、昭和三十年代の全国総合開発計画、さらに昭和四十年代の「高度成長」時代に、道路、新幹線、港湾、コンビナートなど、国土インフラ開発を目標に進められてきた「新全総」が、大阪万博以後の「狂乱地価」「狂乱物価」を経て、昭和四十八年末の石油ショックで破綻したあとを受け、「地価鎮静」のために、国家権力による強力な全国的「土地取引規制」のためにつくられた官庁であることをマークする必要がある。

つまり、「国土庁」は、まだその当時強力だった「国家権力」を背景にした、「企画調整型性格」を持った組織として、生み出された役所だったのである。

その国土庁は、震災当日、午前六時七分に気象庁からのファクスを受けたが、午前八時の段階では、「公的な数値情報」が入って来ていないので、対応に動けない。——しかし、何度も触れたように、八時すぎから、民間テレビのネットワークを通じて、東京へも被災地現場のすさまじい破壊の情景が、ヘリ空撮の生中継映像を通じて流れ始めていたはずだ。

ただ、テレビ映像は東京へ流れ出したが、連休明けの冬の朝、政府中枢の要路の人々がそれを見たか、あるいはしかるべき官僚が注意を喚起したかは話が別だ。——八時すぎごろ村山首相は執務室にいて、テレビは見ていなかったと聞く。武村蔵相は、現地にいる新党さきがけの若い代議士、高見裕一氏の携帯電話からの報告を受けているはずだが、どう動いたのだろうか？——そのうち午前九時二十分からは、予定通り「月例経済報告閣僚会議」が始まる。

陸自の中部方面総監部が、兵庫県庁に災害救助出動を打診した、午前八時十分の時点で、貝原俊民知事は、まだ中央区中山手の県庁に到着していなかったようだ。——指揮は七時すぎに東灘で被災したが、自家用車で登庁した、芦尾長司副知事がとっていたが、県庁職員のかなりな人数は、あるいは神戸市内で被災し、郊外居住者は、JR西日本、阪神、阪急、山陽、神戸電鉄など、鉄道全部がストップして出勤の足を奪われ、やっと登庁しても、庁舎内のロッカー、什器類はひっくりかえり、書類は散乱し、停電の上、電話もほとんど不通で、手のつけられない有り様だったらしい。

「知事の公邸は、県庁からだいぶ離れていたんですか?」

と私は県の広報担当者に聞いた。

実を言うと、私は貝原知事とは古い知り合いだった。——十二年前の初立候補の時、先輩から頼まれて、推薦・応援の立場をとり、昨九四年の三期目立候補の時も、旧友、先輩の依頼で「旗揚げ」イベントの皮切りをやった。

その彼が、今回の震災に当たって、「自治体首長」として、「立ち上がり」が遅れたとして、マスコミにいろいろたたかれたことは、私自身も「何やってんの」といういらだちはあったものの、いささか心痛む半面もあったのである。

「〝公邸〟というほどのものではないんですが、新神戸駅から車で十分くらいの灘区の青谷の近くに、ごくふつうの家屋を借りましてね。知事はそこにいたんです……」

と県広報担当者は言った。

「青谷」?——という地名を聞いて、私はふと胸をつかれる思いに襲われた。

「ということは、神戸一中——いや神戸高校の下の……?」

「ええ、そうです。――いまはその青谷の西隣の中島通りにいるんですが……」

青谷――というと、私には懐かしい地名だった。私が昭和十八年から二十三年まで通った県立神戸一中、現神戸高校の校舎がそびえる六甲山麓の斜面から、南西へちょっとさがったあたりである。

神戸市の中枢部、三宮から北へ走る幹線道路が、「布引の滝」で有名な、布引の西隣、六甲山系の布引断層がぽっかり開く所にJR西日本・山陽新幹線の「新神戸駅」が、東西の「六甲縦断トンネル」の間に顔をのぞかせる。

そこからちょっと南へ下った所に、東へ向かう山麓をゆるい上り勾配の自動車道が走っていて、青谷はその道を数キロ東へ行った所だ。――中央区中山手通りの県庁からはかなり距離がある。自動車でスムーズに行っても三十分前後かかるだろう。

「で、知事邸は無事だったんですか?」「家屋は無事だったようですが、停電で、電話も通じなかったので、そのまま家にいたようです」

二月の初め、私は六甲の登り口から、篠原を西へ、五毛から神戸高校を右に見て、青谷を通り布引の新神戸駅に至る道路を走ってみた。――戦前からある、舗装された幅広いバス道で、六甲山麓の硬い岩盤の上を走っているせいか、損壊家屋はそれほど多くなく、特に青谷辺はほとんど外見は無事のようだった。

冬の明け方、日の出まではまだ一時間以上ある暗闇の中で、知事は電話も通じず、停電のためラジオもテレビも使えない「情報遮断」状態の中に置かれたのである（もちろん携帯電話も携帯ラジオも、彼は持っていなかったろう。——私だって持っていない。持っていても、地震の「全体状況」を電波が伝え出すのは、七時前後からである）。

　これは私も経験したことだが、地震が収まって、さて自分のまわりの被害が大したことないと分かると、ホッとすると同時にほかの所も、似たようなものだろう、と思い込みがちである。——知事は、それでも戸外に出て、丘陵の下、市街地のあちこちに火の手が上がるのを見て、これはいかん、と思ったというが、歩いて県庁まで行けば、一時間半以上かかり、途中の状況が分からないので、しばらく「動かないこと」に決めた、という。そのうち、副知事が車で迎えに来て、やっと登庁することができた。[46]

　最高責任者の知事の登庁が大幅に遅れたといって、マスコミは批判したが、事情を聴いてみると、やむを得なかったようであるし、知事の判断も必ずしも間違っていたとは思えない。——むしろ問題なのは、緊急事態発生時における、要人との非常連絡と、要人のガードシステムの不備であろう。水害と違って、地震は「不意に」襲って来て、瞬間的にいろんな重要システムをずたずたにする。こういう経験はまれなことであり、普段は想定しにくいことであろうが、この事態経過は、丹念に記録し、整理し、「震災マニュアル」としてどこの都市でも使えるように一般化しなくてはならない。

　兵庫県警本部も、一瞬にして大混乱に陥った。下山手の北庁舎にある通信指令室は生きていたが、一一〇番はたちまちパンク状態になった。警察専用線の大部分はアウトになり、警察無線も「同時多発」の災害で混乱した。被災各市、区内の警察署、交番もそ

震災当日、液状化現象で土砂が一面に吹き出した（中央区・ポートアイランド）

れぞれダメージを被り、兵庫署のように建物そのものが全壊状態になった所もあった。本部庁舎ビルが新築中で、かなりの部署が、ポートアイランドにある港島庁舎に移っていたが、ここは「液状化現象」[47]で周りは泥の海になり、庁舎内は不等差陥没を起こし、橋とポートライナーが使用不能で、「陸の孤島」となった。

県庁には、宿直制度はないが、県警は当然二十四時間体制が取られており、その時、県下で約二千人が当直体制にあった（県警全体では当時、一万一千五百十人の警察官らがいる）。ただ、すぐに連絡が取れたのは八百人ぐらいではないか、という。それでも午前六時三十分、兵庫県警本部は近畿管区警察局を通じ、近畿内各府県警察に、また四国管区警察局を通じ局内各県警察に応援要請を行った。

時間はいたずらにたっていき、被害の「全貌」は刻々と明らかになっていった。しかしながら政府中央と現場の認識ギャップはあまり埋まらず、午前十時からの定例閣議の準備が進められていた。午前九時五十八分、県警は「死者二十三人、負傷者二百二十二人」と発表し、十時のニュースで伝えられた。——午前十時、ついに県庁から陸自中部方面総監部に、「出動要請」が行われ、満を持し、じりじりしていた第三師団は、被災地へ向けて移動を始めた。

〔'95・9・30〕

【筆者に聞く】（インタビュアー＝毎日新聞大阪本社編集局）

――連載から半年。現地取材やさまざまな資料を読まれて、阪神大震災の見方が、当初と変わりましたか。

小松　『日本沈没』はプレートテクトニクス理論を使ったのだが、今回は活断層内陸直下型地震で、大都市圏で起こった。高速道路が倒れたり、被害は目をむくほどだけど、被害範囲は局限されて、長さ二十キロから三十キロで、幅は二キロぐらいだった。それから実際に足を運んでみたら、川一つ越えたら被害程度がまったく異なった。

――『日本沈没』の状況とはまるで違うわけですね。

小松　『日本沈没』は一九六四年から書き始めたが、その当時は高度経済成長の初めのころで、超高層ビル[48]が計画されるし、首都高速の高架や羽田空港へのモノレールもでき、新幹線が走り出した。六四年十月の東京オリンピックの後になると、超高層ビルができた。それはいいけれど、大丈夫かなと思ったのが、『日本沈没』を書く一つの動機だった。ところがそのころはまだ活断層の研究は始まっていなかった。当時の地震の原因は、内陸型は陥没地震と火山地震と断層地震で、海溝型の巨大地震は地殻が動くプレートテクトニクスで説明できた。

——執筆に際して、日本列島の重量を計算したり、シミュレーションをするなど、大変だったそうですね。

小松 国土地理院に「日本列島の目方はなんぼありますか」と聞きにいったら、「ええ医者を紹介しましょうか」といわれた（笑）。

ちょうどこのころ、電気そろばんといわれた電卓[49]が出てきたので、シミュレーションが可能になった。割り算と掛け算が一気にできるのでね。それで沈没の舞台を一九七×年に設定して、東京の人口はこれぐらいで、GNP（国民総生産）はこれぐらいなどと計算した。東海道新幹線は六四年にできて、次の山陽新幹線が走り出したのが七一年。「ひかりは西へ」だが、この状況下で、関東大震災のデータと比べた。『日本沈没』の第二次関東大震災の設定は夏の午後六時ちょっと前のラッシュ時になっている。

——その時に阪神大震災のような状況は想像しておられたわけですが、現実に起こると思っておられましたか。

小松 いや、今回は大ショックだった。倒れないといっていた高速道路が約六百五十メートルにわたって倒れたし、いくつものビルはぐじゃぐじゃに崩れた。海溝型地震と違って活断層直下型はすさまじい。しかし、被害激甚地とそうでない所があり、被害にひどくむらがあること、範囲の狭いことが、非常によく分かった。

一方、今度の地震はエレクトロニクスのイノベーションがものすごい勢いで進み、しかも大衆化されている中で起こった。携帯電話と携帯ラジオが役立ったことは連載で書いたが、企業や個人が今度の地震で入力した情報を生かせたら今後の研究や対策に役立つ。だからデータは消さないでおいてほしい。

——今回の地震が起こるまで、関西では地震はないといわれていましたが。

小松　活断層の観測が始まって、関西も危ないぞという話は前から出ていた。研究はあるのに、それを社会の側、つまり自治体、行政、準公共事業体が真剣に、危機の切迫を認識していなかった。野島断層[50]などでマグニチュード（M）7ぐらいのがドーンと起こったら、どれぐらいのことがあるだろうかと考えて、ここには補強しておこうといったことがなかった。そのころはまだ高度経済成長期だった。つまり、日本は地震研究および耐震工学の先進国だと威張れない。僕が不思議なのは、なんで威張っているのかよく分からない。

——効率とか経済原則優先の面があったわけですね。

小松　あったと思う。経済的要因と、場合によっては、設計は耐震にしていても、孫請けや孫々請けぐらいになってくると、押せ押せどんどんで、かなりいいかげんに建てているかもしれない。

——それだけに教訓の多い地震ですね。

小松　大阪市立大の弘原海清教授の所へ行った時、パソコンに大量の地震の前兆らしい現象を集めて入力していた。またＮＨＫテレビがコンピューターグラフィックス・アニメーションで、その時点までに知り得たデータを基にした地震の動きを見せていた。弘原海教授のデータや京大防災研、民間の地震データをこういう手法でシミュレーションすればいいのだが……。もし次に危ないといわれている有馬・高槻構造線で特定観測をやって、ここでこうなったらこうなるとか、つまり状況を仮定してパラメーターを変換して、大づかみの被害想定をしてみたらいいと思う。どこかでそれをやってくれないかと、呼びかけてみようと思っている。

例えば、いつもいわれているけれども、今度の阪神大震災が二時間後に起こったらどうなっていたか大ざっぱに全貌が把握できるだろう。僕が『日本沈没』を書いた時より、格段に機器が進んでいるので、地震に対する心構えや準備も的確にやりやすい。

日本が高度成長の時は技術過信と経済性を重視して、いつ起こるか分からない災害を計算に入れられるかというムードがあった。次のバブルにかけて、われわれも押せ押せどんどんでやってきた。それによって日本人の一般の生活は非常に豊かになったけれど、逆に脆弱《ぜいじやく》性も増えてきたと思わないといけない。

——今回、分かったことの一つですね。

小松　その脆弱性に対処する都市計画[51]を下に下ろしていく時に、住民のコンセンサスが大きな問題になる。断層が走っているので、そこを避けて家を建てるように指示したら、一番嫌がるのは不動産屋や地上げ屋だろうね。

——日本は災害が多いのだから、もっと謙虚に現実を見る目が要りますね。

小松　日本の災害史を調べてみたら、戦後は地震、火山噴火、台風、大火があるが、大火は少なくなっている。山林火災はよくあるけれども、ここ四、五年の間、都市から起こった大火といえば、今度の長田区の大火ぐらいしかない。日本は昔から火事が多かったから防火建築をコツコツやってきたあかしだ。治水治山もほぼやっている。

——残る大きなものは地震ですね。

小松　地震対策は時間がかかる。長期間こんなことをやって無駄じゃないかといわれないようにするには国民の理解、住民の理解が必要だ。だからこそ今度の目の前で起こった災害の記録が重要になる。大阪は一坪の土地があればタコヤキ屋を出す土地柄だけど、「ここはだめですよ」といって納得してもらわないと……。嫌がるかもしれないけれど、「三方一両損」みたいな精神を持つ必要がある。

——災害を国民がどう考えるかですね。

小松　戦時中は気象情報や災害情報は国家機密にする必要があったけれど、今や日本は後戻りのできない国際化の時代に入っている。一応、平和憲法もあるし、世界の冷戦構造も崩壊したので、災害に対する安全は国民みんなで考えようと勉強する時期だ。そのネタになる情報は隠さないでおいてほしいね。

——今度の地震で若干教訓を得て、次にすぐに生かしている面もある。例えばサハリンで地震が起きた時に、日本の医療チーム[52]がすぐに行くとか、神戸では建物の危険度の色分け[53]もしている。

小松　仮に家主がいて、これは危ないといわれると、転売する時にやりにくいといったことが問題になるが、それを克服しないといけない。耐震検定士みたいなものをつくって店舗や家屋を見て回るべきだ。これはやらないといけない。

［'95・10・7］

【対談】活断層とは何か

阪神大震災を引き起こしたのは、活断層と呼ばれる「地球の亀裂」だった。だが、その研究は戦後に始まったばかりで、分からない部分が多い。断層の巣・日本列島に住む我々にとっては、一刻も早く全容を解明して、地震予知に役立ててもらいたいものだが、活断層とは一体、何なのだろう。活断層研究の草分けの一人で、地質学から地震学まで、グローバルな観点から日本列島に詳しい大阪市立大名誉教授で、断層研究資料センター理事長の藤田和夫[54]・理学博士に話をうかがった。

小松　先生は最近、『日本の山地形成論[55]』という本を書かれましたね。これは日本の山々がどのようにできたかなどを書かれているのですが、地震の研究をされる前は、地質学がご専門だったのですか。

藤田　京都大学の地質の出身なんですが、研究をしているうちに、地震の問題まで進んでしまった。ですから、地質と地震の間を埋めるような研究をしてきたことになります。

小松　地球の研究といえば、簡単にいいますと、地磁気や地電流を測ったりする地球物理学と、岩石の成分や山がどうしてできたかなどを研究する地質学に分かれますが、地震に関係の深い「地殻変動」はどちらの分野で扱っていたのでしょうか。

藤田　地殻変動には二つの考え方（呼び方）があります。地質学の方では、ヒマラヤとかアルプスなどのできる運動を造山運動[56]と呼び、地球物理学の方では精密測量をして、何年間の間に土地が何ミリ上がったとか下がったとか、また地震とか、現在的な現象のことを地殻変動と呼んでいます。ですから、以前は地球物理学の人が書く地殻変動についての論文と、地質学者が書く論文とでは、中身が全然、違ったものでした。これらの地殻変動が全く別物なのか、それとも片方の学問の延長とみてよいのか、その接点が私の研究でもあったのです。

私がその結論に達したのは、ここ二、三十年の間です。私は学生時代から六甲山をはじめ日本の山を歩いたり、生態学で文化勲章を受けられた今西錦司[57]さんらと、中国の大興安嶺やパキスタンのカラコルムに行くなど、いろいろ世界を見て歩く経験の中で、地質学と地球物理学の地殻変動は、タイムスパンの違いだけで、地震や火山の噴火などの地球物理的変動が、地質学的な地殻変動の現在の一断面であると考えるようになりました。それまでは地球規模で、アルプス造山運動という大きな変動があって、それが次第に収まってきて、氷河時代[58]を経て、静穏な時代になったのが現代だというヨーロッパ的な地質学世界観が日本に持ち込まれていたのです。

小松　そのアルプス造山運動にはヒマラヤが含まれていましたか。

藤田　アルプスとヒマラヤは、初めのころは同じだったのですが、後になって違ってきます。アルプスは静かになったのに、ヒマラヤは現在でもどんどん上がっている。

小松　そうらしいですね。

藤田　日本列島について言いますと、ヒマラヤがどんどん上がり出したころから、せり上がり出している。現在はヒマラヤと日本列島とは非常に似ている。現在の日本列島は、アルプスの造山運動が収まって静かになった時期にあるのではなく、第四紀という新しい時代に入ってからのこの二百万年くらいに、かえって変動を開始したのです。今までの見方とまったく逆になった。それが活断層問題と結びついてきたのです。そうして、地質も地球物理もくっついてきたというわけです。

小松　私の子供のころの戦前から『子供の科学』[59]などの雑誌には、ウェゲナーの大陸移動説は載っていた。ロマンチックな理論ですからね。しかし、地球の国際的な測定は戦後の国際地球観測年[60]を中心にして始まった。

藤田　急速に地震や地磁気の問題などがクローズアップされてきましたね。

小松　ウランで地球の年齢を測り出したのも戦後でしょう。

藤田　戦後です。しかし、戦前にもありました。私は昭和十九（一九四四）年の卒業ですけれども、われわれの学生時代にも、京都大学では放射能物質の研究をしておられた先生がおり、ラドンの測定などもやっておられた。それが、戦後になって急速に広がっていった。

小松　ところで、地殻変動に関係深い地球の中心部の熱ですが、地球の中心は非常に熱いので、そこから熱が対流して出てくる。「その元の熱は何ですか」と聞いたら、地球ができた時の衝突エネルギーがまだたまっているのだという話があった。

藤田　このごろはマントル対流からもう一歩進んできまして、プリュームテクトニクス[61]（プリュームと呼ばれる巨大な柱状の流れがマントルを上下する）という考えがあります。

小松　あれを言い出したのは日本人ですか。

藤田　丸山茂徳・東京工大教授です。この方面の理論変遷を振り返ってみますと、十年おきぐらいに変わってきている。

小松　理論革新があるのですね。

藤田　六〇年の終わりごろから七〇年にかけてプレートテクトニクス理論が出てきまして、小松さんが『日本沈没』でお書きになっているころが、プレートに変わるころです。これで地球規模で地震や火山のことがはっきり説明できるようになった。それから、七〇年代から八〇年代にかけて今度はプレート理論がうんと沈下しまして、付加体テクトニクス理論などが出てきた。そして、九〇年代になりかける時にプリュームテクトニクス理論が出てきたように、十年おきに急速に地球内部の方の問題に進んで、新しい地殻変動の正体が急速に分かり始めた。

小松　断層の問題ですが、断層は地震を起こすが、その後は収まっているといっていたのに、活断層という考え方が出てきた。その活断層の研究が始まってまだ三十年から四十年だそうですね。

藤田　私などは活断層の草分けみたいなものでして、初めは「活断層」という言葉はなく、「アクティブ・フォールト」という英語だけがあった。日本で、それが「活断層」の形で出てきたのは二十年から三十年前です。昔から断層は知っていたのですが、断層がもう一度動くとはだれも考えなかった。

ところが、私は家が六甲山近くにあって、ルーチンワークとして日曜ごとに歩いていたところ、六甲山は意外に新しい時期から変動していることが分かってきた。つまり新しい地殻変動の状態にある証拠がたくさん出てきた。それまで、日本人はアルプス造山運動は終わって、いまは平穏ないい時期にあるとの希望的観測を持っていたのですが、そうじゃなくて逆に、百万年前から地殻変動が活発になってきた。その一つの表れが六甲山の上昇だったわけです。

私がプロジェクトチームを作って大阪湾全体の海底調査もやりましたが、大阪湾が沈んでいき、逆に六甲山が上がっていく運動も明らかになってきました。沈んでいく大阪湾側には地層ができていきます。放射性元素を利用してその地層の年代を調べると、「大阪層群」[62]と呼んでいる大阪の地下にある地層が、今はその厚さが一〇〇〇メートルをはるかに超えている。大阪湾は百万年ぐらいの間に随分沈降しているわけです。そして、逆に百万年前の海底でできた粘土が、六甲山の高い所で見つかってきた。最もはっきりしているのが甲山《かぶと》付近です。甲山の周りに百万年ぐらい前の粘土層が、べったりとくっついている。化石その他により年代も分かっています。

小松 私は西宮市の安井小学校に通っていましたから、貝の化石を採りに行ったことがありますよ。

藤田 甲山のもう少し上に奥池がありまして、そこからは海岸の砂が出てくる。このように同じ時期の海の層が、一方では五〇〇メートルの高さにあり、一方では大阪湾の下マイナス五〇〇メートルにある。すなわち百万年の間に一〇〇〇メートルの落差が出てきている。この辺りには甲陽断層、芦屋断層、五助橋断層という六甲を斜めに走る断層によって階段状になっていて、この一番高い五〇〇メートルのところに百万年前の地層があるわけです。

小松 昔、海底だったのは貝の化石が出てきたり、海砂も出るので知っていましたが、どのくらいのスパンでこれだけ持ち上がったのか知らなかった。

藤田 百万年に千メートル食い違ったとしますと、単純に割り算して年平均一ミリメートルとわずかな変位量です。しかし、実際には千年ぐらいはじっとしていて、断層に沿って一挙に一メートルぐらい動いて、その度に大地震を起こしてきたと思われるのです。それが活断層の正体といえるでしょう。

小松 昔から日本列島の地質図には中央構造線が書かれています。これはフォッサマグナ（地質構造上で東北日本と西南日本を分ける地帯）につながりますか。

藤田 別系統なのでつながりません。フォッサマグナで中央構造線が切れて、移動したりしていますからね。

小松　『日本沈没』を書く前に現場を見に行きましたが、岐阜県に根尾谷断層がありますね。

藤田　トレンチ（試掘溝）を入れて調べていますよ。

小松　一八九一（明治二十四）年の濃尾大地震の時に、六メートルぐらい上下に動いている断層ですね。実は私は、子供のころから断層を知っていた。どうしてかというと、歌に「尾張名古屋の大地震」というのがあったからです。この歌は「年の始めのためしとて」の替え歌で、「尾張名古屋の大地震、松竹引っくり返して大騒ぎ」という歌詞でした（笑）。

藤田　『日本沈没』で思い出したのですが、読んで一番びっくりして感激したのは、六甲山に小さい地震が続けざまに起きる。「六甲山系にはいくつも斜めに断層が走っていて、それとクロスする長いトンネルが断層の動きによって二カ所ひび割れてしまった」と書いてあるところです。その部分を読んだ時は本当にびっくりした。私が六甲の地質図を作ったばかりでしたから。

小松　あれは六甲山腹にトンネルを掘る、つまり、くし刺しにするというので、危ないじゃないかと思って書いたのです。山陽新幹線は一九七二[63]（昭和四十七）年ですが、「ひかりは西へ」の掛け声で頑張るわけです。日本は丹那トンネルや清水トンネルを掘った経験があるので、工事をする鉄建公団は自信をもっていたんです。

藤田　鉄建公団から聞かれたのですか。

小松　その関係のエンジニアです。それで「あそこは断層がいっぱいあるじゃないか」といったら、「あるということは落ち着いていることだから大丈夫だ」という。私は「信じない」といったんです。

藤田　私は六甲山トンネルの中は端から端まで全部見ていますが、あのトンネル工事はすごかった。湧水《ゆうすい》が多く、ドロドロだし、水はけのために斜坑を掘りまして、さらに先進ボーリングをやるなんてことを繰り返している。だから、ここが今度の地震で動けば大変だと思った。

小松　今回は幸い被害が少なくてよかったですね。

藤田　しかし、余震はあそこに集中している。地下では動いていて、表面に出てこなかっただけだと思いますよ。

小松　新聞報道では六甲山麓の町では、橋が落ちたりビルが倒れたりしていますが、六甲山頂はどうかと思って登ったところ、山頂付近の建物はほとんど壊れていない。六甲ケーブルの古い展望台が部分的に損壊しただけでした。

藤田　活断層は活動しました[64]が、それが地表にはっきり出てきたのは淡路の野島断層だけで、他の断層は活動していても、どういう動き方をしたのか、まだはっきりしていない。それで今回、兵庫県が、活断層の実態を明らかにすべきだとして、いちはやく二億四千万円を出してくれた。これまで五カ年計画で兵庫県に地質図の作製を依頼されていたのですが、今度は行政と一体になってやろうと、調査を始めたところです。これまでに作った地質図を見ても分かりますが、新神戸駅はまさに断層の上に乗っている。その断層もずいぶん調べましたが、今度は動いていない。だから、活断層といっても必ずしも全部が動いているわけではないし、真相は分からない部分も多いのです。

小松　行政が積極的に金を出してくれるのはいいですね。と同時に地震研究の拠点も必要ですよ。

藤田　関西は拠点が少ない。拠点といっても京大の防災研と尾池和夫京大教授の所ぐらいです。

小松　民間の企業が地震計を置いていますが、その民間の記録などを一カ所に集めて、コンピューターで統計をとり、モデルシミュレーションもやればいいと思う。

藤田　地震予知連は東海地方ばかりをやっていて、関西の方は七〇年代から観測強化指定地域にしてあるというだけで、実際は何もしてくれなかった。だから我々は自分でやらなければと思って、一つは山崎断層に観測所を作った。その前に六甲の大月断層に斜坑を入れた時に、坑道にひずみ計[65]を入れた。これは世界で初めてだと思います。このころようやく活断層の概念が出てきまして、田中豊元京大教授らと、活断層であったら地震の時は動くかもしれないからと、手製ですが機械を入れたのです。ところが、「断層が動くなんて」と、鉄道関係は信用してくれない。それを陳情書を書いて日参して、最後に「それじゃあ協力しましょう」とようやく腰を上げてくれた。大学院生が荷物を担いで、手弁当で機械を運び込んで、ずっと観測をやっていました。七〇年ごろです。
その後、山崎断層が発見されたのですが、ここは上空からはっきり目に見える形で横にずれている。この断層が分かったのは、中国自動車道の予定線だったからで、道路はこの上を走っている。

小松 断層のずれはどのくらいですか。

藤田 年間平均にするとミリ単位のずれです。

小松 大きいですね。

藤田 この断層にもぜひ計器を入れたいと機械を入れた。日本道路公団もやりましょうとトンネルを掘ってくれたり、機械も据えてくれました。この時はテレメーターシステムで記録は京大防災研に送れるようになりました。地震予知連に典型的な横ずれ断層だから、ぜひ観測したいといって、十年間の文部省の科学研究費をつけてもらった。その七年目にM5・6の山崎地震があって、さまざまな測定をすべてやっています。

小松 あの地震は予知できたのですね。

藤田 ある程度できた。前兆として地電流がかなり変化した。同時に山崎断層と関係の深い六甲の断層を学生が夜通し見ていたら、若干変化したと興奮した。ところが十年たったら、文部省の科研費がパッとなくなったんです。

小松 科研費の総額そのものが多くないんですよ。

藤田 この前、見に行ったら、かなりさびが出ていましたが、設備は残っていた。今回その機械が完全に機能していれば、面白いデータが出たと思うのですが。
　いまは機械が発達していますから、例えば野島断層に設置して観測するというセンターを作って、地震のデータをすべて集めてはどうかと考えついたのです。これはあとで話題になると思いますが、私の「地震博物館構想」の基礎になっている。
　とにかく神戸地域は、あらゆる面できちんとしないと、失われた六千人もの命が浮かばれない。私も被害者の一人でして、家が全壊した。

小松　どちらでしたか。

藤田　芦屋市です。地震の時は神戸市のポートアイランドの市民病院に入院していた。地震が起こって、病院に三日間閉じ込められました。最初のフェリーに乗って、関空経由で脱出したんです。

小松　阪神間は社会要素が高密度で大学もあれば大企業も研究施設も、工場も、高級住宅もある。それだけ被害は大きいけれども、逆に社会的なアナウンス効果も大きくて、注目率も高い。この際、一挙に観測密度を上げれば、ひょっとしたら予知ができるかもしれない。

藤田　確かにそうです。尾池教授とも、少しでも予知に迫れるものはやろうといっています。

小松　予知をするにしても、関西と関東では違った観測が必要でしょうね。

藤田　関西と関東は違うのですよ。今までの地震は、だいたい関東が多いでしょう。ですから、すぐプレートが潜り込んで、どうのこうのといって新聞記事も終わってしまいますが、関西はプレートと直接関係はなく、プレートに押された内陸で二次的に発生したストレスが原因となって断層ができた。力学的にもはっきりしています。だから南海トラフ[66]をフィリピンプレートが押して起こるだけではすまない。

小松　それまでは「フォールト（断層）」といわれていたのが、このごろは「ｉｎｇ」をつけて「アクティブ・フォールティング」といっています。つまり動いている。今は海溝底の状態もよく分かったけれども、内陸の活断層地震のエネルギーはどうかと聞くと、これはまだ分からない。結局、第一次はプレートの動きかもしれないが、それを受けとめた日本列島自身があちこちにストレスをためて、それが地震を引き起こすわけでしょうね。

藤田　ですから、東北とか関東はプレートを扱っているので説明はしやすいのですが、関西の方は、二次的な、直下型地震になってきた。直下型地震に対する研究は関東の方では進んでいない。私はそれが歯がゆいので、「京阪神の直下型地震を考える」というシンポジウムを主催した。昨年（一九九四年）の五月三十一日のことでした。

小松　一九七五年に中国の遼寧省で地震予知で有名な「海城地震」があり、その二、三年後に大被害を出した「唐山地震」がありましたが、中国の内陸地震と日本の地震は関係があるのですか。

藤田　ヒマラヤの周りの地震はよく分かるのですが、中国大陸東部と日本との関係は分からないことが多い。これからの問題だと思います。

小松　日本海のまん中の大和堆《やまとたい》67では、かなり熱が出ていますね。それで日本列島は大陸から離れていっているわけですが、これからは日本の内陸活断層と太平洋プレートの問題ばかりでなく、日本海も調査対象にすべきですね。

藤田　日本海をやらないといけません。これまで問題だったロシアが今は入りやすくなっていますから……。日本列島で問題なのは、もともと大陸にくっついていた列島が、なぜ開いて日本海ができたのか、なかなか説明できないことです。

小松　日本海のでき方がからんでいるわけですね。

藤田　からんでくると思います。日本列島と大陸の間は、案外新しく開いていて、その原因の説はいくらでも出るのですが、そこから先になかなかいかない。

小松　ところで、日本の問題に戻って山陽新幹線工事のことをお尋ねしたいのですが、山陽新幹線工事で六甲山にトンネルを掘るというのは、地質をよく知っていて、相当自信を持っていたから、チャレンジしたということなんでしょうね。

藤田　山陽新幹線の路線選定には私も相談を受けました。一つは、阪神間の市街地を通すのはとてもできない。もう一つは、三田《さんだ》の裏側を通そうという案もあったのですが、それをやると現在の新横浜駅のように市街地の神戸と離れてしまうので嫌だという意見が出た。それなら六甲をぶち抜こうということになった。

小松　新神戸駅は不思議な駅で、両側をトンネルに挟まれていますね。

藤田　駅を造る時に私の地質図も出していましたから、断層があるのは分かっていたのですが、実態がなかなか分からなかった。私は当時を「災害元禄時代」の中の「土木技術過信時代」と称していますが、土木機械も発達してきて、やれないことは何もない。お金もあるし、という時代でした。日本のオイルショックの前ですね。

小松　オイルショックが七三（昭和四十八）年で、『日本沈没』が出た年です。東京オリンピックが六四（同三十九）年で、その時はもう高度成長が始まっていた。首都高速やモノレールを造って、東海道新幹線が走る。それから次は関西の方に「ひかりは西へ」で延ばすプランがあった。世界中が高度成長の時期でした。日本とソ連が単年度で実質二けた成長した年もあって、押せ押せどんどんでした。

藤田　やれ、やれ、というのでやったのだけれども、断層ばかりで悪戦苦闘でした。国鉄（現JR）だからできたのです。そのハイライトが新神戸駅ですよ。断層の真上にのっている。

小松　とはいえ、今度の地震で新神戸駅は無事でしたね。

藤田　私が一番心配したのは新神戸駅でした。あそこがやられたら神戸市は全滅です。なぜ大した被害がなかったか調査しないといけない。やられた所ばかり研究していますが、被害に遭うはずなのになぜ助かったのか、私はそれも研究、調査したいですね。

小松　震源に近いと、最初の上下動と、後の横波がほとんど連続で襲ってくる。私も箕面の自宅で揺られたが、上下動があんなにすごいとは思わなかった。

藤田　私はピシャッと床にたたきつけられ、今でも腕が痛い。

小松　上下動がすごいのに、建築屋さんとか耐震工学[68]の人たちは、免震、制震は全部横揺れで考えている。神戸で倒れた四階建てのビルは最初の揺れで基礎が抜けている。そこへ横揺れがきたから、横へ飛んだのです。

藤田　マンションの基礎が抜けて折れたのが多いようですね。

小松　ですから調査対象としては貴重ですね。高密度社会の中で起こったので、貴重なサンプルになる。

藤田　世界的にも貴重な地震地質学的資料がたくさん出てくると思います。

小松　整理が大変でしょうけれども。

藤田　それをまとめるところがないのです。今度の地震では、兵庫県が率先して金を出し、行政と大学関係者で一緒になってやって下さいとの申し出がありまして調査が始まっています。いろいろ調査をやっても一体どこがまとめるのか。だから尾池和夫・京大教授は地震庁がいるというのです。私は（藤田さんが理事長の）断層研究資料センターが強力だったらな、といっているのですが……（笑）。

小松　地震・震災博物館でもいい。その博物館に歴史的なサンプルを全部集める。地震の被害品も集めてくる。一般の人たちにも啓蒙しながら、あるいは業界にも啓蒙しながら、同時に最先端の研究をそこでやるのです。

藤田　私もそれをいいたかった。

小松　大阪市民の科学的な啓蒙に大いに役立っていた施設に、大阪市の電気科学館[69]がありますが、あれが最近、中之島に移って、子ども向けの施設になってしまった。大人にも見せられるものにして、そこにきちんとした研究センターを設けるべきだと思いますね。それに今度の地震に関して、復興委員会[70]が東京にできましたが、そんなばかなことがあるかと思った。少なくとも出店をどんどん関西に置くべきですよ。

藤田　防災研は京都ですし、阪神には何もない。

小松　大阪にないというのはおかしい。

藤田　昨年秋、芦屋市の教育委員会から、理科で地学を教えにくくて困っている。一度講演してくれと頼まれました。一日目は話をし、二日目はバスで先生方と甲山の前まで行って、百万年前の海の地層がこの高い所まで上がってきているのを実際に見せたら、なるほどと納得してくれた。この変動が地震に関係ありと説明したあと今度の地震がドカンときたわけですが、先生のいうとおりになりましたと……。目の前にいい材料がいっぱいあるのだから、もっと活用して欲しいですね。体験させるのです。地震はなかなか経験できませんが、微小地震だったらいくらでもあるわけですから、地震計とか、ひずみ計の変化の仕方とか、そういうものを目の前で見せる。ひずみ計など二十四時間に一回サインカーブを描くので、興味を持たれますよ。

小松　それは潮汐《ちょうせき》か何かですか。

藤田　アースタイド、地球潮汐です。ところが面白いのは、六甲の場合は地下水の増減カーブが二時間ずれて出てくる。大阪湾の潮の満ち引きの海水重量が六甲に影響するのです。地球の脈拍を感じますね。

小松　先生の提唱されている「地震博物館」の構想はどこに作りたいと考えられているのですか。

藤田　私はいま「動く地球の博物館（ダイナミックアース・ミュージアム）」といったものが欲しいと考えています。淡路島の野島断層の先端に灯台があって、そこから六甲山が見える。そこに作りたいといっているんです。そのころには明石架橋もできているでしょうし。

そして地球の計測センターも設けて、高校生や中学生に自分で震源を出させたりしたい。なにしろ兵庫県には山崎断層、六甲断層、淡路の断層、有馬・高槻構造線と全部そろっていますから。体験コーナーも作る。地震計の発達過程とか、最新の機器も展示する。メーカーも出品してくれますよ。そういうものを淡路に作るいい機会だと、しきりに説いているのです。

小松　淡路もいいけれど、大阪か神戸に欲しいな。本当は展示場はラインで引っ張って、新神戸駅とか新大阪駅とかに作ってもいいと思いますね。

〔'95・10・14／10・21／10・28〕

【対談】前兆現象

阪神大震災が起こる数日前から、イヌやネコが騒ぐ、月が変だった、などさまざまな「異変」が見られたとの報告がある。昔から「地震の前にナマズが騒ぐ」といった俗言があるが、果たして「自然界の異変」は、地震の前触れを表しているのだろうか。こうした現象を「宏観異常現象」というが、震災後、一般の人たちが体験や経験をした地震の前兆らしい現象を集め目下その研究をしている大阪市大理学部の弘原海清《わだつみきよし》[71]教授に、「阪神大震災の前兆現象」について話をうかがった。

小松　先生は阪神大震災の前兆現象と見られる証言を民間から集めて、コンピューターで整理しておられますが、大変な量の情報が寄せられているそうですね。

弘原海　ええ、いまなお続々と寄せられています。それ以後の地震の前兆も含めて。

小松　先生の編著で出された『前兆証言』という本[72]を拝見して面白かったのは、地震が起こった後からみんなが「そういえばあれが前兆だったのでは……」と、情報を寄せています。これまで、それらの現象は迷信みたいなもので、地震と関連はないのだと否定的だったのが、たくさん集まってくると、地震の前に前兆現象みたいなものが先行してあるのだということが見えてきましたね。

その中で空中異常の話と地震雲、それから月がずいぶん変だったという話がありましたね。地震前夜の月がおかしいというのは関東大震災の時も聞いた記憶がある。

弘原海　ええ、「今回で二度見ました」と書いてきた方もあります。

小松　私も月の色が奇妙に赤く見えたのですが、月が変に見えるというのは、満月の時に変に見えるといいますね。その時は大潮か何かで地球潮汐が多少トリガー（引き金）になる可能性があるということですか。

弘原海　月との関係でいえば、千回以上引き続き起こった阪神大震災の余震と月の満ち欠けとの関係をずっと調べておられる方がある。それを見ると余震の起こる日時と、月の満月や新月、上弦や下弦などと関連性がかなり高い割合であると書いておられます。地球自身が月の影響でダイナミックにゆがんでいますから、余震のような非常に起こりやすい状況では、十分トリガーにはなりうると思います。

小松　その考えでいくと、このほどインドで皆既日食があったのですが、皆既日食の時は太陽と月の影響が大きい時ですね。

弘原海　地震が起こらないといけないストーリーになりますね。ですから、それだけがすべてではないということです。

小松　しかし、そういうふうに天体の運行状況や潮汐と若干関係があるのだったら、防災に責任のある所は、そういう時にはちょっと警戒を強める必要がありますね。

弘原海　月の満ち欠けは、地震だけでなく犯罪などにも関係があるらしいですね。交通事故も多いとか……。

小松　ヨーロッパでは昔から、月の光を浴びて寝るとおかしくなるといわれている。「ルナチック」という言葉はそこからきているのですよ。今回は地震雲[73]の目撃談がたくさんあったみたいですね。あれも不思議ですね。

弘原海　稲の縮班[74]という一種の「がん」が地震を予知するという民間の研究もある。これはかなりの確率で地震予知ができるようですが、まだ詳しい関係は解明できていません。とにかく私の研究室で一年間ガッチリ調べてみようと、調査しているところです。

小松　稲の栽培をやっているのですか。

弘原海　いや、野生の稲科の植物の葉の方位と縮班の位置の測定です。これと地震の発生日時との関係を確かめる。科学のレベルに少しでも上げるのが目標です。

小松　その稲の研究をされているのは稲作農家の方ですか。

弘原海　いえ、舞鶴（京都府）に住む鉄道関係の仕事を退職された七十歳の山本勲さんで、丹後地方の言い伝えを聞いて、本当かなと始めて十年継続されています。ほかにもケヤキ[75]やネムノキ[76]の生体電位があります。ネムの葉はちょっと触るとパッと反応しますね。ああいう植物はずいぶん遠くの地震にも反応するそうです。今度の地震でも仙台のケヤキの木が三日前に反応した例がきています。

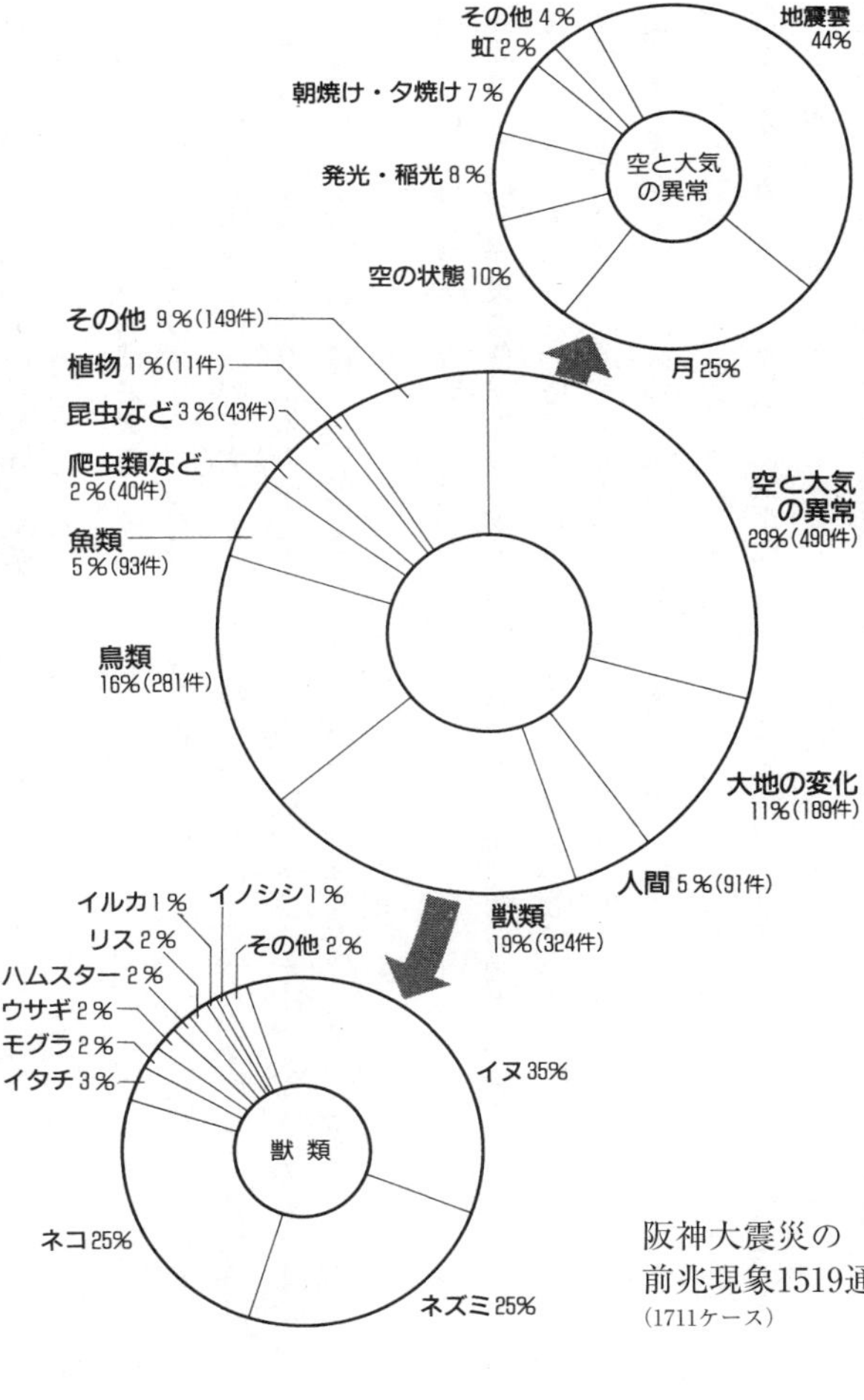

阪神大震災の
前兆現象1519通
(1711ケース)

小松　反応は磁気ですか、電気ですか。
弘原海　電気です。
小松　どういうふうに測るのですか。
弘原海　植物の皮下のグリーンの層に電極を入れて、もう一方は地下に刺して、その間の電気抵抗を測っているのです。ですから、面白いことに、夏祭りになって一斉に電灯をつけたりすると、それにものすごく反応する。地震の場合にもすごく遠方のものまで反応するので、逆に一体どの地震なのか分からない。やはり方位や場所に問題がありますね。
小松　動物はカラスの反応がすごい。
弘原海　今回の伊東の群発地震[77]と南九州の地震[78]では新聞社から調査に行かれ、その結果をファクスでもらったのですが、やはりかなり動物は反応していますね。
小松　そうですね。カエルが鳴くとか。静岡ではミミズが出てきた話も聞きました。
弘原海　伊東でもミミズが側溝に玉になって積もっていたそうです。今の段階では穴にすんでいる動物のヘビ、ムカデ、フナムシ、カニ、そういうものが反応していますね。魚ではオアカ（アジの一種）、ホウボウ、キスなど、鳥ではカラスです。
小松　哺乳類では、イヌとかネコとかネズミはずいぶん例がありました。
弘原海　伊東ではネズミの報告は見ていません。マグニチュード5ぐらいでは出てこないようです。泉源の温度も水量も変わっていないようです。中国や神戸の証言では、だいたい穴にすんでいるものが早いようです。

小松　猪名川地震[79]がちょっと前にありましたが、その時はナマズとギギがいなくなったそうです。ナマズは昔から地震の前に騒ぐなんていわれています。

弘原海　ナマズはやはり関心が高いのでしょう。私の所に寄せられた情報もナマズ系統は多い。海遊館（大阪）に聞きますと、ナマズがおかしかったようです。滋賀県立の水族館もおかしかったと報告されています。

小松　ナマズが暴れるのですか。

弘原海　ええ、ナマズは本来夜行性で、冬の時期はペタッと底に静かにしているのですが、それがバーッと上がってくるとか、宙返りする。元気のいいやつはボーンと暴れて上の水槽のふたを吹っ飛ばすとかがあります。今までのナマズの記録は、みんな池とか川とかにたくさん群れてきたり、暴れ出したと話題になって、地震とナマズの話が広がったわけです。だから、地震前に地電流が強くなって、それに刺激されて暴れるのだというモデルで考えた。だけど今度の地震では家庭の机の上に置かれたプラスチックの水槽で飼われていたナマズも地震前に暴れている。一体その原因をどういうモデルで考えるのか。ナマズだけでなく、金魚でもグッピー[80]でも、すべてものすごく暴れているということで、単なる地電流ではないモデルを考えないといけないですね。

小松　いろいろな形の電流の乱れを作ってみて反応の追試ができると面白いでしょうね。

弘原海　なぜ証言をたくさん集めたかというと、あまりモデルを考えずに非常にフラットに、とにかくデータが示すがままにまとめるためです。

小松　データそのものに語らせるというやつですね。

弘原海　ええ。というのは、モデルを考えてまとめると、結局、データを分析すれば想定したモデルが出てくる。それはまずい。みんな平等なウエートをもった素材という考えです。地震の前に自然に異常が起こって、その自然の異常が何らかの形で動物なり植物に異常を与える。その影響要因はどんなものだろうかと。

こう考えていくと、結局、私はトリブッチ先生の帯電エアロゾル説を一応支持することになりました。エアロゾルというのは微粉体で核よりも少し大きくて、非常にプラスイオンの電荷が強く、それが地下からバッと噴き出てきて空気中に充満する。一種の粉体の帯電したガスで汚れた空間が現れる。

小松　それは帯電したものですね。

弘原海　非常に強く帯電したもので、車のナビゲーターもおかしくなるし、パソコンのディスプレーが切れたりする。レントゲンフィルムに静電気のスパークが現れたり、マグネットの磁気がなくなるとか、ゼンマイ式時計がみな狂うとか、明らかに電荷が強かったということが分かる。電荷の強いエアロゾルが、しかも粒子の大きいのが早く降りてきてそれが地表に充満してくると、動物がものすごく刺激を受けるわけです。医学的にはプラスイオンが刺激を与え、これを吸うと体内のセロトニン[81]（神経伝達物質）の濃度が変化して体調異常（セロトニン・シンドローム）の原因となることが分かっている。

都会とか塵埃《じんあい》の多い所ではプラスイオンが非常に多い。そういうものが動物に過激な異常を引き起こす。しかも囲い込んだ所や屋根のある所にイオンがさらに充満するから、動物たちはそこから逃げようとしてあばれるのであって、外が安全だとは思っていない。渦巻き状の地震雲が各所で帯電エアロゾルを噴出し、どんどん強化しているのです。

小松　人間もずいぶん生理的に反応しましたね。

弘原海　ええ、ものすごく生理的な異常が起こっています。

小松　婦人科のお医者さんが、やはり地震のある時に妊婦の中で反応するのが割と多いといっていました。なかなか関連性が分かりませんが、つわりが治まっているのに吐き気がしたり、経血が出てくるケースもあるそうです。

弘原海　とにかく異常な性欲が出てくるとか。それが七十代の女性で、自分が狂ってしまったのではないかと思うような、そういう証言が出てきたりしています。

小松　残念ながら、僕はなかったな（笑）。

弘原海　だから、ものすごい個人差があるということです。難しいのはそこです。みんなが一定のレベルで出るのならいいけれど、ものすごく強く出る人もあれば、まったく出ない人もある。現れ方もすべて違うから、「ほんとかな」というところにどうしてもはまり込むのです。

小松　地震予知のために、動物の行動などを調査する「宏観異常現象」の観測体制を一般に作っておいて効果があったのは、中国・遼寧省の海城地震ですね。

弘原海　世界で最初に予知に成功した地震ですが、周恩来が偉かったのです。約百年前、中国・長安で世界最悪の地震が起こり、八十三万人も死んだ。一九六六年の河北省刑台（M6・8）以後、数回連続して大震災が起こったものですから、周恩来が大命令して国家地震局[82]という統一した組織を作り、中国のデータ分析や専門家による広域調査を命じた。その結果、「ここが二、三年後に危ない」となって、「じゃあ、その地区を徹底的にやろう」と準備を始めた。地質学的な意味（長期予報）で危険だとすると、次は群発地震などが起こると予報（中期予報）した。それを測るとますます地震が近づいたと認識した。しかし、そこですぐ地震だとはいわないで、その次は何が起こるかの予報に重点を置く。それまでの歴史からみると、井戸の水位や温度が変わってきている。じゃあ一斉に井戸を測れと、十万人動員して測った。すると井戸の水位や水質が変わってきている（短期予報）。これは危ないのに、まだ直接地震とはいわず、次は動物を調べよ。それも穴にいるへびなどや大型の動物を。それで普及活動のために歴史上の出来事を引用して、「地震の前にはこんな動物に……」という歌を作ってみんなに歌わせた。

小松　歌ですか。面白いな。

弘原海　公社がありますから、公社組織にどんどん普及させるのです。そうすると人海戦術で見ていくことになる。

小松　しかも、直前になって危ないとなると、老人などは避難させていますね。

弘原海　そうです。旧満州（中国東北部）の十二月ごろですから、ヘビが出てくるのはおかしい、これは危ないというので、一斉に避難小屋を作った。その次に水牛とか大型の動物に異常が出てくるはずだと注目していると、異常が出だした。イヌ、ブタ、シカ、ヤギ、ハト、金魚、川魚など二十種以上にパニックが顕著になり、臨震予報（直前予報）を出しました。これを受けて二月四日の午後二時までには、避難を始めたのです。氷点下二〇℃にもなる寒い所ですから外に出るだけでは死んでしまう。どんどん避難小屋に入れて、自動車から貴重品まで全部避難させた。医療救急隊を組織して待機させた。そして、午後七時に地震がきたのです。結局、わずかな人が死にました。地震なんてうそだといって隠れていた人が亡くなったわけです。周恩来が偉いのは、科学者と大衆の協力体制を作ったこと、予知・予報に重点を置いた防災システム（予防）を実現した点です。

小松　あの地震のマグニチュードは？

弘原海　7・3です。阪神大震災とほぼ同じで、直下型です。

小松　その後の唐山地震の時は多数の死者が出ましたが、システムがうまくいかなかったのですか。

弘原海　その後、三回は予報に成功しています。唐山地震では前兆はかなり出て、長期・中期・短期まではできたのですが、直前予報がだめだったようです。そのころは四人組の話があって政治体制が崩れて、決断が下せなかったらしい。

小松　トップダウンがうまくいかなかったんだな。

弘原海　それで地震局に対する信用が乱れて、結局大勢の人が死んだ。しかし、最近の四川省の地震はまた当たったようです。今ちょっと調べているのですが、中国では動物園や植物園が民衆の娯楽施設である一方、観測施設になっている。

小松　いい知恵ですね。

弘原海　だから、態度が全然違うのです。そうでないと続かないのですよ。

小松　少なくとも二十年ほど前に、お隣の国でそれだけの成功例があるのですから、日本でもシステムを作ればいいんだが……。

弘原海　近ごろは機械に頼りすぎるのですが、人間が自然など周りを見ることが大事です。最近、ヒトと動物の関係学会[83]が神戸であって私も講演したのですが、そこで王子動物園の園長さんが、中国の動物園と日本を比較しながら話をしておられた。日本の動物園と中国の動物園は違う。中国の動物園は飼育係が動物と一緒に寝起きしているから、二十四時間動物の様子を見ている。ところが日本は時間がくると帰ってしまって、夜中は動物を見ていない。中国の場合はビデオも撮って、動物が宏観異常の対象として研究されている。だから見方が違うのです。これは国や地方自治体レベルで意識を変えれば変わる。水族館はこう、動物園はこうやるというふうにすればいい。

小松　それから中国の海城地震の時にたくさんの人民が観測に参加して、「こんなおかしいのがありました」というリポートをあげた。それを集計していくのは、一九七五年ですから、まだパソコンなんか普及していなかったのに、ある程度、統計的におかしな現象が起きているといえたのは、上へあげていくシステムがいいんでしょう。
弘原海　国家地震局をはじめとして、トップダウンができていたわけです。これをそのままの形で日本でできるかというと、大衆動員というのはおよそ不可能です。日本で可能なのは、結局、情報化社会のインフラを使うしかない。情報ネットワークというインフラはビジネスにも娯楽、教育にも使えるけれど、同時に環境とか防災などにも、たった一本の線が共有できるのだから、使わない手はない。これが私の主張なんです。
小松　それに日本の動物園は夜飼育係がいないのなら、せめて監視ビデオをつけるとか、動物の体温、行動異常みたいなものは、エレクトロニクスのセンサーで集計しておいて、その集計装置に警報装置を設置しておけばいいです。
弘原海　赤外線センサーで撮って、体温の変化も測れるし、今は一立方メートルの中に何個帯電エアロゾルがあるか測れる。二万円ぐらいでいい機械がある。それをあちこちに配っておけば、動物の異常とメーターの比較もできます。
要は、地球物理や化学でなければいけない、科学的でないというのが問題なんです。
小松　そこがおかしい。日本は雨の多い国で、雨の降る前にアマガエルが鳴くとか、頭が痛くなるとか予兆がある。それで雨具の用意をしたりする。地震現象は地球物理的にいうと断層で高められた力学的なエネルギーが外れて揺れるわけですが、先ほどのエアロゾルみたいに、動物、植物、人間もキャッチできる前兆現象がいっぱいある。それを無視するのはおかしい。

弘原海　帯電エアロゾル説が正しいとするなら実験可能なのです。帯電エアロゾルの発生装置を作って、動物との関係を見ておけばいい。その感知装置は二万円ですから、一つの町に百個くらい置けば、動物との関係がわかる。この機械は同時に環境汚染の状態も測れます。一カ所では百年や千年に一回の地震を測る機器となれば維持は難しいが、天気や環境にも役立つ。宏観異常とともにその中でとてつもない異常が起こった時には危ないという考えでやればいい。ほんとに数百億円の価値があると思いますよ。しかも、その気になればどこの町でもすぐに始められます。

小松　機器を広い範囲にたくさん置いておけば、帯電エアロゾルが非常に濃厚に集中してくる所がはっきりしますからね。

弘原海　予知がすべて科学的に確立していなければならないとするのはおかしいのです。動物の異常なり自然の異常を宏観異常現象として調べるのだったら、それをバックアップするサイエンスは猛烈にあるのです。ところが、それは科学でないと今まで遮断されていた。

小松　なぜ地震の前に動物が騒ぐのか、その因果関係は解明されていないけれど、たくさんの例がある。これを統計的に集めたら、この地震の時にはこういう前兆現象があったとか、有意な相関が出てきます。それも立派な科学だと思うな。統計学的な地震学はまだあまりないのでしょうかね。

弘原海　そうですね。ところが新聞記者の方でも、「先生、そういうものには科学的根拠はないようですね」とおっしゃる。ある放送局の記者は「うちは科学的根拠のないものは取り上げられませんから」とも言われる。

小松　お隣の国に堂々たる社会的成功例があるのだから、国会調査団を出して、しっかり研究すればいいのですよ。

弘原海　科学者の調査団は行っていますよ。立派な報告著書も出ています。ただ今までは学界が受け入れないものだから。

小松　どうして受け入れないのか、それがよくわからない。

弘原海　いや、面白いですよ。少し以前ですが、地震予知のシンポジウムに参加すると、初めは物理現象としての前兆とか、いろいろな話があるのですが、会議が休憩になったら、ドーッと人が出ていく。シンポジウムは終わったのかなと思うと、そうじゃない。次の発表は井戸の話とかネムノキの話があるのです。いわゆる地震学者で、予知連をリードしているような人が先に話を終えると、そのスクールの人が全部出ていって、あとは同好会みたいな形でやっているのです。

小松　前兆現象は、宏観異常と尾池和夫京大教授がやっている超長波の観測、もう一つは地面から出てくるエアロゾルの観測がある。これを統計処理すれば、関連はガッチリ出てくるでしょうし、相関性の高いことがわかれば、これは立派な科学ですよ。

弘原海　データから一つの統計的な処理をして、その相関性を見ながらモデルを作っていく、科学の一番オーソドックスなところから積み上げるトレーニングが全然ないのです。

小松　自然科学は自然観察から始めないとどうしようもない。

弘原海　いつもいうのですけれど、麻薬探知犬は麻薬の入っているカバンを八〇数パーセント当てる。それでいいじゃないか。その鼻の構造がどうなっていて、においの伝達構造はどうかまでいかなくてもいい。それを科学的でない、たまたま当たったのだといわなくても、連れて歩けば、ワンワンとほえたりするわけだから十分意味がある。地震予知をする者にとっては、そのレベルでも十分有効で、科学的という言葉で拒否する必要はないよ、といっているのです。

小松　本当にそうですね。僕は地震学はもっとぼんやりしたものだと思っていたら、「機械論モデル」がはやっているのですね。

［'95・11・4／11・11］

欠けていた「海」の視点

対談が続いたが、阪神大震災で活躍した自衛隊のことを、もう少し書いておこうと思う。

一九九五年一月十七日の震災当日からほぼ六カ月の間に、中部方面隊を中核とする全国の陸上自衛隊の災害出動人員数は、延べ百六十四万人にのぼった。しかし、こういった大規模震災に対する救難救助については、中部方面隊はあまり出動要請経験がなく、――第一、この地域では、自衛隊設立以来、「大震災」というものがなかったのである――それだけに圧倒的な「震災対策用装備[84]不足」に悩まされた。倒壊家屋、ビルの下からの人命救助に必要な、チェーンソーやジャッキ、カッターさえ数えるほどしかなく、バールやつるはし、シャベルなどを使って、人海戦術で対処するしかなかったという。

それでも規律正しい集団の、屈強な若者たちのきびきびとした動きと、ある程度の危険も恐れぬ挺身ぶりは、私も何度か見かけたが、被災地住民に「たのもしさ」を感じさせるものがあっただろう。中には汚物混じりの生ごみを、手で集めたケースもあったという。――隊所属のダンプ、トラック四百台が昼夜フル回転し塵芥《じんかい》、瓦礫五千トンが被災地から出された。

海自、空自ももちろん緊急災害出動し、三隊をあわせると、その動員数は延べ二百五十万人におよんだという。文字通りの「大作戦」である。

しかし、陸自中部方面隊への、神戸、県からの出動要請は、十七日当日午前十時になされ、ただちに行動に移れたが、海自、空自への出動要請は遅れた。はっきりいって兵庫県は――ひょっとしたら中央も――大震災に際しての海自、空自の「使い方」をよく知らなかったのではないかと思われる（東京都の場合は、八三年の三宅島噴火[85]をはじめ、海自の救難活動を有効に使ったケースが少なくない）。

震災当日からまる四日の一月二十一日土曜日の午前八時、この海域を管轄する海上自衛隊呉地方総監部から川村成之防衛部長の談話の形で、関西のマスコミ各社に、こんな熱い「叫び」のようなファクスが届いた。――いわく、

「海上自衛隊はさまざまな支援能力があるが、対策本部からの要請がないので実際行動に移れていない[86]。こちらからもさまざまな提案を対策本部にしているが、マスコミからもアピールしてもらえれば、より有意義な活動が出来る」

「要請があれば出来る活動。

危険地域から海上救出作戦の実施（そのための待機）――六甲アイランドの住民は液化石油ガスタンクの爆発の危険を感じているが、今の状態では非常時に救出できない。

ヘリコプター護衛艦とヘリコプターによるスピード輸送。

物資以外の人などの海上輸送。

物資以外にも一般の人の輸送も可。

六甲アイランドのような、埠頭に被害がある場合にも海上自衛隊なら問題ない。海上ルートが確保出来れば、一般車両が減り、地上の緊急輸送網が円滑に動く。海上自衛隊艦船の施設提供。

ふろ、トイレなどの利用。

一部宿泊。

治療（船医による）。

しかし現在は、要請がないので、これらの行動が起こせない状態。対策本部からの正式要求が出るようにアピール願いたい」

このペーパーを私が目にしたのは、ずっと後のことである。――しかし、阪神間育ちで神戸の旧制中学で五年間をすごした私は、「神戸」と聞くとすぐ「港・海」という連想が働き、一月二十日付の朝日新聞に、「緊急避難住宅に客船を借りてはどうか……」という提案記事を書いていた。

この震災が、内陸の盆地などで起こったなら、そうはいくまいが、何しろ神戸から阪神間は、すぐ目の前に大阪湾がある。――海上を直線で結べば、わずか三十キロそこそこの所に、ほとんど無傷の大阪湾があり、六甲、芦屋のフェリー埠頭に、もしまだ、フェリーが係留したままなら、有力な「居住空間」にも、また運搬にも使えるではないか、と思ったのである。内航だけでなく、日本は豪華なオーシャン・クリッパーを何隻も持った船会社がいくつもあり、それには快適なエアコン付きの船室と、香港や東南アジアまで無補給で行けるだけの水や食料、油を積めるはずだ。とりあえず、緊急避難用にその何隻かを神戸沖に回航し、高齢者や子供、病人に、「あたたかい生活」を提供できるのではないか？――病室もあれば、船医もいるし、長距離ファミリー航海のための子供の遊戯室もある。内海、沿海用で最低数百人、豪華客船なら千人から二千人の収容能力があるし、大阪、和歌山、徳島方面からの海上補給は、その気になれば簡単だろう。

私の記事を読んでくれたのかどうかは知らないが、日本船主協会は、この事態に敏感に反応し、早い時期、たしか一月中に客船を何隻か神戸港に回航した。近く廃船になる客船を係留して、そのまま「洋上住宅」にする案も検討されたらしい。

だが、問題はこれからだった。港湾都市、神戸沿海都市阪神間で、必ずしも「海」と「陸」とのすり合わせが、しっくりいかなかった。――かなりたってから、行政末端と「海からの支援」のパイプがつながったが、せっかく回航された客船も、最初はアクセスの悪さもあってか市民の避難がなくて、がらがらの状況だったらしい。そこで、スイスやフランスからの捜査犬を連れて来た救援隊の宿舎に使われていたようだ。後には、主に年配の人たちの利用があったというが、はたから見ても、何かよそよそしい関係だった。

海自はとりあえず三千トンの飲料水を積んだ水船を回航したが、これも神戸市側とのつなぎがうまくいかず、一日目はわずか一・五トン、二日目でやっと百五十トンの給水を行っただけという。

船会社も海自も、こういう時に市民に、「助けに来ています」と呼びかける、強力な広報チャンネルを持っていなかったこともあるだろうし、行政現場も、当面目前の対応に忙殺されて、気が回らなかったこともあったろうが、それにしても行政、市民両サイドで、避難、支援のラインとして「海」というものに対する感覚がすっぽり抜け落ちているように感じられるのが、私としてはちょっと異様に思えた。――むしろ「山」や「内陸」に対する方向感覚はあったようだが……。

一月末ごろ、私は海岸地帯の被害を観察する船に便乗する機会を得て、尼崎、西宮、芦屋から深江、魚崎、摩耶埠頭、六甲アイランド、ポートアイランドを沖合から見ることができた。接岸は出来なかったが、双眼鏡でコンテナ埠頭のクレーンのほとんどが水中にひっくり返っているシーンや護岸工事の破壊ぶりを垣間見ることができた。芦屋浜や深江、ポートアイランドの高層マンションは無事だったが、沿海コンビナート群は相当の打撃を被っているようだった。

双眼鏡をのぞきながら、ふと私は、私の幼時から親しんできた阪神間を、永らく「海から」見たことがなかったことに気がついた。――同時に、十五年ほど前、ポートアイランドがオープンした記念に行われた国際博「ポートピア'81」に関係して、初めてこの人工島に足を踏み入れた時、街路を歩きながら、どちらを見ても高い防潮堤に囲まれて、海が全然見えないことに気がついて、何とも言えぬ奇妙な感覚に襲われたことを思い出した。確かに海はすぐそこにあり、ビルやホテルの二、三階に上れば、海面も港湾も見えるのだが、グラウンドレベルを歩きながら目線の高さで見回しても、渚も見えなければ、ほとんど海の気配が感じられないのだった。

帰路、芦屋、西宮海岸のフェリー埠頭を遠望しながら、私はいささか感傷的になった。——私が幼少年期をすごした戦前の「阪神間」は、その幾何学的に埋め立てられ、四角い建物、高層マンションがそびえる沿岸地帯の「向こう側」にあった。

昭和十年から三十六年までの二十六年間、私は両親家族とともに西宮の夙川《しゆくがわ》、後には今津に住んでいた。とりわけ戦前の西宮、芦屋は、北に六甲の緑、甲山の紫を配し、夙川の家から香櫨園の白砂青松にふちどられた海水浴場まで、小学生の足でも三、四十分だった。阪神甲子園駅から、甲子園線に乗れば（この路面電車は、夏は納涼電車という風流なものを走らせた）、阪神パークから甲子園海水浴場まですぐだし、魚崎、深江あたりでは、灘の大きな木造の酒蔵のすき間から、やはり「泳げる」海が見えていた。

泳ぐばかりでなく、砂浜から投げ釣りをして、キスや小さなカレイを釣り、アサリを掘り、時にはイワシ網のひき網を手伝って、小さなバケツ一杯の銀鱗《ぎんりん》おどるイワシを分けてもらい、父に連れられて釣り舟に乗って沖へ出て、しゃくり釣りでベラなどを釣った。

［'95・11・18］

「海」を取り戻す街づくり

戦前——昭和の初めから十年代前半の阪神間[88]といえば、風景も生活も、現在よりずっとバランスがとれていたような気がする。そしてモダンでハイカラなゾーンだった。

近代「阪神間」の形成は、明治初期から始まる鉄道の建設に負うところが大きいのは言うまでもない。明治五年、関東は新橋＝横浜、関西は神戸＝京都の、官営「東海道線」の建設からスタートする——などと大時代なことは、ここでは触れまい。しかし、明治三十年代に、「近代文明開化日本」の最大のバックボーンとなる、官営鉄道東海道線が全線開通した明治三十二年、阪神電気鉄道株式会社（最初は摂津電気鉄道）が設立され、この区間の浜側を、官営鉄道と並行して営業することとなり、続いて大正後半、阪神急行電鉄が緑あふれる山麓側を難工事の切り割りショートカットで上筒井（神戸市）まで入ってきた。昭和に入ると、国道2号の拡幅舗装工事が、ほぼ現在の規模で完成し、その上を路面電車の「阪神国道電車」が複線で走っていた。私が小学生時代を過ごした西宮市の夙川あたりは、一番海岸線が山に迫り、阪急夙川駅から夙川の流れに沿って下れば、阪神国道、国鉄、阪神香櫨園駅を経て、亭々たる黒松の林を過ぎて、香櫨園の浜まで、わずか二キロ半ぐらいだった。「海」と阪神間の市民生活が隔てられ始めたのは、「戦争」以来である。――古い灘の酒蔵、積み出し港の間に形成された、鉄鋼、繊維、化学、造船といった工業施設が、「軍需工場」になり、何となく、近寄りがたい地域になり始めた。――戦争が激しくなると海岸、港は「海軍」の管轄になる。要塞地帯ほどではなかったが、軍需工場の管理は、結構うるさかったと記憶する。

当然のことながら、戦争末期、阪神間の海岸工場地帯は、繰り返し空襲を受け、ついには昼夜をわかたぬ爆撃をこうむって、尼崎や灘、神戸港沿海は徹底的に破壊される。――そして戦後は、あのすさまじい社会の荒廃、飢餓、生活難の続く中で、「海との親しみ」を振り返る余裕はなかなか回復しなかった。海浜の引き網漁は、少し復活しかけたようだが、それもあるいは労働力の不足、水質汚染でいつの間にか消えていく。

復興期を終えて「もはや戦後ではない」高度成長時代になると、すさまじい量の生活排水、都市ゴミ、産業廃液が河川を通じてたれ流しになり、沿岸の海水が汚染されて、阪神、阪堺間の海水浴場は、次々に「遊泳禁止」になっていく（なぜかこのころは海水一〇〇cc中の大腸菌の数が、禁止のめどになっていた）。一九六五年夏、私が『週刊朝日』から「洲本」のルポを依頼された時は、甲子園、香櫨園、打出、芦屋、石屋川の海水浴場はことごとく遊泳禁止で、この年はついに塩屋まで禁止となった。残ったのは須磨海岸だけだった。阪堺方面では、あの浜寺海岸は、陸地にプールを造ってかろうじてジャボジャボやり、二色ノ浜だけが唯一の「海水浴場」、阪神間では須磨海岸のみとなった。かつて、夏の日の一日を波に戯れ、砂浜で憩い、潮干狩りや投げ釣りを楽しんだ海は、戦後、「見るだけで触れられない」、ニラミ鯛ならぬ、「ニラミ海」と化したのである。

そして、このころからそろそろ「海水浴」は、あるいは洲本、紀伊白浜、若狭、鳥羽といった、最低一泊の「リゾート」という、ある意味ではぜいたくな、つまり「高価」なものとなっていったのである。

その次に、阪神間の市民生活と、海との間に割って入ったのは、「重厚長大」時代の象徴ともいうべき、「巨大インフラ」の建設であり、広大な「埋め立て地」だった。――埋め立てによる、狭い生活圏の拡大は、ある意味において、「巨大技術」の勝利だった。故原口神戸市長の「後背地の山を削って、浜先の海を埋め、埋め立て地を新しい生活空間にし、削ったあとの山地も、新しい居住空間にする」という、画期的な発想には、『日本沈没』を書いたSF作家もぶっ飛んだ。私の場合はSFだが、神戸・「ポートアイランド」構想は現実だった。

大阪も、負けじと南港、北港の埋め立て計画をGOさせた。――その土砂は、同じように、「山を削って」というものもあったが、都市再開発の掘削土砂や、膨大な産業廃棄物も使われた。――地下鉄延伸の土砂や産業廃棄物、河川の年々運び込む土砂でもって、新しいまっさらな「都市空間」が生み出されていくというのは、国土の狭い日本にとっては夢のような話ではないか、というので、私は大林組のPR誌『季刊大林』に「日本埋立論」（中公文庫『私の大阪』所収）を書いたが、その時も心のどこかで、海の水質はどうか、これによって、私たち市民と、「海」との心の通い方はどうなるのかね、といった懸念は心の底に残っていた。

ポートアイランド、摩耶埠頭、六甲アイランド、大阪の南港、北港、堺臨海、泉北臨海の工業地帯が次々に完成し、フェリー埠頭、芦屋浜マンション群、阪神高速、湾岸道路といった施設ができあがっていくにつれ、とうとうこの地域出身の手塚治虫さんのSFマンガ『メトロポリス』[89]みたいになってしまったな、と、ある意味で「SF的世界」が二十世紀後半の私たちの社会において「現実」のものになってきた、と感無量だったが、それが必ずしも、無条件に胸躍るものでないことが、何か心の底にひっかかっていた。

九五年の一月十七日払暁、あの大破壊のショックが阪神間を襲った時、この二十年間に形成された、「重厚長大」の海岸地帯施設は、かなり決定的な打撃、破壊をこうむった。そして、さらにこの瞬間に、おそらく古い市民が、どこか心の底で感じたであろうことは、これらの、「戦後高度経済成長」の象徴のような巨大施設、インフラが、この数十年間、市民の「心」と海とを隔ててきたということを、ネガティブ・インプレッションとして受け止めたはずである。

言うまでもなく、阪神間の「自然」は、北に六甲山塊、南の数キロ先をほとんど平行して走る海岸線によって構成され、住宅地も、交通インフラも、工場地帯も、この狭いベルトにそって形成されてきた。前の海は、内海の東の、穏やかな大阪湾で、台風、高潮、津波の被害も歴史的に見て大したことはなく、ただ雨台風の時、花崗岩質の六甲南斜面を急流となって流れ落ちる河川の氾濫がこの地域の「災害」の主役だった（その六甲も、大坂築城の時、樹木を切られ、明治の初めまではげ山だった。明治以後に営々と植林して、今日の緑の姿がある）。

江戸中期から海岸地帯に形成されてきた灘五郷、明治初期、大輪田泊を避けて神戸に開かれた居留地[90]と開港場、異国の船や、貿易商が、関西における「文明開化」のセンターを形成し、その背後に世界へ通ずる「海」があった。

すでに述べたように、神戸、阪神間の市民の心と海とを決定的に隔てたのは六〇年代から七〇年代へかけての高度成長期だった。埋め立て地は、汀線《ていせん》をはるか沖合に遠のけ、高速道路、湾岸道路の高架や、沿岸、埋め立て地の高層ビルは、水平線までかくしてしまった。——防災、避難として、山はよく使われた（たとえば空襲の時に）。しかし、海と海岸線もまた、まさかの時は避難所と、特に緊急補給ラインとして、山よりもはるかに役に立つのに——そして事実、海上保安庁の船だけでなく、海自の護衛艦、補給艦が強力なロジスティック・ラインをひいたのに、市民も行政も、そこに「太いパイプをつなぐ」ことを、すぐには思いつかなかったようである。埋め立て地の未来都市のような居住区は、橋が落ち、ポートライナーが止まると「陸の孤島」となった。

それは、センチメンタルな老人の夢かもしれない。しかし、今度の大震災の破壊の後の、長期復興プランの中に、五十年先の神戸、阪神間の都市デザインを通じて、もう一度、市民生活と「海とのふれあい」を復活させてもらえないだろうか？——あまり性急にやると、むずかしいかもしれないが、もう何ものも造れないだろうと思われた五十年前の阪神大空襲の焼け跡から、五十年間たって、ここまで来た。ちょうど五十年目、「戦後、高度成長のつくり出した景観」に、一つの清算を入れるように、震災の破壊が来た。——あと五十年で、この地域で千年以上続いた、「自然とむつむ原風景」、白砂青松、風の吹くなぎさ、背後の青い山、海とのふれあい、といったものが、「高度な経済活動」「生活の豊かで高い質」と調和できるような、「都市計画」が実現できないだろうか？

高度の技術力と、質の高い美的センスと、それに人間・自然双方に対する配慮を込めて、世界で一番美しく、高質の、「海浜都市」をつくるという——せめてこういった「イメージ」だけでも、プランナーたちに検討してもらいたいのだが。

［'95・11・25］

第三章　再生に向かって

都市文化の蓄積が復興に

とうとう師走になった。

先月、木枯らしの一番が吹き、その後、しばらくは、暖かかったり、雨が降ったりしたが、季節はいよいよ本格的な冬に向かい始めている。

被災地の方々、そして、いまだに仮設住宅[1]にもうまく入れず、公園でのテント暮らしの方々には、被災以来、二度目の厳しい季節が訪れつつある。この豊かな、高度文明社会の、日本有数の高度文明地域で、どうしてこんな、「理不尽」に近い、ひどいことが起こるのか、ということは、私自身が、できる範囲であくせくやっているが、このコラムの読者には、もう少しお待ち願いたい。「責めないから、企業も、組織も自治体も、隠さずフランクに問題点を〝公開〟してほしい」というのが、この企画にコミットする以前に、各マスコミに発した私のメッセージであるが、そろそろぎりぎりの所まで煮詰まってきた。――年が明けたら、私自身も十分な「人間的、市民的根拠」のもとに、「告発」なり「弾劾」に回るかもしれない。

私自身が、市井《しせい》の「一市民」である立場から、末端自治体から国家システムに至るまで、私たちの国の権力機構の、いい加減さ、自分たちの組織権威と構成員のシステムの「保存」を、率直な人間的な「住民ニーズ」に優先させるクセを、いい加減むかむかしながら、まだ我慢しているのである。

まあ、それはまだもう少し先のこととして――先月、十一月十七日に、「震災十カ月目」を迎え、マスコミはじめ、いろいろなボランティア、準公共組織で、「中間的とりまとめ」の行事や発表が行われた。

「災害社会史」の観点からみると、これは、「災害列島」日本においても、あるいは、世界と比較しても、かなり異例なことであろう。――これまでの例をチェックしてみても、被災当事者である、地元の一般市民、生活者は、ショックの中で当面の避難、生活防衛に忙殺され、ようやく修羅場を越えて、何とか個人、家庭の生活再建の道が見えかけたところでほっとして、いわば、のどもと過ぎたところ「熱さ」を忘れたくなるのは、人情の当然である。――だが今回は、復興期に入ろうとする時、かえってこの「知的密度の高い」居住圏では、生活者が「市民としての自主性、生活主権」の意識が高まりつつあるように思われる。――これに対して、自治体行政の方には、残念なことに、いまだに「市民のサーバント」意識より、「知らしむべからず、由《よ》らしむべし」という、官僚主義の「組織の権威優先」の残滓《ざんし》が散見されるようだが――特にA市の場合、その「住民との対話」の基本姿勢において、私自身、首をひねらざるを得ないが――この点については、もう少し後で触れてみたい。

こういった、戦前からのモダンなライフスタイルと、市民的「教養志向」を持った阪神地区では、以前から、音楽、美術、文芸その他の自発的な「個人ネットワーク」が形成され、活動を続けていたが、今度の震災の後も、復興期にさしかかると、市民の対話、精神のよりどころとして活動を始めた。——そういったグループの一つに、「甲麓《こうろく》文化研究会」というのがあり、その代表者の一人である、神戸一中の二年後輩の押田栄一君から、私に十月にお呼びがかかった。——十一月十八日土曜日、大震災十カ月の翌日午後、西宮市夙川《しゆくがわ》の大手前女子大で、第三回「阪神間サミット」をやるから、そこへゲストとして出席して、作家の河内厚郎氏と公開討論をしてくれないか、というのである。「甲麓文化研究会」の存在は、それまで知らなかった。西宮市には、四歳から三十歳ぐらいまで住み、特に、幼少年時代を過ごした夙川は、私にとって「心のアルカディア」ともいうべき土地だったにもかかわらず、である。——最初この聞きなれない名称を聞いた時、かつて「少年倶楽部」その他で、熱血青春小説で満天下の少年の血を沸かせた佐藤紅緑氏[2]（作家の佐藤愛子さん、そしてユーモア小説を少年誌で親しまれた故サトウハチローさんの父君である）が、一時、甲子園に住んでいたことをふと思い出し、「紅緑研究会」かと思った。だが、話を聞いてみると、すでに三年前に旗揚げして、二カ月に一回、これまで十四、五回の会合を積み重ねてきたという。

「甲麓」というのは、言うまでもなく六甲南山麓、神戸市の灘区、東灘区、芦屋市、西宮市、尼崎市、宝塚市在住の、学者、作家、文化人、ジャーナリストの有志で作る自発的研究会で、会長は西宮市商工会議所の名誉専務理事、去来川《いさがわ》公平氏。強力なプロモーターに武庫川女子大学助教授で、谷崎潤一郎の研究で知られる、たつみ都志さんがいる。――彼女は、今回の大震災で崩壊した、岡本の旧谷崎邸[3]の復元に情熱を燃やしている。押田君と一緒に阪神間の歴史的建造物の再生、復元にも活動している。

一方、「阪神間サミット」というのは、この甲麓文化研究会のほかに「一九三〇年の阪神世界」（代表・小森星児氏）、「阪急沿線都市研究会」（代表・河内厚郎氏）という合計三つの研究会が年一回合同で開くシンポジウムで、第一回は平成五年十一月三日、「阪神間、その不思議な魅力を探る」というタイトルのもとに、武庫川女子大第三学舎（なつかしや、旧甲子園ホテルである！）で開かれた。

第二回は、昨平成六年十月、今回と同じ大手前女子大のアートセンター（安藤忠雄氏設計）で、「阪神間、その生活文化のルーツをさぐる」というテーマで行われた。そして、この第三回は「夙川ルネッサンス」というテーマである。いずれも、前半はゲスト講師を呼んで、河内厚郎氏のコーディネートで対談、後半は、全員によるパネルディスカッションや分科会になる。

毎回コーディネーターを務める河内厚郎氏は、創作、評論において最近急速に頭角を現しつつある、関西の「新進気鋭」だが、その色白ハンサムな彼が、私たち家族の西宮における二度目の住所の今津の生まれで、私の四歳年上の兄の、小学校同級生の子息だと知ると、こんな時代になったのだな、とふと我が身の老いが、実感させられる。

この企画を二つ返事で引き受けたのは、もちろん懐かしい夙川がテーマになっていることもあるが、もう一つは会場で、かつて夙川のユニークな喫茶店「ラ・パボーニ」のオーナー、故大石輝一[4]画伯の絵の展示があるということを聞いたからだった。「ラ・パボーニ」というのは、知る人ぞ知るモダンな喫茶店だった。阪急夙川駅を降り、夙川左岸の土堤をちょっと南下して、東へ下りるだらだら坂を下ってくると、南側に、紫紺の壁に黄色い未来派ふうのローマ字が浮き上がり、エキゾチックな観葉植物が外に並んでいて、一見どこが入り口かわからないようだった。

この不思議な喫茶店は、若松町にあった私の家から歩いて十数分の所にあり、戦前、私は父や叔父に連れられて何度か入った。壁いっぱいに大石画伯の絵が並べられ、ひげの外国人の肖像や、学校で習うのと全然違うタッチの明るい風景画を、私はきょろきょろ見回した。風変わりに思えたが、よく見ると、その風景は、芦屋や六麓荘からのぞむ山なみであり、香櫨園の浜と、子供の目にもわかった。シャンソンもかかっていたような気がするが、確かでない。この店で私は初めてカフェ・オ・レというものを飲んだ記憶がある。

戦争末期に今津へ越してからさすがに足が遠のいたが、戦後、旧制高校、大学のころ帰省すると友人と訪れた（そのころ野坂昭如もくるようになったというが私は会わなかった）。ずっと後になって、一九七七年の八月、当時サンテレビ[5]で関電の提供で十三回やった「街角」という番組の最終日に、私は夙川を選び、ラ・パボーニも訪れ、入り口の所で、色白の、品のいい、シックな大石未亡人に軽いインタビューを行った。中に入る時間はなかったが、未亡人は子供の時のままの感じで、何だかタイムスリップしたみたいだった。

今度の震災で、ラ・パボーニはめちゃめちゃになり、九十歳になる未亡人は、故郷の鹿児島に引き取られたが、近隣の主婦や、あちこちのラ・パボーニ・ファンが協力して絵画を救い出し、ばらばらになった淡彩レリーフふうの大きな壁画も、復元してアートセンターに展示してあった。

シンポジウムが始まるまでの短い時間、その展示を見て回りながら、私は何ともいえない気分になった。十歳のころ壁から私を見おろしていたひげの外国人の肖像は、そのままそこにあり、よう、久しぶりだな、元気か？　と語りかけてくるようだった。

シンポジウムの方は、母校安井小学校の校歌を作った薄田泣菫[6]のこと、広田、戎神社のこと、殿山町にあった高級クラブ「パインクレスト」のこと、カトリック教会のことなどとりとめもなくしゃべったが、一時間で語り尽くせるものではない。いつの間にか、私も「六十年前の夙川」を知る老人になっていた。

阪神間は、七十年余にわたるモダンな「都市文化」の蓄積がある日本でもまれな地域である。この文化が、人々の「心と美意識」を育て、いままた「都市復興」のために、人々はその文化に寄せて、心と感性の強いきずなを組織しつつある。帰途につきながら、私はちょっとうらやましい感じだった。万博を機に形成された千里ニュータウンや、私の住む箕面市東部は歴史が浅いせいか、まだ「文化」は形成されていないようだし、緑と空間はふんだんにあるが「文化インフラ」はセットされていないようだ。

〔'95・12・2〕

【対談】こころのケア

阪神大震災が襲ってから、間もなく十一カ月になる。この間、被災地では復興に力が注がれてきたが、まだまだ問題は多い。被災者の「こころ」の問題もそのひとつ。被災した人たちの「痛んだこころ」は、時間の経過とともに深まり、さらに社会的負荷が加わっている。そこで、被災者の「こころのケア」を最初に提起した精神病理学者の野田正彰[7]さんに、その現状などについて話をうかがった。

小松　震災では、いわゆる精神科医のボランティア活動がありますね。野田さんは初期から震災にかかわっておられるので、経過も含めて話を聞かせていただけますか。

野田　僕は災害の精神医療の面だけでなくて、災害の全般にかかわりを持っています。また、今回の阪神大震災だけではなく、いろいろな災害とかかわりがあります。災害とのかかわりは、医師としての赤十字病院時代での仕事に始まり、それから後は、普賢岳や奥尻島には直後に入っています。今回は、地震の翌日、毎日新聞から、現地に行ってリポートを書くように言われて、翌十八日に、徒歩で西宮から入った。

小松　当日はどこにおられましたか。
野田　京都の岩倉（左京区）です。さらに五日目にヘリコプターで三宮へ入って、泊まりながら避難所を歩いたりしました。
小松　「定点観測」ですか。
野田　定点といっても結構広いのです。長田区をはじめ兵庫区とか。ずっと追っているのは東灘区森南町です。最近は灘区の公園などに待機している人たちの問題などにかかわっています。
小松　灘区の公園に避難していた人は、まだ仮設住宅までいっていませんね。
野田　今、公園にいる人たちは、仮設にいかない人たちか、仮設が当たらない人たちです。
小松　あそこはテント生活ですか。
野田　テントかプレハブか、大変ひどい状況にあります。
小松　今度の地震では、カウンセリングに相当する精神科の先生たちが、かなり入っていますね。ほかの災害地域では見たことがない。
野田　日本では今回が初めてです。
小松　そういう体制を敷くことについて、精神医学会で何か対応を検討されていたのですか。
野田　いいえ、全然ありません。というのも日本の精神医学界は、災害に何か寄与できるという認識はゼロでした。今回、非常にうそが横行していることになります。あたかもPTSD（Post Traumatic Stress Disorder ＝精神的外傷後ストレス障害）という概念を、すべての精神科医が知っていたかのように言っているけれど、ほとんどの先生は地震後に知ったのではないかと思われます。なぜかと言いますと、日本の精神医学の教科書には、それまでそういう記述はなかった。授業で教えていた教授もゼロだと思います。論文も数えるほどで、十もないと思います。

小松　ちゃんとした論文が？

野田　紹介程度の論文しかありません。だから、日本の精神科医は多分にうそをついているか、世間が誤解しているところがある。それが現状です。災害の精神的な障害を、日本で一般に伝わるような形で言ったのは、僕が毎日新聞に、奥尻島の地震の時に書いたのが最初だろうと思います。それまではありませんでした。その後、『エコノミスト』に書き、今回も毎日新聞に最初に書いたのですが、今までは無視されてきた。それがブームになったのですが、その背景には、いくつか条件があったと思います。まず神戸地域の問題があります。神戸は精神科のクリニックが非常に多い地域です。病院収容型でない、精神科の医療が、神戸は全国でまれにみる先進地域で、二番目は今までだったら、厚生省[9]は新しいことはやらないけれど、社会党と自民党が連合する時代、マスコミが書くと、腰軽くやってみる面があって、各公立病院に精神科医の派遣を要請して、それが呼び水になって、いろいろな活動があったからです。精神科医だけではなくて、臨床心理士の会とか、カウンセリングの人たちが、非常にたくさん動きました。だから、一種のファッション現象になった。そして、ムード的になだれ込んでいったのですが、それはファッションであって、本当に意味のある活動はそれほど行われていない。心的外傷という概念すら、日本の社会でちゃんと理解されていないのです。

小松　トラウマですね。僕も今度、アメリカの友人から言われました。日本はいったいカウンセリングはどうなっているのか、アメリカだったら大学でさえちゃんとある、と。日本では言葉は知っていても、実態はほとんどの市民が知らない。だけど、今度初めてそれが必要なことが、一般市民社会にかなり印象として出てきた。これから先の日本の医療体系は、ただ投薬して、CTスキャンをかけて、手術して、ケガが治ったからいい、ということではないだろうとね。そういう問題もわれわれの社会の中にあると分かった。人間は心をもって生きているのだから。しかも、今度の場合、家がつぶれたり、年取った自分の親が亡くなったり、子供が亡くなったり、小さな子供が両親を亡くしたり、それぞれトラウマが違うだろうから、ケース・バイ・ケースで対応して、それが潜在的になってきても、それを社会的にちゃんとトレースすれば、アメリカに比べれば少し地味かもしれないが、取り組めないことはないのです。これは僕らにとって非常に難しい問題ですが、アメリカの場合は、ほとんどの都会生活者は、主治医の中にカウンセラーを持っています。アメリカではカウンセラーが活躍していて、ベトナム戦争では現地にまで行きましたね。日本もこれを機会に、精神医療体系を、社会的に一種の厚生面で、非常に大きな改変をする必要があるだろうという感じを持っています。

野田　僕は日本の精神科の医療が震災をきっかけに変わる可能性はないと思っています。その理由はまず、一般の人たちとか、精神科医でさえ、精神的外傷の概念を理解している人が乏しいことです。『広辞苑』などで調べたら分かりますが、「心の傷」という概念は、一般語としてはないのです。みんなあるように思っていますが、「心の垢《あか》」とか「心の雨」とか「心が曇る」とかあっても、心の傷という概念は専門用語です。若い人が最近「わたし傷ついたわ」と言ったりするのは最近の俗語で、「心の傷」という概念はフロイトが作った非常に精神医学的な概念です。それは、幼少時の発達段階で、人格的に受け入れ難いような体験をして、抑圧して、それが将来的に神経症に結び付くという概念でして、非常に特殊なんです。だから、いわゆる心の繊細さを、繊細な人間はちょっと擦ったら傷つくとか、そういう意味で比喩化されている概念とは、全然違うのです。この区別は重要です。

なぜかというと、災害時に人間はいろいろな困難な状況を被ります。家が壊れたり、埋もれたり、隣のお父さんやお母さんが亡くなったとか、そういった死を経験した人の心の傷という概念と、ちょっと地震で怖い思いをしたとか、その他さまざまな社会的負荷で惨めな思いをしたとか、寒い思いをしたとか、そういったこととは根本的に違うのです。それをきちっと分けないと駄目です。とりわけ災害後の社会的負荷と一緒にされてしまうと、死を体験した人の問題があいまいになってしまいます。

小松　トラウマを僕はちょっと古い方ですから、幼時の異常な性的体験がずっと後へ残って、思春期になって影響が出てくる例は見ましたが、戦争でもありましたね。

野田　戦争のような過酷な状況だけではなく、災害とか、レイプに遭うとか、人質になるとか、人間が生命を脅かされ、人格を解体されるような体験に直面すると、その体験がトラウマになる。それを思い出したくないから、一生懸命忘れようと努力するけれども、そうすればするほど、日常生活の中にふと浮かんできたり、夢の中に出てきたりして、自分を脅かすようになる。

小松　今流行の言葉の「ヒーリング（癒《いや》し）」なら、家庭の中にはおばあちゃんやお母さん、お姉さんがいて、その延長上に学校の先生もいて、ヒーリングの仕組みがあったけれど、これが今どうなっているのかということですね。

野田　日本には、「そんなことを言っていると、おまえは生きていけないぞ」とか「社会の落後者になる」と抑制する傾向があります。戦後の日本の社会は物質的に豊かになる方にひたむきに向かったので、心の癒しとか、そういったことは、個々の人がしたければすればいいという方向へ行った。人間は心が傷つくと言いながら、一方では「傷ついたやつは弱いやつだ」という認識が重なりあっているのです。

小松　甘えさせたらいかんとか。

野田　日本はそういうことできたから、災害時も、いろいろな形で不安になる人がいてお気の毒だけど、いつまでも傷ついているやつは、消えてもらったらいいという形で今日までできたと言えます。

小松　阪神大震災の被災者に対して、行政がいつまでも甘えるな、といった態度があって、カウンセリングを供給するという意識が見られませんね。

野田　行政の人たちも決して温かい組織の中に生きていないから、市民にもそういう対応になるのです。

小松　今度の場合は、精神科のボランティアが投入されていますが、精神医学界はどう受け取っているのですか。

野田　今回の活動が、何かの影響を持つまでにはいかないでしょうね。なぜかといいますと、日本の大学は精神病理学や精神分析学を十分受け入れていないからです。大学の精神神経科の教授の約八割は、脳の研究者ですし、いまだに精神学と神経学が分離していない。今回、ファッションで「こころのケア」がいわれても、それを受け入れる素地が日本にはなく、僕はそのことをよくこういう対比で言っています。「災害時だけ強い救急医療というのはありますか」と。少なくとも、普段の救急外科医療があって、その上に災害の医療もあるわけで、災害時だけの精神医療はあり得ない。

小松　戦前、木々高太郎[10]さんという慶大医学部教授のミステリー作家が、一生懸命それを言っていた。

野田　彼は大脳生理学者ですね。戦前には東北大学教授の丸井泰清さんが、精神分析を取り入れましたが、医学界は受け入れませんでした。

小松　ところで、トラウマ性の症状の診断は、一種の神経生理学的機能疾患ととらえて、それに対する対症療法をやるのですね。

野田　対症療法の精神医学版が「おがみ屋さん」や「神さん」だったわけです。

小松　でも治る人がいる。何か思い当たるものでやってもらって、治るなら一種の精神療法ですよ。

野田　ただ、「ヒステリー」の催眠療法と同じで、こっちをたたいたら、別の症状が出ることがあります。

小松　そうすると、日本の精神医学の場合は、人間をトータルな一つの人格として捕まえるのではなく、トラウマをおできができたぐらいに思っていて、精神面が脱落しているのですね。

野田　人間の精神の発見は近代ヨーロッパです。アジアは精神だ、というのはうそなんです。ヨーロッパは、物質と霊の問題を徹底的に考え抜く中で近代の精神を発見していったのです。対人関係のあり方や価値観や、その価値観とのかっとうの問題などですね。日本では精神医学が脳の医学としてしか基本的に受け入れられていない。

小松　精神医療は半分は哲学の問題なんですけどね。精神医学界は、今度の大震災が大きなフィールドになったのだから、これを機に、精神分析を国の厚生政策として、長期的に取り上げていくよう提言すべきですね。その体制はできていますか。

野田　いや、全然できていません。災害直後に新聞に書きましたが、厚生省が全国の公立病院に、精神科医が足りないから避難所に回ってくれと呼びかけたことについて、僕はデザインが間違っていると批判しました。というのは、全国から三日間ぐらい行くのですが、外科の医療だったら、人間関係がなくても、三日間のうちに外傷の処置はできますが、三日しか来ない、次に行ったらいないようなドクターに、人間は心の問題を話すでしょうか。それから、話を聞くためには、他の人には聞こえないような空間が必要です。何もなしに、ファッションで、新聞が書いたから精神科医を送るという状態でした。実態はひどいもので、例えば、避難所にカウンセリングの人が入って行くと、「何を言っているんだ。こんな状況で、硬いパンを食べさせられて、なにが心の問題か。バカなことを言うな」といったところもたくさんありました。世間が思っているような災害後のストレスへの対応は、基本的にはできなかったと思います。地震後の復興でも、傷ついた人がこれ以上傷つかないために、あるいは、不安を持ちながら、もう一回生きていくために、どういうサポートをするのかを、精神医学的に考えていくべきなのに、それについてはまったく理解がなかった。

小松　精神科医は、ある被災者集団がいて、その中で一番めげている人をカウンセリングする。しかし、ヒステリックになってくると集団に感染しますね。その時に、行政が末端に、ここはこうやってくれ、ここでは温かいものを皆に配って、優しい声をかけてくれ、といったアドバイスぐらいできないんでしょうかね。被災者はある程度精神的な患者だと思うんです。一律に仮設住宅に追い込むのではなくて、重篤な人や、ケアの必要な人にアドバイスができると相当違うと思う。

野田　ケアのシステムと同時に、被災者が希望を持つことも重要なんです。精神科医は抑圧した体験を聞き取ったり、話を聞く中で整理したりして、精神分析学的にいうと、抑圧しているものに自我の光を当てる手伝いをします。それと並行して大事なのが、自分の生活がどう再建されていくかという社会的ケアです。方法は全部分かっているのですが、何もさせてもらえないし、できないのです。

小松　奥尻島の被災者は割合、老人が多かったでしょう。

野田　今年四月に五回目の調査をしましたが、家族を亡くして、将来に対する展望を失っている人が多い。一番ひどかったのは、復興の争いで老人が死んだことです。一人の老人がちょっと高所の家に住んでいた。ところが、この老人は借地権は持っていたけれど、土地持ちではなかったから、土地持ちの人が先に住む場所を選ぶ権利があって、より高所の家を取ったのです。それを町の役人に抗議して怒っているうちに、脳内出血で倒れて死んでしまいました。そういうのを見ると、災害よりも、災害後の社会の方が恐ろしい感じがします。阪神大震災の問題も同じです。

小松　今度の場合、起こった時に、まず三日間はそこで頑張れ、三日を超えて全体の状況が分かってきたころに救援への期待が出てくるから、その時に一週間たったらこうするよ、と希望を与えるだけでもずいぶん違う。

野田　約束を実行しないとだめなんです。

震災当日、玄関ロビーも被災者で埋め尽くされた（長田区・真陽小学校）

小松　そうです。開高健[11]から聞いたのですが、ベトナム戦争の際、アメリカ軍は兵士との契約に「一日一回ホットミールを食わせる」との条項があった。そのため孤立している所にもボーイングバートルで、ステーキを運んでくる。

野田　阪神大震災の現場でも、行政がやるべきことがいっぱいあります。例えば、復興計画は、原則は災害救助法の援用で行われるので、仮設住宅の設置期間は二年間です。でも、神戸市の立てた復興計画では、被災者に対して「三年をめどに住宅を造る」と書いてある。その矛盾にすら気づいていない。役人にとって三年は努力目標です。しかし、耐えている人にとっては三年をめどでは困るのです。二年後には必ず建て、入らせてくれるのだったら、暑くても寒くても、我慢する気も起こりますが、将来の時間があいまいです。つまり、この時間は、被災者の側に立っての時間ではなくて、行政の側に立っての時間です。そういうことの持っている意味の基本的理解がなされていないのです。

小松　災害対策基本法があって、それでずっときているのも、普通の人は知らないでしょうね。

野田　全国からたくさんの人が義援金[12]を出しましたね。多くの人は国が被災者に何らかの援助金を渡していると思っている。それに加えて自分も渡そうと。しかし、国は被災者に援助金を出していない。国は災害の時に、個人補償をしないという前提を維持している一方で、国民はそう思っていない。例えば、被災地の人は自分は国民だから当然、家ぐらい何とかしてくれると思っている。

小松　税金を払っているしね。

野田　だから、仮設が欲しいと言っているわけです。だけど、政府はそのことをあいまいにして、災害援助法を援用しながら拡大解釈で造っているだけなのです。いま考えなければならないのは、基本的に議論する問題の順位が、マスコミも含めてずれていることです。一つは、国が個人を援助しないという建前で、災害の援助をやっていいのか。二番目は、被災者の援助があいまいに行われていることです。災害を通して街づくりをすることと、被災者の援助との関係が、どうあるべきか議論されないといけない。被災者は不幸な目に遭ったのだから、社会は少しは援助してくれると思っているのに、街づくりが進んでいくうちに、いつの間にか、被災者は外に出てくれというふうになってしまっている。今までの都市計画は全部そうです。災害を通して、これをチャンスに街づくりをする、未来の市民に対して責任を持つという言い方をしてきたわけです。これをあいまいにしてはいけません。

小松　こういう巨大な災害が起こった時に、仮設住宅の問題でも、厚生畑の問題になるだろうと思いますが、住民の生活をもり立てるのを優先させるべきですね。優先順位が間違っている。

［'95・12・9／12・16］

十カ月目の被災地を空から見た

十一月の末に、ヘリコプターに乗る機会があった。

本命は、建設省近畿地方建設局河川部関係の依頼で、淀川水系の現状を空から視察することであったが、震災後の阪神間諸河川の状況も調査項目に入っていた。

実は、これまでも五月の連休のころと、七月ごろ、二度ほどヘリで被災地を視察しないか、という誘いがあった。——だが、そのころはまだ、被災地の片付けや復興のために、地元の人たちや、レスキューが、あるいは工事関係のグループが、それこそ「地をはう」ように動き回っている時期で、そこを空から「高みの見物」をするのは何となく気が引けて、断ってしまった。

しかし、今回の主目的は「別件」で、取材範囲の一部に被災地が含まれているので、参加することにした。

その日、十一月二十八日は、快晴で風もなく、晩秋にしては暖かな日だった。——そして、その日は朗報があった。

震災の時、落下した国道171号の、阪急今津線の西宮北口－門戸厄神駅間を越える四車線の跨線橋が、その日の朝六時、十カ月と十日ぶりに復旧、開通したのである。箕面市の私の家の、すぐ南を東西に走る171号は、車の流れもスムーズになったように見え、交通量も増えたようだった。三カ月前、この171号をタクシーで走った時は、今津線の手前で南に曲がり、迷路のような狭い街路を右に折れ、左に折れ、時には逆戻りするような感じで、やっと幅狭い踏切に出、遮断機の前で長い車の列の後について電車の上下線通過を何回か待ちながら、やっと踏切を渡り、また狭い路地を曲折して、やっと元の171号の今津線西側に「復帰」するのに、二十分以上かかったろうか。この狭い、折れ曲がったう回路に、乗用車だけでなく、バンや小型トラックも押しかけるのだから、周辺の古い住宅街は、さぞ迷惑だったろう。

だが、とにかく、その日の朝、阪急今津線をまたぐ跨線橋は再開し、複雑極まるう回路の使用がなくなったのは、この地域の生活にとってめでたいことだった。――ただ、西宮東口あたりの、171号と国道2号の交差点の混雑が、まだ気になっていたが……。

私たち河川研究懇談会のメンバーは、市内のホテルに集合し、そこから大阪湾北港の埋め立て地の一つ「舞洲《まいしま》」に車で向かった。建設省所有の大型ヘリ「青空」は、その日神戸から、舞洲のへリ発着場へ飛んできて、私たちを乗せるということだったが、舞洲そのものは、まだ埋め立てられたばかりで、ほとんど何の建物も建っておらず、黄色い枯れ草に覆われた、広大平たんな土地に舗装道路がまっすぐ通り、ところどころに仮設トイレ群や、仮設家屋が、寒々と見受けられるくらいだった。

ガードマンのいる小屋で聞いたヘリポートへの入り口を、ついうっかり見過ごして埋め立て工事中の岸辺に出てしまい、引き返してやっとそれらしいゲートを見つけ、フェンスの中に入って行くと、草っぱらの中に作業員宿舎のような灰色の建物がポツンと一軒建っている。その向こうに、一応滑走路らしい舗装面があって、一端に内にHの字が大きく描かれている。すぐ目の前は、海を隔てて対岸・尼崎の工場群が昼近い日を受けて光っている。海から吹く微風はさすがに冷たいが、六甲の山稜はくっきりとくまなく見てとられ、雲一つない大快晴だった。

間もなく、西の空に黒い点が現れて埋め立て地に近付いてくる。そして眼前の急造発着場にローターをごうごうと鳴らして、大型ヘリが着陸した。懇談会メンバーの学者、環境デザイナー、文化人のほか、二、三人の地方建設局関係者を含めて、総勢十二人が観測機材とともに乗り込めるというでかいヘリである。

離陸するとすぐ、ヘリは新淀川河口と神崎川河口をかすめて西へ飛ぶ。――私は、ふだんあまり使ったことのない超小型の双眼鏡を時々のぞいた。

武庫川河口を過ぎて西宮市にかかると、甲子園球場の扇形が見えてくる。春、夏の高校野球は、多少の物議を醸しながら行われたが、むしろ地元への励ましになった面が大きかった、とも聞いた。――続いて名神高速西宮の大ループ、阪神高速がまだ開通していないからか、ここで下りる車の数はまだ多くない。

風もなく、気流も安定しているので、ヘリは市街地高度制限ギリギリの三百－四百メートルの高度で、ゆっくり阪神間の海岸沿いに西へ向かう。――阪神、JR、阪急の電車は、光りながら元気よく走っているが、国道2号は渋滞気味だ。43号の上には、落下した阪神高速の、巨大な空虚と、途切れ途切れに残存した橋げたのコントラストが痛々しい。43号の交通量もまだ制限中なのかあまり多くない。一番新しい湾岸道路の交通量も、大型トラックを含めてさほどではないようだった。

双眼鏡をのぞくと、西宮、芦屋の倒壊家屋の撤去はほとんど済み、瓦礫も片付けられたようだ。西へ行くにつれて市街地の空白が目立つようになってくる。――残った家屋にも、まだ青いビニール製の防水シートをかぶせた屋根が増えてくる。被災から十カ月以上たっているのに、まだ完全な修理ができていないらしい。

六甲アイランドの埠頭には、コンテナ船らしい船が接岸して、作業が始まっているようだった。二週間ほど前に復旧した、というニュースを聞いた記憶がある。

三宮の駅前にさしかかると、街がすかすかになった印象を受ける。六、七階建てだったと記憶する阪急三宮駅ビルは二階建てになってしまった。かつて、演劇やコンサートが開かれ、私も学生時分、たびたび訪れた神戸国際会館は、完全に撤去され、あと、がらんとした空白が残っているだけだ。そごう百貨店に接した三宮ビルもなくなってしまった。

フラワーロードに面した神戸市庁舎も、高層ビルの一号館はしゃんとしていたが、八階建ての旧庁舎・二号館は、六階部分が完全に挫屈し、陸橋も落ちていたのが、五階以上の部分が完全に取り払われ、それでも下の部分の使用が再開されているようだった。——地上を歩けば、神戸の空は、広くなったように見えるだろうが、空から見ると、神戸の街は、何だか縮んだような感じだった。

長田区に入ると、まだ焼け跡が広く残っているのが目についた。それでも、三宮センター街はじめ、直後は廃虚と瓦礫の集積だった繁華街が、ようやく街並みを整え、人通りも増えているのが、華やぎと活気の復活を感じさせる。——しかし、ポートアイランドの上を飛んだ時、高層ビルやマンション、ホテル群から外れた一画に、低く、細長い、灰色の箱のような建物が蝟集《いしゆう》しているのを見て、胸が痛んだ。八ブロック、三千百戸の仮設住宅に、今も五千人の人々が住み、厳しい冬を迎えようとしている。軽量の薄いパネルを組み合わせただけの仮設住宅は、保温性が悪くて、エアコンをつけても夏暑く、冬寒いことは、私自身、博覧会の時の作業員宿舎などに泊まって知っている。ご年配の方たちは大変なことだろう。

神戸港西部から引き返し、淀川水系をさかのぼり始めてから、私は今見てきた阪神間の空からの風景を思い出してショックをうけた。神崎川、淀川の流れる大阪平野の広やかさに比べて、阪神間にはほとんど農地、緑地がない。西宮、芦屋、灘と、六甲山地が海岸線に迫る。狭長なスペースに、日本の東西をつなぐ大動脈である幹線道路、交通インフラが「超過密」ともいうべき状態で何本も並行して走り、その間を住宅と商店街、道路沿いのビル、公共建築がぎっしりと埋めているのだ。——この超過密交通インフラが、何回か前に述べたように「山近く、海近く、交通至便」といういい印象を与えたのだろうが、それは私が西宮に住んでいた昭和十年代から二十年代後半ぐらいまでで、今、空から阪神間を見ると、何かものすごいことになっている。「緑がある」というのは、六甲山南斜面が近いことによる錯覚で、それも鶴甲団地などで、かなり宅地化している。もっともすごいのは西宮で、阪急夙川駅から阪神香櫨園駅までの間、わずか一キロの間に、この二線のほかにJRと国道2号が走っている。さらに阪神から海岸線までの一キロの間に国道43号とその上の阪神高速、さらに最近では海岸線に湾岸道路が走る。二キロ余の幅の間に、何と七本の交通インフラが並行しているのだ。よく山陽新幹線を西宮から北西行させて、六甲山をくしざしトンネルで新神戸へ出したものだ。中国自動車道は、ようやく六甲の北側をう回するようになったが、この阪神間の幹線交通の超過密、市街地の過重負担状態は、将来の国土軸保全に関して、何か新しいアイデアや改良プランを必要としないだろうか？

〔'95・12・23〕

暮れゆく悪夢の九五年

今年もとうとう、余す所あと一日となった。——そして大震災一周年も、あと十八日でやってくる。被災地の方々にとっては、まったく大変な一年であったろう。

俗な話であるが、「亥《い》年には大異変が起こる」という言い伝えがある。——私も祖父や両親に、小さい時から聞かされたが、親たちの直接体験した、あの「関東大震災」があった大正十二年が、まさにその亥年だった。あれからちょうど七十二年、今年もやはり亥年である。

げんをかつぐわけではないが、大震災、地下鉄サリン事件、金融危機と異様な事件がつづいた今年もようやく終わろうとしている。来年は十二支のはじまり子《ね》年であるが、どうかいい年であってほしい。

私自身も、四月第一週からこの連載をはじめてから、九カ月を迎えた。——初回は、日本国民全体が——被災地の人たちだけでなく、北海道から沖縄の人たちまで——「当事者」として、記録を残してほしい、まとめ方はあとから責任をもって考え、組織するから、という呼びかけではじめたが、それに応じてか、毎日新聞の東京、大阪編集部、それに私個人の家に、さまざまなマスコミ、専門家、学者、市民のリポート、調査研究、出版物が続々と寄せられてきた。私の書斎の机の三方は、そういったペーパー、パンフレット、新聞、出版社の出版物が、次第にうずたかく積み上げられ、全体で千点をかなり超えるようになった。――まさに「大震災情報」に埋められそうな状況である。

年末のことなので、もう少し個人的なことを記すのをお許しねがいたい。――あの大震災の当日の朝、自宅の二階で、寝入りばなに襲われたことは、『中央公論』本誌の九五年三月号、四月号に書いておいた。さらに東京関係のさまざまなマスコミに書いたが、それ以前、昨年の暮れに、この毎日新聞から、別のテーマで、連載を依頼されていた。

そこへこの大震災である。

私は、急きょこの「目前の大事件」にテーマを変更し、それまで他紙で連載していたコラムを、乱暴ながら、三月で打ち切って、四月第一週から、このテーマでの連載を開始した。そのために、地元をはじめ、東京その他をかけずりまわって、この戦争に匹敵する「巨大な災厄」の関係する各ジャンルの取材を開始したわけである。

それは、学問の各分野を網羅的にチェックするだけでなく、政治、経済、産業、技術、社会、厚生福祉、国際関係にまでひろがるテーマだった。――さらに、私自身も当然ながら、日本の現在の「知性」が、どうこの問題をとらえ、取り組むかを問われるケースだったのである。

一年の間に、さまざまな人たちが、この問題について発言するのをチェックしたが、中には的はずれなものも多かった。しかし、この「社会的事変」の本質をしっかりとらえ、応対している、真摯な人たちも、――大部分は中堅の学者、技術者だったが――内外を問わず、多く見うけられた。――このシリーズでは、できるだけそういった方たちと会い、対談の形で登場していただいたが、その中には、精神病理学者の野田正彰氏のように、早くから被災地「現場」にしっかり足をつけ、長期にわたる被災地と被災者のコミューンの「定点観測」をつづけておられる方もある。産経新聞関西版朝刊連載の「わが街－東灘区森南町の人々」も、もう第六部に突入している。彼によって言葉だけは知っていたが、PTSD（精神的外傷後ストレス障害）という病状の実際例を知り、私の周辺にもその症状を起こしている知人がいることに気づいた。実をいうと、この夏、六、七月ごろ私自身が経験した、かなりきつい「鬱状態」も、その一例だったらしい。一月末から現地取材に入った私は、被災地中心部とその周辺だけでなく、東京、北海道、九州と関連事象や災害現場を直接知る人たちのインタビューをつづけているうちに、六月に大阪の秘書が退職し雑用が増えたこともあって、この夏、すっかり体調をくずしてしまった。満六十四歳という年齢のせいもあるだろうが、夜ほとんど寝られず、酒の力で無理に眠っても、一時間から二時間たらずで目がさめてしまい、翌日の取材スケジュールを考えて、また酒に手を出す、ということをくりかえした。老化現象というものかも知れないが、「年がいもなく」大きな対象に手を出して、つくづく「老い」を感じさせられた次第である。

しかし、周辺を見まわすと、私より高齢の方たちが、この問題についてしっかり取り組んでおられる例にいくつも出あう。――最近の「収穫」は、私の京大文学部時代からの四十数年の友人である福田紀一氏がこれも関西発行で来年創刊五十年をむかえる老舗の文芸同人誌『VIKING』の五三九号（一九九五年十一月三十日発行）に寄せた「阪神大震災周辺」の一文であろう。

全部で五十八ページという、例によってささやかな同誌のうち、十二ページを占める、ひさしぶりの彼の「力作」である。福田氏から寄贈されて、一読私は感動し、二読、三読して、彼に電話してその感動を伝えた。――福田紀一氏は、昭和二十年代なかばからの『VIKING』同人で、私や故高橋和巳[13]とも、そのころからの友人だった。特に私は、彼が二十年代後半に同誌に発表し、中央でもみとめられた「失われた都」という短編に接してから、彼によって特別の刺激を受けていた。これは戦後の心斎橋の雑踏の中に「ほんものの」ナポレオンが歩いていて大阪弁で語りかけ、主人公といっしょに大阪城に豊太閤の遺宝を探しに行くというあっけにとられるようなストーリーで、当時、将来の方向性に迷っていた私に「SF」を選ばせるきっかけになった作品である（その時の恩義をかえすため、私の処女長編『日本アパッチ族』の主人公に「木田福一」の名をささげた）。

当時彼は、大阪市内法円坂のささやかな借家に御母堂とともに住み、大学卒業後は、市内私立高校の教師を務め、「水かけ不動」「めくらカメラ」などの、〝珠玉の〟といっていい連作長編を中央の出版社から上梓し、六十の声をきいてからは退職して、大阪府下の某私立大学で週二回の講義を持っている。兄弟はなく、結婚はしたが子供はなく、夫人のお勤めの関係で退職後、箕面市北郊の、私の家から車で十数分の所のマンションに住み、市内の家と往復していた。彼は私より二つ年上の六十六歳で、心臓疾患の経歴もあり、いわば典型的な「高齢者夫婦」である。――その彼が、箕面のマンションで震災に遭遇した経験とその後のことを書いたのである。私の家から数キロしか離れていない所で、しかもその集合住宅の彼の一室だけが、倒壊こそしなかったが特にひどくやられたらしいことを知って、私は一驚した。今度の震災は、せまい地域の中で、被害にひどく「むら」があることは感づいていたが（たとえば、同じく数キロ西の私の弟の家では、東西方向の本棚がことごとくたおれ、私の家では南北方向にむいた本棚、食器棚が全部やられた）、こんな近くで、しかも長年の友人が、わが家とはやや違った被災体験をした、ということは、彼の文章を読んではじめて知った。――彼の一文は、冷静で、綿密で、しかも静かな迫力と、行き届いた観察眼のあるいい文章だった。後半にかけて、私たちの社会システムや行政、報道に対する、成熟した市民らしいおさえた怒りもみなぎり、私は長年の友人の中に、しっかりした「作家的知性」が存在していることに改めて気づいて、たのもしい感じがした。この震災は、ほぼ同年の友人の中の「ふだんはあまり気づかなかった一面」に出あわせてくれたのである。

もう一例は、これも私の大学時代からの友人で、西宮市苦楽園のマンションで被災した劇作家であり大学教授でもある山崎正和氏が、文藝春秋の『諸君！』九六年一月号に

長田区蓮池町の市民球場に建てられた仮設住宅（95年２月８日撮影）

寄せた「震災復興における文化」という一文である。彼は阪大教授時代に、兵庫県の貝原俊民知事から、県立劇場の企画依頼をうけ、ハードが出来るずっと前から、芸術監督として「ひょうご舞台芸術」という、行く行くは専属チームとなる組織をつくって、九年にわたって公演をつづけてきた。今年も六月に新神戸オリエンタル劇場で、J・ソボルの大作『ゲットー』を上演すべく準備を整えてきたが、あの震災である。物情騒然たる中、彼は六月公演を決行したが、さまざまの褒貶《ほうへん》もあり、何よりの痛手は来年着工、平成十年こけらおとしの予定の西宮北口駅南の県立劇場の敷地が仮設住宅用地にあてられ、完成オープンが最低二年延期されたことであろう。彼は私より三歳下であるが、還暦すぎてのダメージはこたえるであろうことは、わが身に照らしても想像がつく。しかし、私の知る彼は「困難に強い」人物であり、この奇禍をばねに、かえって一層多くかがやかしいものをつくり上げるであろうと思う。兵庫県民、いや全国の方々の応援を期待したい。

この稿の締め切り間ぎわに、神戸からいくつか朗報がとどいたが、それは来年にまわしたい。被災地の方々、どうか災厄をこえて、来年こそは「よりよい未来」への第一歩とされんことを、こころからお祈り申し上げる。

〔'95・12・30〕

「神戸の興行魂」いまだ死なず

新年おめでとうございます。

明日はもう七草だが、まだ松の内。

　何となく　今年いい事ありそうな　元旦の朝　晴れて雲なし
というへなぶりを思い出すがとにかく昨年のつらい記憶を思うと、こんな歌でも、「げん直し」のために唱えたくなる。

　だが一方、現実には、四万七千五百戸余の「仮設住宅」などで、七万人の被災者の方たちが年を越した。――もう一つ、地元の心配は、昨年末から、阪神間を中心に猛威を振るい始めているインフルエンザのことがある。小学校約十校の数十のクラスの学級閉鎖が続き、とうとう昨年末には、宝塚の小学校が「全校閉鎖」の措置を取らざるを得なくなった。

　インフルエンザは徐々に私の住む箕面市にも触手を伸ばしつつあり、孫たちが少々心配だが――しかし「疫学的統計」によれば、ヤマ場はもうちょっとで越えるだろうと確信はしている。

そのうえ、歳末も押し詰まってから、芦屋市の仮設住宅で火災があり、数軒が焼け、入居者の何人かが負傷した。入居被災者にとっては、二重の悲運だが、被災地には、まだこういった脆弱性《ぜいじやく》が随所に残っており、当事者、周辺の警戒とサポートは、まだまだ緩めるわけにはいくまい。——これから二月にかけて、寒気と年末に降ったような雪が心配されるし、「生活再建」の道も厳しいであろうが、もう少し頑張ってください。その向こうには、やがて春の足音も聞こえてくるでしょうから。

ところで、一九九五年最後の回の締め切り間際になって、地元から一つの「朗報」がもたらされたが、紙数の関係で、あらためてご紹介すると約束した。

朗報というのはほかでもない。あの三宮駅の東南角にあって、そごう百貨店とともに被害を被り、その後完全に取り壊された「神戸国際会館」が、神戸市中央区の東川崎町一丁目、ハーバーランド[14]の一画、阪急百貨店に接する四六〇〇平方メートルほどの空き地に仮設ホールを建て、「神戸国際会館・ハーバーランド・プラザ」の名称で、先月初め、九五年十二月六日から、興行を開始したというニュースである。

建物は約二七五〇平方メートル、鉄骨トラス構造[15]で一部はテントだが、一応千九百の固定席——ただし平土間一階のみである——と間口十八メートル、奥行き十四・四メートルの舞台に、照明・音響設備を備え、オープン以来、アメリカのロックグループ「シカゴ」や、シーナ・イーストンも来演して、大いに盛り上がったという。

これを朗報というのは、特に私のような、若い時期の大部分を神戸に接して過ごしたものにとって「神戸国際会館」には、特別の思い入れがあるからだ。

もう、四十年近い昔になるだろうか？――大小の映画館は数多くあったが、その他は歓楽街に付属する演芸を主とした小劇場ぐらいしかなかった神戸市の中心部に、千数百席を備えた、大きな芝居やオペラ、交響楽の上演もできる神戸国際会館と大ホールができたのは……。実をいうと、私はカラヤンの指揮をここで初めて見た。私自身も、いくつかのイベントを、この劇場でやり、ちょっと晴れがましい気分になったものである。

その国際会館が、隣接のそごう百貨店とともに甚大な被害を受けた、ということは、昨年一月後半、震災後すぐの時点で、地元の友人や、ジャーナリストから聞いた。――二月の初頭、初めて神戸の市街地に足を踏み入れた時、加納町から中山手、下山手、元町を回り、三宮のターミナルにさしかかって、その惨状に胸のつぶれる思いを味わいながら、阪急三宮駅の変容を横目に見て、市庁舎の方へ下って来た時、私は国際会館の惨状を正視することができなかった。――神戸の一番ステータスの高い、三宮のJR、阪急、阪神のターミナルの集合点、山陽新幹線の新神戸駅から緩やかにカーブしながら、加納町を経て、旧居留地、税関へ至るフラワーロード、そして国道2号の交差点が集まる所に、今や老舗の「文化シンボル」として、やや古めかしい外観ながら、そびえ立っていた神戸国際会館、そしてその北の神戸新聞本社が、どちらも昔日の面影がないほどのダメージを被っていた。

――ひょっとすると、神戸はもうだめかもしれない……。

と、正直言って私はそのターミナルの情景を見て、胸のつぶれる思いを感じたものである。

〝ハイマートロス〟(故郷喪失)という言葉が、ふと胸裏を去来した。——港湾施設、交通インフラ、生産設備、居住区は、より効率の高い、堅牢な新しい形で復活するだろう。しかし、近代百年、戦後五十年の神戸を愛してきた私たちの「心の原風景」を形づくっていた、この三宮ターミナル界隈の「品格」は、もう二度と戻ってこないのではないか?

震災のつめ跡の無残さに、私は故もなくそう思い込んでいた。——そしてルポを書き続けながら、「そのこと」は、なるべく考えないようにしていた。

ところが——どっこい、神戸国際会館は「生きて」いた。その事務とスタッフ系統は、比較的ダメージの少なかった神戸朝日会館——ここのホールも健在だった——中に移し、ハーバーランドの「仮設ホール」で十二月に「興行」を再開すべく、着々と準備を進めていたばかりでなく、平成十一年には、今は完全に空き地になっている旧神戸国際会館跡に、地上二十階、地下三階の、以前よりはるかに、豪勢な「新神戸国際会館」を、事業費二百五十億円で再建する、というプランを、九月に発表していたのである。

私は、(株)神戸国際会館の古手のスタッフであり、神戸高校(私の卒業した時は神戸一中)の後輩である影山君という人物から、その「興行再開」のリポートを聞いた時、初めて、この九五年九月発表の再建案を目にした。——途端に私は、年がいもなく、ルンルン気分になって、あちこちに電話し、祝杯をあげ、しばらくは二日酔いの連続だった。それほど、神戸国際会館のしぶとさは、私自身をも励ましてくれたのである。――神戸の文化伝統そして文化事業は、そう簡単に、地震ぐらいで死にやしない――私の愛する神戸の魂、神戸の感性は、タフなのだ――。

と、同時に、これだけ神戸の文化活動、文化事業がダメージを受けたのに、比較的施設としてのダメージは少なかったとはいえ、早くも昨年三月上旬から、「KOBE・AID、――がんばろや、WE　LOVE♡KOBE」と銘打って、たくさんの有名タレントのチャリティーショーをがんがん打ってきた、「新神戸オリエンタル劇場」の活躍を、改めて思い起こした。「新神戸オリエンタル劇場」は、山陽新幹線・新神戸駅のすぐ西に、ダイエーの中内切氏が作った「新神戸オリエンタルホテル」のロビー階下、私の故友、開高健の名作『オーパ！』の名を付した四階のショッピングモールの中にオープンした、神戸では、比較的新しい客席数六百三十九の、劇場である。

内部被害はかなりあったらしいが、「箱」そのものは無事で、何よりも、震災のつめ跡生々しい九五年三月十一日から四月二十三日を第一節として、関西漫才の大長老、いとし・こいしさんや、ゼンジー北京さんらベテランを配した「がんばろや寄席」を皮切りに、ラテン、ジャズ、クラシック音楽、バレエ、演劇、松竹新喜劇、個人リサイタルなどを、連続的に組織、提供してきた、そのバイタリティーはすごかった。

私自身も、今になってこの三月、四月のプログラムをチェックして、こんなすごい顔ぶれが「無料」で見られるなら、行けばよかったなと思う演目もあったが――、それは「被災地地元」への励ましであるから、域外者は遠慮するのが当然であろう。しかし、出し物によっては、域外者は、通常料金の三倍、五倍払ってもいいから、「案内」さえあれば行ったかもしれない、と思うほど魅力的なものもあったのである（この「無料」の連続チャリティーは、観客の観劇習慣に対し、多少あとに問題を残したようである）。

ほかに、前述の神戸朝日会館のホールが比較的ダメージが少なく、やはり春ごろに活動再開しているが、新神戸オリエンタル劇場の活動は、すさまじいものだった――というのは、「大型チャリティープログラム」が始まった三月半ばの時点では、山陽新幹線はもとより、阪急、阪神、JRもまだ開通しておらず、交通制限の厳しくなりだした道路しか域外タレントを運び込めず、観客はもっぱら地元の人々で、しかもまだ、被災の後片付けもどうやったらいいか、途方に暮れている段階だったからである。

逆に言えば、こんな時期だからこそ、元気のいい、「生の励まし」をやるべきだ、と判断した新神戸オリエンタル劇場のスタッフは、すごいし、すてきだったと思う。――私が十代から接してきた、「神戸の興行魂」いまだ死なず、と実感し、国際会館の再建プランの「元気さ」とともに、私の老骨がかえって励まされた感を持ったのである。

［'96・1・6］

「神戸人気質」踏まえた復興を

あと四日で、阪神・淡路大震災の一周年がくる。——早いもの、と言うべきか、長い長い一年と言うべきか、あの日以来、私の中で時間感覚がおかしくなってしまったようで、どちらとも言えるような気がするし、どちらでもないようでもある。去年の夏以来、崩れた体調が回復していないせいかもしれない。

そして、震災一周年は、この災害によって亡くなられた方たちの一周忌でもある。——遺族の方たちや、被災地の方々を中心に、地元自治体主催の手厚い慰霊祭が営まれることだろうと思うが——「復興」の問題を本格的に考え、取り組むのは、この一周忌が済んでからであろう。

かつて、昨年の二月半ばごろ、ある全国紙関西版の朝刊一面トップに、「神戸で復興博」という大見出しが躍っているのを見て、カッとなったことがある。——震災から一カ月前後、五千五百人（当時発表）の死者の四十九日も済んでない時点で「博覧会」うんぬんとは何事だと思って、その記事の発信源をだいぶ調べ回ったのだが、その時はついにわからずじまいだった。

私自身、小学校以来の旧友が何人か死んでいるのだが、葬儀にも行けなかったのだ。それにしても、その時点でそんなアイデアを口走った連中も、それをでかでかと取り上げるマスコミも、社会の公僕として無神経なもので、死者に対するつつしみの感覚が、日本ではここまですり減っているのかと思ってがっくりきたものである。

しかし、犠牲者の一周忌を手厚く、ねんごろに済ませたあと、そろそろ「明日のために」、よりよい神戸、阪神間の再建、復興を、「文化復興」を含めて、論じていいであろう。

ということで、年が明けてから、特にこのあたりから、淡路・阪神間の「復興」について、論じていきたいと思うのだが——その際の、私自身のスタンスをはっきりさせておこう。

以前にも触れたが、私の両親は関東出身で、いわゆる「関東大震災焼け出され組」として大阪で結婚し、長兄と私は、西船場で生まれた。一九三五（昭和十）年、私が四歳の時、一家は西宮市の夙川に越し、四四（同十九）年に今津に引っ越すが、以後、私の四人の弟妹はすべて西宮市で生まれ、小、中学校へ行くことになる。私は四三（同十八）年から四八（同二十三）年までの五年間、兵庫県立神戸一中に通い、戦後、兄弟五人のうち四人は京都の大学に通う。私は新所帯を甲子園、次いで甲東園に構え、今津の家は、六一（同三十六）年まで住んでいたから、私たちの家族は実に四分の一世紀以上「西宮市民」だったわけである。それ以後も何度も東京へ出てこいと要請されたが、一族は、京阪神のトライアングルを動かなかった。

私は戦後、文系に進んだが、神戸の中学に入った関係で、亡父の会社の取引先関係の、神戸製鋼、川崎重工、三菱造船、あるいは岩井産業といった会社の、今で思えば、かなり上級の技術者の所へ、使いにやらされたり、同席したりした。また、当時神戸一中は、私自身は戦時中、殴られてばかりいて実感はなかったが、一応名門で、そのうえに、神戸高商、神戸外語といった高等専門学校に連なり、また、学者、技術者にも錚々《そうそう》たる先輩がいて、それなりに「校風」をつくっていた。

とにかく、神戸というところは、大阪、京都と、ちょっと気風が違うな、と思いながら育ったが、戦後二十数年たって、物書きとして、神戸一中（当時は県立第一高女と合併して、神戸高校）の創立記念行事の構成をまかされ、あれこれ調べてみて、初めて納得した。――一八六八（明治元）年、横浜とともに、欧米勢力を中心とした、当時の七つの海に進出していた「海外勢力」にむけて開港した神戸の街の基礎文化は、「海の男」たちの共通性を受け止める大変「男性的」なものだったということである。

江戸時代には、「夷狄《いてき》文化」として退け、あるいは恐れていたものを、腹をくくって受け入れ、付き合っていかねばならぬ。これが「文明開化」だが、江戸時代の主要産業港だった兵庫港をよけて、東の寒村神戸村に開港場と居留地をつくり、やがて公館、領事館ができ、日本サイドにも為替、通関を含む海外貿易業が形成されていく。それにともない、貨物の積み下ろしを含む港湾業務、倉庫、海運、船舶、造船、電機、鉄鋼、無線といった産業が、逐次形成されていく。

その気風は、江戸鎖国下に爛熟《らんじゅく》していった、内国流通市場を中心とする大阪の船場文化に比べて、その一時代前、中、近世に形成された自由商業都市・堺の、いわゆる南海、天竺《てんじく》にまで版図を入れた「渡海商人」文化の「近代版」と言っていいだろう。十九世紀後半から二十世紀前半へかけて、「近代世界貿易体制」が形成されていく過程、国際化された「マーチャントシップ」「シーマンシップ」が、「神戸人気質」のバックボーンを作ってきたように感じられるのである。その社交の中には、クラブも、ゲームも、パーティーも、あるいはゴルフも、バリエーション豊かな「文化展示」も入っていた。――そして一方、そういった各国の男たちの社交の背後で、時には外国語や国際マナーをマスターしてそれに参加しつつ、「家庭生活」を支え、子弟の「情操教育」や、モダンな「ハウスキーピング」を消化し、異国の居住者と「家庭外交」をこなし、あるいは因習を離れた、より「合理的」な、「経済生活」を作り上げようとしてきたのが、「阪神間」の女性、主婦たちなのではあるまいか？　それはすでに戦前、この地域で、日本で一番早く「生活協同組合」や「消費組合」が生活者によって形成され、後者は婦人、子供たちを対象とした、今はやりの「文化サークル活動」も行っていた――実は、私も小学生の時に、このムーブメントを大いに楽しませてもらったのだが――ことを見てもわかるであろう。

こういうのが、「神戸人気質」「阪神気質」を形づくり、そして近代百年という、歴史は浅いが、明るく、モダンで、国際的な、「神戸・阪神間文化」のベースを形成してきた。――このことを理解しないと、阪神間の「文化復興」は、鼻っ柱の強い神戸人の心情に、反発を形成しかねない。――私の中学の先輩は、酔っ払っての上のことだがこの地域を「故郷」というより「祖国」とまで呼んだ。大阪・西船場生まれで、西宮育ちの私は、神戸の中学へ上がって「スパルタ式」とは聞いていたが、一年生の二学期にいきなり教師に殴られ、三学期には上級生に殴られてショックを受けたが、それ以上に、寒風吹きすさぶ真冬も、烈日の夏も、雨の日以外は弁当は校庭に出て「立ち食い」させられるのに、もっとショックを受けた（もちろん茶などは出ない）――この「奇習」は、戦前、名物にもなったが、佐賀あたりの船乗り文化――揺れる船の胴の間で、中腰で食事するというテクニックに由来するのではないかと思っている。戦前の神戸一中の「質実剛健、自重自活」の学風をつくった初代鶴崎校長は佐賀の人である。ほかにも、これも戦後、私の母校だけらしいとわかった、晩秋の夜中に、全校生徒が、十人ぐらいずつ上級生に率いられ、三つのコースに分かれて、徹夜で行軍し、裏六甲有馬まで競走する「競走遠足」というのがあったが、――これも昭和五十年代初め、鹿児島のルポで「関ケ原の敗走」を忘れないようにと、夜中に老若が競う「伊集院越え」という催しを知って、どうもこれは薩摩の由来らしいと感じた。

川崎財閥は薩摩だし、三菱は土佐だ。ポートピアはじめ埋め立て地をつくった戦後の大政治家、故原口忠次郎市長は佐賀だし、神戸製鋼、岩井産業は、大正の米騒動で打撃を受けた鈴木商店系だし――ほかに「舞子ビラ」に名を残す清朝系大商の呉錦堂氏、ジャーディン・マジスンやサッスーンなど、ヨーロッパ系商業資本は、神戸の北野異人館通りの景観形成に大きな役割を果たした。政令都市の斜面中腹の目につくところに、あんなに美しいイスラム教寺院がある所はほかに知らない。

神戸人だけでなく、外国居住者も、この神戸の街を強く愛する人が少なくなかった。――もう亡くなられたが、栄町の旧オリエンタルホテルの支配人で岸ラヨシさんという方がおられた。ハンガリー生まれで、第一次大戦の時、ロシアで捕虜になり、ロシア革命の前後、シベリア鉄道経由で送還されナホトカから直江津へ渡り、途中しばらく東京の帝国ホテルでコックをやっていた。日本人女性と結婚して国籍取得し、三井の大番頭益田鈍休氏に認められ、神戸でオリエンタルホテルができた時（初代はトアロード沿いにあった）そこのコックになり、ついで栄町のオリエンタルホテルのシェフに、次いで支配人になられた。私は以前にもあげたサンテレビの「街角」という番組の第一回で彼にインタビューしたが、彼は日本、特に神戸が好きで好きで、そういう外国系の人たちとグループを作り、第二次大戦中、神戸に空襲がはじまるといううわさを聞いて、中立国系の在神外国人の連絡で、「神戸は私たち外国系の居住者の愛する街です。どうか空襲しないでください」という手紙を、カナダ経由でルーズベルトに送ったという。届かなかったらしく、神戸は大空襲を受けたが、この話は感動的だった。

私はいつも神戸の人に「神戸は日本人だけがつくった街じゃありません。この土地になじみ、この街を愛した世界中の人たちと一緒になってつくったことを忘れないでください」というのだが――こういう「神戸の基本文化」を踏まえた上での文化復興でなければ、「明日の神戸」の輝きはつくり出せないだろうと思う。

〔'96・1・13〕

再建に向かう地元メディア

先に触れたように、徹底的な破壊を被った神戸国際会館が、「ハーバーランド・プラザ」の仮設シアターで営業を開始し、三年後には、三宮のもとの場所に、以前よりもっと大きい会館を建てるという復旧プランが公表されたことは、私のような「神戸パトリオット」にとっては、何よりもうれしいことだった。——先の見えないこのバブル崩壊期に、事業主体としては、資金面をはじめ、かなりな覚悟と馬力が必要だろうが、どうかがんばってほしいし、関西財界も実質的な応援をしてほしい。

神戸新聞社も、震災の時新社屋を、ハーバーランドに建設中だったが、これはかなり早くオープンできるらしい。——以前、紹介したが、神戸新聞は、一昨年、京都新聞との間で、災害時におけるコンピューター編集についての協力協定を結んでいた。機種とシステムがマッチしたかららしいが、結んだ当座は、いざという時どういうことになるのか、あまりはっきりしなかったらしいが、まさかそれから一年もたたないうちに、そのシステムが救いの神になるとは、夢にも思わなかったらしい。印刷工場は西神地区にあって無事で、編集部は、ハーバーランドの建設事務所のプレハブに移し、京都新聞のコンピューターを借りて編集し、被災当日の夕刊から発行した、というからすごい。——京都新聞も、近隣の地方紙同士のよしみから、神戸新聞への献身的なバックアップを惜しまなかったと聞く。

業務がやや落ち着きかけたころ、神戸新聞の役員、編集関係者がそろって京都新聞にお礼に訪れた。京都新聞側がいっせいに拍手を送ると、神戸新聞側は、役員以下、男泣きに泣いたという。——こういう佳話は、新聞協会などがもっと大々的に顕彰し、一般市民にも広く知らせてほしいと思う。

ポートアイランドのビルにあるサンテレビも、建物は無事だったが、激震の被害のため、メーンスタジオは、一瞬にして使用不能になった。電波の送信器は無事だったが、使えたのは小さな報道スタジオだけで、通信社のラインは途絶え、取材に使えたのは電話二回線だけ。午前六時台後半の時点で、スタッフはアナウンサーを含めて六人しかおらず、記者一人が取材に出たが、映像が入る保証はなかった。——何しろ、この時点では、ポートアイランドと本土をつなぐ、ポートライナーや連絡橋の被害状況も、局サイドによくつかめていなかったらしい。

送信施設は無事といっても、例によっていろんなものがひっくりかえっている中で、スタジオ変更、カメラ、音声、照明のスタンバイ、緊急ニュースの原稿の準備といった作業を、宿直と駆け付けたスタッフの小人数でやるのは、ラジオと違ったテレビの送り出しシステムを考えると、大変だということは想像に難くない。——それでも、午前八時ごろには、八田慎一報道部長が「放送開始」を指令し、八時十四分、その日の六時半からの早朝番組を担当すべく出勤していた藤村徹アナがカメラに向かって第一声を上げた。

「けさ六時前、淡路を震源とする強い地震がありました……」

私はこの日、部屋がざっと片付いた午前六時四十分ぐらいから、テレビのザッピングを始めていた。——サンテレビは、UHF局だが、ふだんはチャンネル36でよく見える。しかし、最初のうち、このチャンネルは「死んで」いた。やっと放送を始めたころは、地元民放局の空撮が、あのすさまじい阪神高速の倒壊を映し始めたころで、しばらくの間、そのチャンネルにくぎ付けになっていた。やっと一段落ついて、再びザッピングを始めた時、もう壊滅状態で跡形もないのではないかと思った36チャンネルをのぞいてみると、スタジオで、電話で被害情報や、視聴者から安否の問い合わせをさばいているアナの映像がとびこんできて、思わず「よかった！」と胸でつぶやいていた。

前に触れた「街角」のシリーズが終わったあと、私は、京都、和歌山、福井などローカルUHF局とのネットワークを組むという、ちょっと珍しい「こちら海です」というタイトルの企画立ち上げに協力し、アドバイザーとして、何回か各地の漁港や、海に足を運び、出演もした（スタートは、もうずいぶん前のことになるが、まだ続いているのだろうか？）。強大な全国ネット系列を張り巡らすVHF局と違って、いかにも地元密着型のささやかなUHFテレビ局だが、それだけに、企画や「お知らせ」にもいかにもきめの細かい、その土地の風物や生活感を盛り込めるので、――スポンサーも、ローカル性の強いものが時々見られる――私は、特別の親しみを持っていた。そのサンテレビが、とにかく「死んでいなかった」ということは、何かホッとさせられるものがあった。

サンテレビは、この日の第一声から、六日間にわたって、CM、レギュラー番組を一切カットして、地震特番を流し続ける。――それも、視聴者や、取材班の電話情報をもとに、時にはそれを直接オンエアしながら避難場所、給水、給食、救急班の開設場所など、時々刻々変化する、地元民のための緊急生活情報を主体としながら……。そして一方、サンテレビには、地元局ならではの詳細な映像ストックが膨大に蓄積されていった。

ＡＭ神戸――というより地元では、「ラジオ関西」という方が通りがいいが――は、実をいうと、在神戸のメディアとして、一番激しいダメージを被った局だった。

神戸市須磨区行幸町――海岸地帯にあるＡＭ神戸の本社は、実は一九五二（昭和二十七）年という早い時期に開局した唯一の地元民放局として、私も大学卒業直後から、なじみの深い局だった。Ｆ元男爵の、膨大なＳＰ盤コレクションを継いだことが魅力で、よくそのリストを見せてもらったものである。

その本社社屋が、まさに震度７の激甚災害地帯に含まれ、放送中にすさまじい被害を受けた。――九五年後半、ＡＭ神戸がまとめた、図版を別にして二百六十一ページに及ぶ『震災報道の記録――被災放送局が伝えたもの』（責任者、取締役報道制作局長・山田健人氏）によると、九五年一月十七日の午前五時半、パーソナリティー能崎まゆみ氏で

「おはようラジオ朝一番」の生放送が始まった。この時点で局にいたのは十一人だった。同四十分、「スポーツ朝一番」のコーナーでアメリカズ・カップのニュースのあと、「お目覚め体操朝一番」に移り、テープで野村桂一郎氏の「寝たままできるエキササイズ」(何だかずぼらでおかしい番組だが)が始まり、「……ゆっくり右手だけを持ち上げて、天井です、通過して頭の上に伸ばします。はい今度は持ち上げて……」で、ドンと来て音声停止。この放送停止は十三分五秒続く。

社屋とスタジオの損壊が大きく、むろん停電、水漏れ、報道制作局の机、本棚が倒れ、壁も崩落、主副調整室の機材が倒れ、天井から水漏れ、という惨状だった。それでもオンエアスタジオの損壊が少なく、スタッフは懐中電灯とわずかな電話回線をたよりに、自家発電を立ち上げ、淡路島のアンテナの使用可能を確認し、十三分後にオンエアスタジオから、このあと一週間に及びぶっ続けの震災報道に入った。「谷五郎モーニング」のアシスタントアナ藤原正美氏の第一声「……しゃべっていいですか? はい、AM神戸のスタジオです。スタジオが、現在ただ今の地震で壊れております。音声がとぎれております……」が、AM神戸が「生き返った」あかしだった。

一週間後、余震による社屋崩壊の危険が迫って、放送機材とも、AM神戸のスタジオは仮設社屋へ移転するが、その間も、その後も、まず七台からスタートした局の電話の前には、入れ代わり立ち代わりだれかが座り、被災者からの問い合わせや、公共関係の情報、あるいは各地へ派遣したリポーターからの生々しい現場情報を、それこそ「現場密着」で伝えた。つまりラジオのスタジオは、電話という地域の切実な「双方向」通信と、電波という広域通信をつなぐ「交換台」になったのである。「子供が生まれそう」「人工透析をしてくれる所はないか」というリクエストに応える一方、ラジオカーは、おむつや水や点滴薬の運搬を頼まれ、それに応えた。社員は、当初半分しか出勤できなかった。つまり、現地メディアは、それ自体が被災企業であり、社員の何割かは被災者であり、しかもメディアの公共性を果たしつつ、一方では地元密着のボランティアであったのである。

開局間もないＫｉｓｓＦＭの果たした役割も大きかった。ここは二カ国語放送をやっていたため、在神外国人の頼るところは大きかった。また聞きだが、まだ来神一カ月の中国系のリスナーが、レンタカーのカーラジオで聴いて、それを携帯電話で知り合いに中国語で伝え、ちょっとした中継局になったという。

しかも、これらは役所でなく「企業」であり、役所的な規制もマニュアルも関係なく、「地域住民」と同じ感覚で動きながら、企業としての損失もカバーしなくてはならなかった。再建・復興のための資金手当て、販売、広告収入の減少に耐えながら、彼らは立ち上がろうとしている。――どうぞ東京の、いや全国の「業界」「同業者」のグループのトップは、彼らの受けた理不尽なダメージと、それを乗り越えていこうとする雄々しい努力を、もっと身を寄せてサポートしてほしい。

［'96・1・20］

【対談】神戸大学の試み

阪神大震災はさまざまな問題を残す中で復興が進められているが、被災地の神戸大学[16]の十学部が共同して「兵庫県南部地震に関する総合研究」を行っている。「学際的」に今度の地震の原因や被害、問題点などを明らかにしようというユニークな試みで、成果は県民に還元される。そこでこの特定研究の代表者、片岡邦夫[17]・工学部長に、研究の狙いなどをうかがった。

小松　神戸大学には工学、医学、経済、経営、法学、農学などの学部がありますが、この分野の異なる十学部が共同で研究チームを組むなんて、珍しいことです。阪神大震災の研究だからこそできたチームですね。最初に提唱したのは、西塚泰美学長ですか。

片岡　昨年一月十七日の震災時の学長は鈴木正裕学長で、今の西塚学長に代わったのは二月十六日です。その西塚学長のもとで、震災に遭った土地にある国立の総合大学は神戸大学だけなので、総合的に震災研究をやって社会に貢献したらどうか。学問的にも新しい芽が出る可能性があると発案があったのです。

小松　震災現象は多面的に扱わないといけないですね。地殻の基礎研究から救急体制、リハビリまで、すべて研究する必要がある。文部省の対応はどうでしたか。

片岡　積極的に対応する方向にありましたね。神戸大学がなぜ共同で研究をするかというと、十学部と研究所、研究センターなどがそれぞれの学会で震災に関する研究調査をしていますが、それはその学会の分野の中だけの話で、横のつながりもありません。ですからそれぞれの研究を総合的、学際的に横の連携をとりながら情報交換や討論をして、総合性と学際性を出そうではないかと始めたわけです。

小松　地元ですから、研究学問のフィールドとしては幅広く対応できますが、文学部も関係あるのですか。

片岡　文学部のメーンは文化や精神的な問題ですね。発達科学部は人間の発育問題、教育の問題を担当します。法学や政治学の研究がなぜ震災時に必要なのかと思われるかもしれませんが、危機管理や震災に対する特別な立法が必要になりますし、訴訟の問題も起こります。経済とか経営は物流の問題があります。水や食料の農学もある。理学部は活断層、工学部はライフラインから建築・構造物、エネルギー、情報、生産まで全部関係してきます。

小松　建築の方でいきますと、新耐震基準でやれば完璧かというと、それでもだめな所はだめなんです。安全基準、耐震基準の見直し[18]は、その痕跡が消えてしまわないうちにチェックしておかないと。

片岡　急いでやっておかないと、そのうちに忘れられてトーンダウンしますよ。

小松　最初のミーティングや旗揚げ会はいつごろやったのですか。

片岡　発足は昨年五月ごろですが、実際に研究推進連絡会を作ったのが七月。九月に第二回の推進連絡会を開き、以後毎月の推進連絡会の後、研究の進捗状況を発表してもらう研究集会をやっています。文部省とは三年間の約束です。

小松　特別研究補助が出るのですか。

片岡　三年間もらうつもりで三年分の研究計画を出しました。一年ごとに申請をするのですが、二億円以上のお金がもらえる予定です。

小松　もう一つは、地元の企業自身もダメージはあるでしょうけれど、委託研究費を出してもいいんじゃないでしょうか。工学部は産学協同の受け入れ態勢があるのですから、少し誘導すれば……。

片岡　震災とは直接関係ありませんが、今回、通産省が先導的最先端技術に関する研究助成を百億円ほど出します。それも全国の大学との研究です。

小松　ところで、他の国立大学系でも、京大には防災研がありますし、阪大も建築、土木がありますが、そういったところの研究システムとの連絡はどうですか。

片岡　日本には土木学会や建築学会、[19] 機械学会などがあって、それぞれの学会で研究調査チームを作っています。そこに神戸大学の教官もいますし、県や市の調査委員会や復興計画委員会にも参加しています。行政関係にも学会にも参加していますので交流はあります。しかし、今回の特定研究に関しては、他大学から応援部隊の先生を少人数お願いいたしましたが、基本的には神戸大学の十学部でやろうと考えています。

メンバーは全部で二百八十人で、その人たちは各分野の学会に参画しておりますから、そこでは情報交換をしますし、情報の提供もいたします。情報提供は学会にもしますし、被害を受けた兵庫県とか神戸市とか西宮市とか、行政にもします。それを全部横断的にやる研究のセンターのような形で、この特定研究を見ていただけたらと考えています。三年後には何かの形でいい結果を出して、社会に還元したいと考えています。

小松　神戸大学の研究の特徴はどんなところにありますか。

片岡　学会や他の大学の方は震災を受けた災害地域に訪問する形の研究ですから、ずっと滞在されないわけです。研究しては、お帰りになる。だから、いつもはおられないわけです。われわれは被災した中にドップリといますから、神戸大学の研究者は逃げられない。兵庫県下の被害が全部復興するまでやる。それが特徴だと思います。

小松　緊急避難的な復興計画は、日々の生活とか、産業活動にかかわるので仕方のない面もあるけれど、被災体験を踏まえてよりよい復興をするには、この研究の結果を十分に生かしてほしい。地震だけではなく、阪神間は水害[20]の経験もあるので、関東大震災と同規模の地震が起こったらどうなるか、不備はどこにあるかといったチェックも欲しい。

片岡　水害に関しては、六甲山から海までが急傾斜で鉄砲水が流れるので、その防災対策は河川を主に随分なされている。しかし、例えば、砂防ダムが消防関係の貯水槽を兼ねるといった防災思想と結びつかないといけない。都市計画そのものの問題ですね。

小松　今度の研究を完全にやれば、カリフォルニアやギリシャやトルコ、中国の内陸地帯など地震のある地域の防災にも役立つ。災害を学問的にしっかり固めて応用がきくようにしておけば、災害自身が将来の遺産になります。

片岡　一年たった今も、不幸で悲しい問題が山積していますが、それだけではなくて、この機会にプラスのものを出さないといけない。千年に一回しか起こらない地震だといわれていますが、いま研究するのが、現在生きている者の使命だと思います。そして、われわれの研究は復旧だけではなくて復興を目指さないといけない。建物が元通りになるだけではなくて、あらゆる社会や経済すべての研究をやらないといけないわけです。われわれの研究の面ではそういう調査をやっています。例えば、神戸港が貿易港としてハブ・ポート[21]になれるかなれないか非常につらい状態になっていますね。そんな時に震災に遭ったのですから……。もともと日本の経済の問題とか、運輸関係の貿易の問題とか長期的な政策を研究しながら、一方で、震災でどういう影響を受けたかという研究を、経済学部とか経営学部でもやらないといけないのです。それから、ハブ・ポートになるのだったら、どういう港湾施設、都市計画にしなくてはならないかとか、輸送技術の問題は全部工学部の問題なんです。

小松　神戸港は戦前に近代港湾として大きくなり、次に軍港になった。それから大空襲を受けて、戦後の復興をする。昭和三十年代の半ばぐらいから鉄鋼一貫や石油コンビナートができ、コンテナ輸送が始まって、日本からは車を輸出した。一九六〇年代の高度成長の時は、物量の扱いが増えて、それをなるべくハンドリングすることによって一つのハブ・ポートになっていった。

片岡　港は国の経済、産業のための港湾から、港湾の機能だけでお金もうけをするようになってきた。ところが、日本の港湾はもともと日本の産業と結びついたものだったのです。ですから、神戸港はどうあるべきかも、地震の研究の中でもやらなければならない。あそこは人工島ですので、土地造成など土木の問題、港湾の問題、輸送の問題、物流の問題、海上都市計画の問題とか、やはり国際貿易港だから国際法の問題とか、港一つとっても多面的な見方をしなくてはならないのです。

小松　文化復興の問題のほか、阪神大震災の記録の扱いも大きな問題です。私の小説『日本アパッチ族』の舞台になった大阪の砲兵工廠《こうしよう》は、終戦前日の八月十四日の午後三時ごろから大空襲があって、爆弾を七百五十トンもぶち込まれたのですが、被害総額はどのくらいだろうと小説を書き始めた一九五八（昭和三十三）年に調べたら、死者の記録がほとんどなかった。翌日が終戦だから行政機構がそれどころじゃなかったんでしょう。かろうじて手に入れた資料には死者がわずか三百五十七人です。そんなアホなことはない。ところが、生存者や遺族の方々が苦労して、営々と記憶と資料を突き合わせて、三宅宏司氏がまとめられたのが九三年です。四十八年かかっている。そこには死者が一万五千余人になっている。だから、今度の場合、そういう一次記録をしっかり記録しておく必要がある。この記録があると、人文系、社会系でどれだけダメージを受けて、どれだけの人的被害があったか、被害のひどい所と、そうでない所がどこかも分かる。

片岡　私どもはそのような研究は大事だと考えて、この度、兵庫県で発足しました「震災復興調査研究委員会」に参画することにしました。調査、記録、保存および情報提供に関する推進方策などの助言をし、データも提供する形になっています。

小松　記録の情報処理をする場合、コンピューターが安くなったのはいいのですが、問題はソフトです。例えば心理的なダメージと家屋の関係がどうあるかなど、分類コードの統一ができるといいのですが。

片岡　日本人はハードには強いがソフト面はもともと弱い。記録を保存したり、いろいろな方向から検索ができるよう整理することに、もっと強くなる必要がありますね。

小松　いろいろな専門ジャンルの人たちがクロスで利用できるような形でシステムを作ったらいいのですが……。震災の研究から新しい技術アイデアがいっぱい出てきていますから、それを拾い上げ、すぐに引き出せるようにしないといけない。

片岡　さまざまな観点から研究して、それを集大成し、役立てる必要があるわけです。今度のわれわれの研究は、地震だけに限定せず大きな災害全体から考えているのです。例えば、医学部は臨床の先生が多いので、忙しくてこのような震災研究に参加する人は少しだろうと思っていたら、みなさん参加したいとおっしゃった。その研究の中で、地震直後は助かったもののクラッシュ・シンドローム[22]から腎不全になって亡くなるといった例など医学的に重要な問題がいっぱい出てきています。一方で、看護婦さんが、ナイチンゲールのごとく使命感に燃えてやりたいと思っても、自分自身が被災した場合、使命感だけではすまない。そういう人たちのストレスの問題と、その後どうなったかといった調査までしています。

小松　あんな激甚な被害と、広範囲の火災が起こったのだから、患者の様子は打撲から重傷まであり、さらに、その後の精神的な問題まで加わっている。これだけたくさんの症例が一度に起こるなんてめったにない。しかもこうした症例に対応するマニュアルがあったわけでもない。現場の医師や看護婦さんは大変だったでしょう。ですから、今回の出来事を踏まえれば、何か大きなマニュアルができるかもしれませんね。

片岡　非常事態に際しての緊急医療システムも重要です。今回、随分と病院が壊れましたが、非常時に病院自体はどうあるべきか。医療情報をどう流すのか。けが人の搬送の仕方や搬送先はといった問題や、そうした事態の中で病院のライフラインはどうあるべきかといった問題もある。こうなると医学部だけの問題ではなく、総合的に考えなくてはならないわけです。また、行政に関しても、風水害などの災害時の防災体制は作っていても、自分のところが被災したうえでの防災体制ではなかった。報道も全報道機関が同じ報道をしていても仕方がない。生活情報や地域情報の必要性も浮かんできた。あらゆる面での考察をしようというのが、今度の研究なんです。

小松　社会的な保安をする警察の問題も大きいですね。今度は交番がだいぶんやられたらしい。県警本部はたまたま建て直しをしていて、組織のかなりの部分がポートアイランドにあったようですが、島と市中を結ぶ橋が壊れていて、神戸市内へすぐに渡ってこられなかった。こういう問題も考えておかなくてはならないですよ。

片岡　災害を想定して、シミュレーション[23]する必要がありますね。

小松　阪神間は六甲山系が迫っていて、その狭い地域にJR、国道2号、43号、阪急、阪神電車、阪神高速、湾岸道路が通っている。一番すごい所は二、三キロの間に国土軸の交通インフラが七本も走っている。その狭い所がドンとやられた。こんな過密状態が災害時に起こり得る事態も考えておく必要がある。その代わり普段の交通は至便ですが……。

片岡　便利と危険とは隣り合わせです。

小松　過密状態にあることを被災地住民に納得してもらえば、より快適で安全性の高いプラン作りを納得してもらうのに役立つと思いますがね。

片岡　都心に人口が集中することが発展的であると錯覚していたと思います。過密になればなるほど危険が伴うわけで、こういう震災被害を受けたのは、ある意味では人間だけなんですよ。草原の野生動物だったら被害は少ないでしょう。

小松　豊かさと快適さを求めて積み重ねすぎたところがありますね。

片岡　都市を考える場合は、都市の周辺も総合的に考えて進めないといけない。都市に近い農村は、都市と共存共栄にありますし、その間のネットワークを考えるのも重要です。

ところで、安全かつ快適な都市の理念の構築、それを実現するための手法、システムについて総合的に研究する「都市安全研究センター」が神戸大学に設置されることになりました。これは七一年にできた工学部の付属土地造成工学研究施設を発展的に改組して、防災・安全のために地盤構造と地震メカニズム、都市基盤、安全システム、都市行政、産業基盤、救急医療システム[24]などを研究する施設で、全部で五つの基幹研究分野を持っています。三年間の特定研究と連携をとりながら、特定研究が終わった後も、このセンターで研究を続けるつもりです。

小松　そこで扱われるだろう建物の問題の一例を挙げれば、二階建ての一階がつぶれて下で寝ていたご老人が相当亡くなっていますが、同じ震度でも軽量プレハブ[25]の建物は割合に助かっている。それに海岸地帯の大きな建物でも、基礎をしっかり打ってある所は被害が軽かった。こうした例は、すぐに応用できそうですね。

片岡　そういう情報がたくさんあるので、それをいかに分析し、解析して、一つの方向を出すかです。シンポジウムや討論会もあちこちで開かれています。これらの記録が整理されて、社会のために役立たなければならないのですが、だれが記録の収集と整理をするかが問題なんです。

小松　新聞社の資料や写真、テレビ局の映像やラジオ局の録音資料に、個人が撮った写真や映像も含めて、長期保存する形であらゆる情報を集めて、マルチメディアで引っ張り出せるようにすることも必要です。これは相当カネをかける値打ちがあると思いますよ。神戸大学に資料を集めた「震災文庫」[26]ができたとも聞きましたが。

片岡　それを震災文庫と呼ぶのかどうか知りませんが、図書関係で資料を集め予算の手当てもしています。

小松　一次記録は、当初はマイクロフィルムでもいいから入れておくべきですよ。後で近く商品化されるＤＶＤ[27]（デジタル・ビデオ・ディスク）などに移せばいい。完全に電子メディア化する前に、一次資料の文字記録はいるでしょうから。震災自身が大変な教訓をいっぱい含んでいますし、文字と紙は焼けさえしなければ、まだまだタフネスなものですから。

僕が今マークしているのは、俳句雑誌ですよ。震災俳句が出てきているようです。関東大震災の時も川柳がいっぱい出てきた。俳句や川柳を年齢層別、被災程度別に分類すると、その時の住民の心象風景の中に震災がどう映っていたかが推論できるわけです。これはものすごく役に立つ。もう一つは、地元紙と全国紙の比較や、全国紙でも大阪版と他地区の版のニュアンスの違いを比較することも大事です。これは文学部でやれば面白いですね。無論、そういうことも考えておられるでしょうが。総合研究のテーマにはどんなものがあるのですか。

片岡　重要なサブテーマでいいますと「活断層と地盤の動きに関する研究」「都市機能を構成する構造物の工学的研究」「大都市直下型地震に関する社会経済学的研究」「地震

被災に関する医学的研究」です。このサブテーマ四つを柱にした総合的、学際的な研究組織に都市安全研究センターが加わります。このセンターには教授五人、助教授五人、助手一人がつく予定です。

小松　十学部共同の珍しい総合研究です。多方面から総合的、立体的、学際的に研究されたユニークで有意義な三年後の成果を大いに期待して待っていることにしましょう。

〔'96・1・27／2・3〕

胸打つ市民の視線

一月二十日付で、神戸地元のマスコミの活躍を取り上げた。その回の締め切りの日の十二日、ちょうど毎日新聞大阪本社に入稿した直後に大阪のあるホテルのロビーで、kissFMの編成企画部長の矢谷昇三氏に、知り合いから紹介され、刷り上がったばかりのkissFMの半年間に及ぶリスナーからのファクスによる問い合わせ、情報、感謝のメッセージの抜粋をまとめた『勇気と希望をありがとう。――震災と闘った神戸の小さな放送局の記録』という分厚い冊子を手渡された。――ずっしりと重い。四百数十ページもある。

ページをめくってみると、ほとんどが手書きのファクスなのでボールペンあり、フェルトペンあり、漫画入りありで、生々しい聴取者の肉声が聞こえてくるようで、なかなか迫力があるし、何よりも「あたたかみ」がある。

「(前略) 十七日の朝から、みなさんのことを、とってもとってもとっても心配していました。ジョジョ大谷さん (注・DJ) は無事だとわかっても、他の人たちのことがわからないのはとっても不安な毎日でした……」

「JOJO様。やっとkissFMでも、ノリのいい曲が流れるようになりましたねぇ（中略）今日の選曲、ベリーグーでっせー！」「神戸市民の皆さま、がんばってください。ミネラルウオーター売り出しの情報お知らせします（下略）」

あるいは「神戸→明石をむすぶ新しい海上ルートが開かれます」「NTT無料電話の開設場所をお知らせします」「ビーフン千食無料！」とか。

そして、英文のメッセージがはさまる。「to kissFM、私たちはあなたたちのラジオが英語のアナウンスをやってくれることを感謝します。おかげで私たちは一月二十日東京へ逃げることができました。（中略）まだ神戸に残っている私たちの友だちのためにも、英語放送をつづけてくれることを希望します」（原文英語）。そして、最後にアメリカ、フランス、スペイン、オーストラリア各国籍の人たちの署名。

ほかにも、この局の英語放送を聴いて、現地直行をあきらめ、松本へ帰った外国グループのサンクスなどがあるが、同局の女性バイリンガル人気DJシーナ・ダスワニさんは「バイリンガル放送は正確な翻訳が命」と題して次のような一文を寄せている。

「（前略）日本語と英語を話せるDJ六人でローテーションを組み、一人一日五時間担当して放送を続けましたが、災害対策本部からの公式の情報を正確に翻訳し、伝えることにとても神経を使いました。（中略）スタッフだけでは手がたらず、外国人のボランティアの手も借りました（下略）」

各国の大使館、領事館から寄せられる相談窓口の電話番号案内も集中して放送し、電話、ファクスによる外国人専用の相談窓口「kissFM・ホットライン」も開設された。

そのうち、小さなFM局ながら、神戸ならではの驚くべきことが起こっていく。外国語放送[28]のチャンネルが徐々に増え、震災一カ月たらずの間に、英語に加えて韓国語、中国語、タガログ語、ポルトガル語、スペイン語、フランス語の七カ国語で情報を提供するようになる（なぜか、この記事は二月十七日付の『北海道新聞』に載った）。

このリポートを見ていくと、この新しい、設立から五年しかたたない、小さな（そして社長＝小榑《こぐれ》雅章氏＝を含めて若く、小まわりのきく）FMメディアが、とても「ホット」な「街角の〝国際情報広場〟」を形成していったのが、手にとるようにわかり、それ自体がわくわくするほどスリリングな現象であることが伝わってくる。

いくつかのコーナーでわいわい被災者の「井戸端会議」が行われ、そこへ「だれか、赤ちゃんとり上げてくれへん！」とか「この先であたたかい食べ物を売り出したぞ！」という声が聞こえる。――この広場の「情報の交通整理」をするのが電話、ファクス、FM電波をハンドリングするkissFMのスタジオなのである。

もう一つテレビメディアについて、どうしても言及しておきたいのが、震災一周年になる一九九六年一月十六日から十七日にかけて放映されたNHK、民放のテレビ特番[29]のうちの関西テレビの「阪神大震災、あれから一年」である。

十六日の深夜、私は前述のｋｉｓｓＦＭの震災記録をようやく三分の二読み上げ、目も疲れたので、一応読書は切り上げ、一服をしてテレビに向かった。――もうやがて、十七日午前零時に近づいていた。新聞のテレビ番組欄を見ると、どの局も十六日午後十一時台のニュースで震災一年を扱い、午前零時台から特番に入るところが多かった。

その中で、関西テレビ特番の放送時間枠を見て、私は目をむいた。十七日午前零時二十分から朝の五時三十分まで、五時間十分、ぶっ通しでやるだけでなく、午前五時三十分から、早朝ニュース枠で「震災一年」を五十五分までやる、というただごとならない力の入れ方である。――これだけの時間枠を取るのに、編成はどんな手を使ったのだろう？　おそらく東京への逆ネットはないな、と思った（はたして後で調べてみると、フジテレビでは、零時からの「神戸ジャズ復活中継」の後、零時二十分から「ソムリエ」という番組が始まり、深夜は映画放送になっていた）。

私は控えの小型テレビを置き、リモコンを手元に置いて、コップ酒を片手に待機態勢に入った。

番組は、一年前の元日ののどかな風景から、十七日早朝、突如襲いかかってきた悪夢のような破壊の直後の映像で始まった。鳥肌たつような、当日朝の記憶がよみがえってきた。――進行役は私や桂米朝さんの古いなじみの、桑原征平アナで、十六日深夜から十七日にかけて、神戸のハーバーランド・プラザで徹夜で行われる「メモリアル・ジャズ・フェスティバル」の会場に仮設スタジオをつくり、桑原アナが進行する背後の窓ごしに、コンサート会場の様子が見られる、という仕掛けである。つまりこの一年間の映像記録のプレーバックと、一周年の現地の徹夜の行事のライブが、こもごも見られる、というなかなか凝った構成である。

一応メーンに関西テレビの画面をうつし、サブの小型テレビに他局をうつし、どちらも時折ザッピングしながら、見始めたのだが、放映開始二十分を過ぎるころから、すっかり関テレの番組に「はまって」しまった。——震災直後の市街、高速道路、鉄道のすさまじい破壊ぶりを空撮、近接で撮りながら、とりわけ被災直後の住民、子供、女性たちの撮り方が熱く、彼らの悲しみやショックの心情に「近かった」。焼け野原と瓦礫の山と化した長田区で、一人の小さな色白の老婦人が、顔のしわを涙にひたし、首を左右に振りながら「夢やったらええのに……夢やったらええのに……」と何度も繰り返すシーンあたりから、私は完全に画面にくぎづけになった。

それでも短いCMの時には他局にザッピングしたが、二時間を過ぎるころから、小型テレビも消してしまい、ひたすら関西テレビの画面に見入った。——一つには、へたなナレーションや、批評めいたスーパーなど入れず、画面のみに語らせたこと、被災者にコメントを求めるシーンを極力避け、うつしてもキャスターやリポーターの姿はできるだけうつさず、むしろ被災者同士の会話、つぶやきといったものを前に出したこと。——犬や猫などのペットも、彼らの焼け跡での表情、困惑や孤独感を、何の解説も入れずに映像だけでとらえ、倒壊家屋にはさまれたきれいなダルマシアンが救出され、つぶれた前肢の指をサテンのハンカチで包まれ、他の犬たちと一緒に寝かされる一部始終を、これもオフの現場の会話だけで追い続けたが、その犬の「消えないおびえ」「心の傷」までとらえていたように思う。

避難所の公会堂で、初めて電気がきた時、明かりがついた瞬間の人々の表情のすばらしい変化は、電気が「心の灯」であることを訴えるし、インタビューの最中、大きな余震がきた時の被災者の一瞬の表情、あるいはようやく開店なった店舗の前で、中年夫婦が、ちょっとふざけてみせ、女性が笑いながら泣くカットなど……すべては、へたなつくりものではとてもとらえられない、「生の、熱い人間ドラマ」の連続だった。

朝の四時ごろ、たった今ライブをすませた歌手の阿川泰子さんがスタジオに登場したが、このシーンもよかった。――これは何よりも、テレビ局の企画、構成の勝利であり、その時々の貴重なシーンを「拾っておいた」カメラの勝利であり、とりわけこのおそらく何百倍もあるビデオの中から、こういったシーンを選び出し、ある大きな「表現目的」に沿ってつなぎ合わせた編集センスの勝利であろう。これをつくった報道の近藤隆春氏、関西テレビのスタッフ、ゴーを出したトップの人たちに、感謝をこめて、心から拍手を送りたい。

［'96・2・10］

文化情報活動にもボランティア

一月下旬、神戸市の六甲アイランドの「ファッションマート」ビルの九階で、阪神大震災の「震災記録情報センター」[30]が展示会をやる、という案内が送られてきた。

私が、この名称に強い関心を持ったのは「震災一年」を過ぎて、震災の細かい記録、情報を総合的にまとめる「組織」が、そろそろ姿を現してもいいころだと思っていたからだった。——神戸大学の図書館を中心に「震災文庫」が組織され、活動を始めていることは知っていたが、こちらは母体の性格上、まず書籍、文書、リポート、ドキュメント、新聞、雑誌といった印刷物のコレクションが、少なくとも当初は、メーンになっていくだろうと、私個人は予測していた（担当責任者に直接お目にかかっていないから、あくまで私の憶測にすぎないが）。

私自身は今までにも触れたように、この一年間のFMを含むラジオ、テレビなどの電波メディアの記録をチェックした（これは「地元」と「周辺」と「中央」で、密度と「熱さ」に大きな落差があることは、何度か指摘した通りである）。

一方、この一月末に神戸でエキシビションをやるという「震災記録情報センター」は、いつごろ発生した、どういう組織なのか。在阪全国紙の地元支局に問い合わせても、あまりはかばかしい情報はない。かろうじて地元紙の文化関係担当者からと、私の東京のエージェントから、その背景になっているのが、地元の「NGO救援連絡会議」という組織らしいということがわかった。――待てよ、この名称なら、たしかずっと前、震災直後ぐらいに聞いた覚えがあるぞ、と思って「NGO（非政府組織）」「ボランティア」をキーワードに、スクラップやファイルを探してみたがなかなか見つからず、ようやく、書斎の周辺に積み上がった震災情報類の山――私自身は「万里の長城」と呼んでいるが――のはるか片隅、九五年初期、二月分の「雑報」のカタログ封筒の中から「文化遺産救援ニュース、NO1」というニュースレターが、少しくしゃくしゃになった状態で見つかった。

〝地元NGO連絡会議に「文化情報部門」発足〟というタイトルの、そのニュースレターによると「阪神大震災発生後数日目に文化財修復保存専門家一名が現地入りし、被災地の状況、安否の気遣われる広範な文化遺産、歴史資料に対して何が出来るか、地元の県、市町村文化財担当部署の現状、現地のニーズの調査などをはじめました。云々（傍点筆者）」

最初は破壊の大きさ、特に交通インフラの途絶状態にショックを受け、復旧には相当時間がかかるだろうと絶望的になった。しかし、一月二十八日ごろ阪神電鉄青木駅が復旧し廃屋の撤去、復興も中心部から急ピッチで進み始めたため、「人命救済、生活全般の復旧が依然優先されるが、「今後の復興の拠り所になり、将来的な精神的バックボーンとなる平凡な《生活記録》《生協運動などの昔のチラシ》《地図》《写真》《文化財》等の歴史資料、文化遺産の《文化施設、諸史料の安否情報》の調査記録作成、ホットラインの開設などの緊急性がある《初期活動》を中心に、一月三十一日に地元NGO救援連絡会議の一翼としてスタートすることになりました」

いささか長々しく引用させていただいたが、その中で傍点をふった所をご注意願いたい。これはつまり、文化財保存についての「プロ」の動きである。――それも「震災後数日」で現地入りし、二週間足らずの一月の末日に組織を立ち上げ、メッセージを送っているのは、「ボランティアベース」の活動の素早さ、身軽さだ。

「文化遺産救援ニュース」の第一号は、一九九五年二月五日の日付で、地元NGO救援連絡会議の代表、草地賢一氏、文化情報担当、坂本勇氏の名前で発送されている。

あいにく、当方に送られてきた封筒がなくなっていたので、いつ着信し、だれが送ってくれたか分からないが、二月前半分の雑報セクションの中に交じっていたので、そのころの着信だろう。――その第一号に盛られている「活動の内容」とアピールを見ると（1）活動を支える専門ボランティアの呼びかけと調整、全員（現在約二十人）がボランティア保険に加入し、万一の事故に備えている（2）緊急「初期活動」の一環として、被災した所有者、団体に、破損し、水漏れ、焼損などがあっても、古文書、広範な歴史遺産を「廃棄」「処分」しないように呼びかけ、場合によっては、緊急援助の相談を受け付ける（3）現在どこにもまとめられていない被災地のさまざまな「文化施設、収蔵品などの安否情報をプールし、必要とする所に提供する」こと。またその専用ホットラインを開設すること（4）これまでの救援活動の経験から、地元現地でバラバラになり、有効に機能できない「最新の現況情報」「人・物・資金、それぞれの活動内容と予定」などについて、地元と東京の、国・関連団体機関との連絡、情報プールの窓口となること（5）未指定文化財のうち、建物の解体撤去などのタイムリミットがあり、緊急救助要請のあったものにつき、「建築専門家による被害建物の一時的安全性の確認」「現地調査と写真等による記録作成」「封印方式による一時避難」「仮保管（基本的には現地のものは現地に。所蔵権は現所蔵者から動かさない。ケースにより保管費用は現所蔵者が負担する了解を事前に文書で確認する）」作業を行う（6）上記に必要な広報活動や初期活動に必要な資金のカンパ活動を行う（以下略）。

これを読んだ時、まさにわが意を得たり、という思いだった。大災害時における文化財の保護、被害調査、時間経過とともに拡大していく損害に対して「緊急にとるべき現地措置」として実に的確である。――それ以上にうならされたのは、被災三週間足らずで、よくこんな的確な想定のもとにきめの細かい指針と対応項目が打ち出せたものだ、という点だった。特に（4）と（5）は、この指示を出した人々は、きっと内外の甚大被災地でいくつもの「修羅場」をくぐった経験があるのではないか、と思わせた。

この「地元NGO救援連絡会議」は、PHD協会（アジアを中心に活動している団体）、神戸YMCA、神戸YWCA、神戸学生センター、薬害・医療被害情報センターなど、八つのNGO、NPO[31]（非営利組織）が協力し、被災後直ちに立ち上げたという。ふだんから、こういうボランティアベースの団体の交流があったというが、何よりも神戸は、神戸生まれの徳島育ち、そして明治学院から神戸神学校を出、米国留学ののち、一九二〇年代の神戸市葺合区新川の貧窮地帯でキリスト教的人道主義の社会運動を強烈に開始した賀川豊彦[32]以来の、市民ボランティアの伝統がある（東京松沢教会の賀川豊彦記念松沢資料館は、彼が大正十二年の関東大震災に行ったボランティア活動の名残という）。この組織の活動の一環として動き始めた「文化情報活動」は、七月末までに十一号のニュースレターを出し、八月から「震災記録情報センター」となって、坂本勇氏が事務局長になった。

　地元には別に「阪神・淡路大震災・芸術文化被害状況調査研究プロジェクト」という大きな組織があって、これは（財）大阪コミュニティ財団、（社）企業メセナ協議会の助成を受け、兵庫現代芸術劇場理事の山崎正和氏を委員長に電通総研、サントリー文化財団などからのスタッフを擁して昨年三月から七月末までの間に公共、準公共の博物館、美術館、劇場ホールの被害調査を大々的に行い、八月に五十八ページの報告書も出している。しかし、私は「現場ニーズ即応型」でフットワークのいい、志も高いボランティア活動の方に、どちらかといえば強い興味を持っていた。

　で、一月二十七日の土曜日午後、私は神戸六甲アイランドのファッションマートビル九階で行われているという展示会に出かけて行った。車は若干こんでおり、しゃれたデザインのビルには、主婦がだいぶ押しかけていたが、こちらは同じ九階で行われている家具展の方の客がほとんどだった。

奥の比較的ひっそりとした震災記録情報センターの展示室には、それでも十数人の客があり、静かに「救出」され、補修にかかっている古文書（神戸のことで外国語のものがかなりあった）、アメリカから四百七十万円で輸入したというエンキャプスレーターという紙面保存加工機を見たりしているうちに、刺を通じておいた坂本勇氏が現れた。四十代半ばの、スラリとした人物で、眼鏡の奥の柔和な目と口ひげが印象的だった。――そして彼こそが、このプロジェクトのキーとなる専門家の一人だということが分かった。伊丹出身で関西学院大学神学部を出た彼は、その後、デンマークの王立アカデミー、文化財修復保存技術学院に三年留学し、帰国後、東京で仕事をやっていたが、今度の震災で急きょ現地に入り、NGOグループと、この作業を立ち上げた。

「やっとここまでこぎつけたんですが、実はこれからが大変なんです」と彼は目をしばたたいた。「一年たつと、地元以外の関心も薄れますし」

同感だった。この仕事は、まさに「これから」なのである。

［'96・2・17］

第四章　二十一世紀の防災思想へ

【対談】観測

都市直下型の阪神大震災は、都市のもろさや地震の怖さを見せつけた。関西で大地震がないといわれていた五年前、土岐憲三[1]・京大工学部教授（地震工学）は関係方面に呼び掛けて関西地震観測研究協議会（関震協）を結成して観測網を拡充、そのデータは貴重な記録となった。同協議会会長も兼ねる土岐教授に我が国の観測態勢の問題点、阪神大震災に学ぶ点は何かをうかがった。

小松　先生にお会いしたかったのは、関震協が今度の地震でこの地域の各地に速度計などの地震計を配置していたことを知ったからなんです。気象庁は震度は加速度と関係ないというのですが。

土岐　加速度は地面の揺れで、震度は被害です。英語の方がわかりやすいのですが、地面の揺れは「ハザード」、被害は「ディザスター」です。日本語は二つを使い分けないからややこしくなるのです。

小松　それなら震度は被害度にすればいいと思うのです。

土岐　気象庁が「計測震度」に変えようというのは、間違いなくハザードです。一般の人は「今まで目で見ていたものを数字に置き換えて、科学的にきっちりしたな」と思うかもしれません。でも、ハザードとディザスターの間には「ブルネラビリティー」という、どれだけ被害を受けやすいかという問題がかんでいるわけです。それを抜きにして結びつけてしまうから、気象庁はその辺はいい加減だと思います。ただ、計測震度は目視や体感でなく、科学的な根拠に基づいてやろうというのだから、いい方向であるとは思います。

小松　欧米の震度階は十二段階です。日本は震度7が最大ですが、今度のように高速道路が倒れたら、震度8でも9でもいいと思いますね。どうして国際化しないのですか。

土岐　私も今度は国際化した方が良かったと思います。その代わり気象庁は十月から震度5と6を強、弱の二段階に分け、細かくするというのですが、7より上の方は依然、青天井です。

小松　関震協はいつごろ、どういうきっかけでできたのですか。

土岐　五年ぐらい前のことです。そもそも、皆さんは「関西には地震が来ない」と言うのですが、我々はそんなことを思っていたわけではありません。大地震の前からいつも申し上げてきたのは、東京と大阪を比べると、地震の回数は確かに一けた違う。だが、それは震度1とか2とか小さな震度のことで、震度6とか7といった大災害につながる地震の頻度はそんなに変わらない。問題は大きな被害を生み出すような地震です。

しかし、自治体や一般の人は、大地震が来るにしても東海や関東が先だろうから、それを見てから関西は備えればいいという感覚でおられたのです。そんなことはない。関西に大地震が先に来てもおかしくないのです。

ところが万一、関西に大地震が来たとき、地震計が設置してある所は本当に少ない。関東は小さな地震がしょっちゅう来るから地震に対する意識が高く、官も民も観測している。大学の人間ですら微小地震は地震予知の関係で観測しているが、大地震の観測は皆無に等しい。そんな状況では恥ずかしい。これを言い始めたのは私の何十年来の友人の岩崎好規氏です。彼は財団法人の大阪土質試験所の所長であり、ここが関震協の事務局も兼ねています。

問題は役所なんです。こんなことをするのは地域のためです。住民にいち早くそういう情報を知らせてあげれば一番いいわけです。それで関西の自治体に声をかけたのです。そうしたら、彼らは今まで聞いたこともないようなものに関しては憶病なんです。なかなかうまくいかないので一計を案じました。私が国土庁の「国際防災の十年」[2]にかかわっていた関係で知っていた自治省の知人に、自治体への声がけを頼み、いったんは府、県、市の人が集まってきたのです。

小松　自治体はどこが出てきましたか。

土岐　大阪府、大阪市をはじめ近畿の府県や大きな市ですが、来たのは消防防災のセクションでした。

小松　建設関係はこなかったのですか。

土岐　防災だけです。自治体の建設筋はこの問題を扱いません。準備会を二、三回開いたところで、どこかの役所が「メンバーになりづらい」と一抜けたら、みんなゾロゾロと抜け、一歩下がった協賛会員になってしまった。

でも、それぐらいで引き下がるわけにはいきません。民間の建設、ライフライン関係などに声をかけたのです。これまた「関西で地震？」と冷笑されました。結局、集まったのが民間企業や財団法人の約五千万円でした。

そこから先がありまして。というのは五年間会員になって集まるお金です。それまでに大地震が来たらどうするのか。お金を預かっているところから「お金を出して協力しているのに、逃したのか」といわれるのは、何よりつらい。

メンバーの大阪ガスが自前で観測システムの開発を計画していたので一緒にやることになったのですが、開発がうまくいかず、市販のものをリースして据え付けました。一昨年の四月のことです。

小松　よくあれだけぎりぎり前の年にセッティングできましたね。

土岐　当初計画のように、開発から始めていたら間に合わなかったでしょう。その点は自慢してもいいと思っています。

小松　私らは科学のやじ馬みたいなものですが、今度の地震で活断層直下型があんなに地域によって震度にむらがあるということを知りました。今までの大きな地震はたいがい海溝型で、遠くで「ドン」とあって、それから大きな揺れがやってくるわけです。今度みたいなタイプの地震が来るとは思わなかった。

土岐　そういう例は日本でなかっただけで世界的にいくらでもあります。断層わきの家は残り、五キロも十キロも離れた集落が完全に壊れた事例がいくらでもあります。一九七六年のイタリアのフリウリの地震は神戸の地震とパターンは全く同じですよ。断層そばは何ともなくて、離れた所で被害があって、また軟らかい沖積層では被害が少ない。そういう話をしても皆さん聞かないのです。私どもが話をしている間は納得するのですが、一歩ドアを出ると忘れてしまう。それに地震は毎日のことではないし、昨日まで何十年間もなかったのだから「明日もないだろう。あってほしくない」という思いもあってね。

小松　おっしゃる通りです。一八九一（明治二十四）年の濃尾大地震で根尾谷にできた断層を見に行ったことがあり、現在でも二メートルぐらいの落差が残っていました。根尾村の資料室で当時の新聞を見たら、断層は六メートルで長さが二キロぐらいできたという。東大地震研究所教授をされた河角広[3]先生の研究によると、マグニチュード8・2ぐらいで内陸型でしょう。その時はまだ人口が少なく、東海道線も全線開通していない。向こうの人は「一回断層が起きたから、ここはもう起こらない」というのです。私は「そんなことはないだろう。サンアンドレアス断層（アメリカの西海岸）のように毎年起こる所もある」と言っておいたのですが。

阪神大震災後、関震協の会員は増えたのですか。

土岐　震災前、お金を払っていた会員は十四件でした。震災後、三倍になりました。

小松　そうなると設立メンバーは大事ですね。

土岐　自治体を悪くいうつもりはありませんが、自治体は意義を目に見える形で見せないと理解できないのでしょうね。神戸の地震で記録がとれたことで、一挙にメンバーが増えたと思うのです。大阪市なども正式会員になっていただき、やっと認知されたと思っています。

ただ、ぜひ申し上げておきたいのは、関震協はあくまでもパイロットプロジェクトということです。これを大きくしようとは思っていません。こういうのは本来、個人の集団である任意団体でやることではないのです。

小松　私もそう思います。

土岐　地震被害はある程度サイズがありますから、関西ぐらいの単位で自治体や企業が連合体でやるべきだと思うのです。そこで私どもは役目を終わる。ところが、ある有力企業や自治体が、私どもと似たようなシステムをそれぞれ別個に作ろうとしたのです。「自分のことだけ考えては困る。防災の問題は自治体とか、企業の単位でやるものと違う」と言いました。効率的によくないし、本来そうあってはいけない。このごろ私はどこへ行っても憎まれ口をきいています。「自分でやるな。みんな一緒にやれ」と。

小松　私は以前、原子力関係の雑誌にいましたが、地震に神経質なのは原子力発電なんです。原子力発電所が危ないというと住民が反対するから、ディフェンスがめちゃくちゃ堅いのです。しかし、安全といいながら、その根拠はあまり出したくないのです。

土岐　私はこのごろ、いつも話すことにしているのは、地震による土地の揺れとか、断層がどう動いたかは自然現象ですから、科学的な見地で考えるべきだということです。その結果がどんなにつらくても公にすべきだと思うのです。政治的、経済的な話は考え方も違うでしょうが、自然現象は考え方も、へったくれもない。そこから先どうするかはみんなが考えればいい。

小松　それにしても観測点が少なすぎる。

土岐　圧倒的に少ない。被害の起こり具合は数百メートル違っても、まるっきり違う。ところが、地震計は数キロに一個でしかない。被害の程度と地震の揺れとの関係の相関をプロットしようと思っても全然できない。震度階7といわれた震災の帯の中に入っていた強震計はたった一個でしかないのですから。本気で災害を防ごうとしたら、この辺にお金をつぎ込まないと、どうしようもない。

小松　不思議なことに、日本は地震国というのですが、関東大震災も地震計が振り切られ、ちゃんと測れていない。今後は耐震工学で、地盤や材質などを仮に一Gぐらいが来た時のことを想定して設計しなければならない。

土岐　それはもう始まっています。阪神高速に限らず、既存のものが再び地震が来た時に大丈夫なように補強をしています。

小松　阪神高速が開通したのが一九七〇年二月。私は六四年から『日本沈没』を書き出していて「一本足で大丈夫か」と聞いたら「いや、大丈夫。日本の技術を信用して下さい」という。それでも高速道路がぶっ倒れるところを書いたら、東京の先生がご機嫌悪かったらしい。

震災後、気象台が地震計を二十八も増やしたという話がありますが、断層研究資料センター理事長の藤田和夫先生が七一年、山陽新幹線が開通する前年に調査された野島断層などが今度の地震で動いた。この経験を生かさないともったいないですね。

土岐　おっしゃる通りです。福井地震以来五十年間、内陸でマグニチュード7ぐらいの地震は起きていない。ですから経験がゼロなんです。我々には遠くで起こった地震とか、内陸での小さな地震のデータしかなく、そのデータの延長上で物事を考えざるを得なかったわけです。こういう神戸での経験をしたのですから、細大漏らさず、めいめいが経験したことを活かさなくてはいけない。

小松　加速度計ですが、三次元と、水平二次元と、水平一次元しかないのとバラバラで、しかも横の連絡がない。ジャーナリズムあるいは関震協でまとめてくれないと。

土岐　そうでしょうね。会社の中には上下動、水平だけしかいらないという人たちだっている。それではだめなんだ、三成分測らなくてはだめだということを、今は認識していると思います。

小松　今度の場合は上下動がものすごかった。しかも、震源から近いものだから。

土岐　私ども関震協は、土地の地震の揺れを波形で残すだけではなくて、リアルタイムでどれだけ揺れたかを、近隣の人にいち早く知らせようと考えています。

この地震が起こった去年一月の段階では、データを処理するのに残念ながら三十分程かかりました。記録は取れていますが、全部が電話線でつながっていて、なにしろお金の問題で、事務局に電話回線が一本しかない。観測点から事務局へデータを送るのに電話回線の順番待ちが起きてしまった。

くしくも、一月十七日から大阪で日米都市防災会議が開かれ、当日午前十一時から私の基調講演の番でした。そこで、いま届いたばかりの記録を見せたら、もう大変なものですよ。まず、カリフォルニアの友だちが送ってくれたスーパーボウルの結果を知らせた後「もう一つのリアルタイムニュースがある」と見せたのです。多少格好良かったですが、三十分もかかったのでは。

私どもが今やっているのは、それを一分以内にしようと。会員が増えたから、お金も増えたのです。観測地点を増やし、能力もアップし、さらにデジタル回線で直接事務局へつなぐことにしました。三分ぐらいあれば、情報を必要としているところへそれぞれに届けられると思います。文字情報の出るポケットベルに「どの地点が何カイン」と入るシステムですが、私もいつもそれを持っています。

小松　今度の地震では携帯電話が威力を発揮しましたね。

土岐　だから、だれに一番役に立つかというと自治体、ライフラインの事業者なんです。

地震が起きたらどこでどれだけ揺れたかを生の記録ですぐに届けようというのだから、彼らには大きなメリットがあると思います。

小松　拝見しますと一億円までいっていない。

土岐　それこそ住専と比べたら、何けた違うのかと思いますよ。こういうところにもお金を使ったら、次の世代にも必ずプラスになります。

小松　こんなことを言い出す人がいるのですよ。「もう起こってしまったのだからしようがない。今は再建とか再興だ」と。しかし、一次状況から積み上げて、情報の伝わり方で対応の仕方がどう違ったかも含めて、経験全部を遺産にしておかないと。それができると、大地震が関東地方に起きても、今はスーパーコンピューターでシミュレーションできますから救急体制、防災体制の改善と強化に役立ちます。本当に「のど元過ぎれば……」でなかったら、大きなフルーツが震災の体験的研究から出てきますね。

土岐　今年一月十八、十九の二日間、神戸で「メモリアル・コンファレンス・イン・コウベ[6]」を開きました。私が実行委員長だったので冒頭、今お話しされたことを話しました。地震で命を失い、物を失い、信用を失い、みんないろんな形で失った。そこから得るものは一つだけ、それは教訓だ。自分たちのためには直接ならないけれど、二十一世紀のため、世界に残そうと。今後、定期的に会合や事業をしていくことになり、名前も「阪神大震災の教訓を世界と二十一世紀に発信する会」（仮称）とむちゃくちゃ長い名前にしました。いろんな目的を一目でわかるようにと思ったら、そんな名前になってしまった。

小松　地震で関係機関が二度とミスをしないためには一次情報を集めることが大事です。検証できますからね。例えば、スーパーやコンビニエンスストアなどの流通関係の対応、ボランティア、自治体、県警がどうしたかも含め、あらゆるものです。先日、陸上自衛隊の中部方面総監部（兵庫県伊丹市）でその時のことを聞いたら「何回も出動を突っつくのに、要請がこなかった」とか。これは知事さんが遅れたのです。それから地元が叫び声を上げているのに、大きな自治体の大阪府とかがえらいトロンとしているのは問題です。

土岐　何がどこで起こっているか分からなかったのが最大の理由でしょうね。

小松　東京がまた関西に対し対応が薄いのです。関西だけでもいいから複数の対応センターをつくっておくべきですね。

土岐　もう一つは広域防災体制をつくっておくべきです。「要請がないと動いてはいけない。内政干渉になる」というのでは何もできない。「国際防災の十年」でも途上国にいろんなことをやるべしと論を立てても、うまくいかないのは要請主義なんです。先方から要請がないことには、日本から防災施設を持っていくことができない。向こうはその日に食べるものが先ですから、いくら大あらしが来るといっても年に一回とか二回ですから、どうしても要請のプライオリティー（優先順位）が低い。神戸の時でも自治体レベルですら要請がないと動けない、そんなバカなことはない。

この前、大阪市の防災会議で助役さんに広域防災のことを申し上げたのです。「第一、大阪市の職員で市の中に住んでいる人の方が少ないじゃないですか。何か起こった時には、遠くに住んでいる人より、東大阪、堺なり隣の市に住んでいる人が早くこられる」。そう申し上げたら「そこは私どもにとって痛いところでございます」とよくご存じなんです。一歩を踏み出す勇気を持たないと。やるべしと思うことは今やらなければいかん。

小松　中央政府も要請主義ですが、今度、防災基本計画が二十四年ぶりで変わりました。自治体からの要請がなくても防衛庁長官が行けといったら行けるようになったようですね。

土岐　狭い地域でももっと自由にできるようにすると、ずいぶん実が上がると思いますよ。

小松　現地の状況が分かるようにホットラインをたくさんつくっておく必要があるでしょうね。

土岐　どのシステムがだめになって、どれが動くか分からないですから、多数多重のマルチでやっておく必要があります。一つに頼りきっていたらどうしようもない。今、政府がやろうとしているのは一つのチャンネル、自治体から吸い上げるだけです。大元が働かなかったら全部駄目です。

小松　関震協は公共的な組織にする必要があるかもしれませんね。いつまでも手弁当で、というわけにはいかないでしょう。

土岐　そこがネックなのです。早く発展的に解消してどこか吸い上げてくれないかと願っているのです。
小松　近畿知事会議があります。最初「近畿は一つ」と勇ましいスローガンだったのですが、だんだん「近畿は一つひとつ」に。
土岐　なかなかうまい勘違いですね（笑）。
小松　危機管理の研究家で評論家の佐々淳行さんに、もし東京がブラックアウト（壊滅）する事態が通常国会の初日に起き、政府中枢がなくなったら、どうすればいいのかと聞きました。「全国知事会議でしょうね」と言うのです。近畿圏ですと、リーダーシップをとるのは大阪府知事です。
土岐　大阪府に期待したいのですが、いい知恵はありませんか。
小松　もう一つは関西経済連合会です。昔の関経連は経団連（経済団体連合会）と突っ張り、財界人もごつかった。
土岐　地震学の人の言うことは何もかも信じているわけではないのですが、耳を傾けるべしと思っているのは、これから数十年の間に神戸で起きたような地震が何回か関西で起きるでしょうということです。バックデータを見せられると「なるほどな」と思いますよ。神戸で地震が起きるまでは、一般の人は「関西で地震なんか起こらない」と勝手に思い込んでいた。私はジャーナリズムが悪いと思っています。テレビや新聞が地震予知のことを確定的に取り上げるから、東海や関東でしか大地震は起きないと思い込んでしまう。あそこは地震予知がやりやすいからやっているにすぎないのですよ。

過去五十年、我々はあまりにも幸せでありすぎた。皆さん、これから先もうまくいくだろうと思っているらしいが、地震屋さんの話を聞くと、そうでなさそうですね。

小松　地震予知連絡会への批判があります。十年間で一千億円ぐらい使って特定観測地域を東海地方、関東の方を観測強化地域に決めて研究してきたのに、神戸に起きたのですからね。

土岐　私はそれを非難する気はさらさらありません。百年、百五十年に一回起きるものを、二十－三十年しかやらないで成果は上がるわけがない。だけど、今の地震予知のやり方では防災の実は上がらない。

小松　予算をつけるうえで政治家の問題もあると思うのです。

土岐　もう少し科学的な話にしても、地震予知は「どこで」「どのぐらいのものが」「いつ起こるか」の三本立てでしているわけです。難しいのは「いつ」ですが、災害を防ぐ意味からいうと「いつ」はなくてもいい。「三日後に大地震が起こる」と言われても。それより「十年先に起こる可能性が高い」と言ってくれたら、メリハリの利いた対策ができます。そのことを、昨年六月に学会のフォーラムで申したら、前東大総長の有馬朗人先生が「いいことを言ってくれた」と講演後、大いに喜んでくださいました。

小松　大阪市立大理学部長の弘原海《わだつみ》清先生を中心にした前兆現象調査グループを「関西サイエンス・フォーラム」（理事長・秋山喜久関西電力社長）が支援し、専門部会として

「地震前兆情報の利活用を考える会」（会長・熊谷信昭前大阪大学長）が発足したのは、心強いですね。前兆現象は、これだけの頻度でいろいろなことがあちこちで起きたのだから立派な科学ですよ。

土岐　おっしゃる通り、私もあまり迷信的なことを信じない人間ですが、不特定多数の人たちが、独立して現象を見ているわけですから「夢見ていた」「何かにだまされていた」という話ではない。科学的に解明されていないだけで。

小松　私のおやじは千葉の外房で網元だったのですが、漁師の中には耳の中にマッチを入れて「おっ、あらしが来るぞ」といって当たるやつがいたのですよ（笑）。

土岐　そういうのがあるでしょうね。

小松　弘原海さんをはじめ各先生方は、資料をパソコンで処理するのにアルバイトを使っています。尾池和夫・京大教授も広域バンド受信機の予算がつかないので二十五万円のを二台自分で買ったとおっしゃっていました。ポケットマネーですからね。

土岐　今度の地震で、文部省は過去二年間、認めなかった大きな研究を認めてくれました。それは直下型地震への考え方と、地震の時に起こることをリアルタイムで予測して必要な防災措置を取る研究です。四月から四年間で十二億円ほどの研究が始まります。

小松　阪神大震災以外にも近年、列島各地で大地震が起きていますからね。関震協が関西だけでなく大学のデータを集める受け皿になるといいと思います。

土岐　関震協の手に負えません。単なる任意団体でしかありませんし。

小松　学術会議はどうですか。

土岐　提言だけです。ずっと学術会議の災害関連の研究連絡委員会幹事をし、また神戸の地震の特別委員会の世話もしていますが、お金がないから事業はできない。

小松　あそこは学問聖人の世界かもしれませんね。それから、なぜ気象庁が運輸省の管轄か、分からなかったのですが、重要だったのは船舶に対する台風情報みたいなものだったのです。戦争が始まると、天気予報は海軍の行動に影響するというので機密事項になった。ラジオの天気予報は昭和十六年十二月八日に禁止になり、復活するのが終戦の日の夕方です。軍事情報と天気予報が密接な関係だったということですが、今はもうそんな時代じゃない。

土岐　気象庁の地震観測は業務なので公開が義務づけられていますが[9]、他の省庁のデータはすぐに出ないのです。地震の後、五月ごろ国会に参考人として呼ばれたので「公開しないのはけしからん」といってきました。研究のための観測だから、論文を書いた後で公開するというのです。彼らには論法があって、観測には地道な努力が伴う。苦労もしない人が資料を得て論文を書かれたらたまらない。でもそういう時代は過ぎました。

小松　関震協から気象庁とは別に地震のデータがサッと流れると、気象庁はどう思いますかね。

土岐　私は物事を考えるのを単純にしようと考えています。「物事の根本は何か」「Aをやるか、Bをやるか」そこをよく考え、いろんな人とも相談して決めたら、それを不愉快に思う人が出ても、知らんと。何かをすると必ず反作用が出てきます。それがために根本を引っくり返したのでは、どうしようもない。

小松　まったく賛成です。もう一つ、阪神間は水害に襲われるから水害の細かい出動マニュアルはあるのです。地震と水害は性格が違いますが、住民も対応を考える必要があると思うのです。災害時の心構えを生活の知恵、常識として持っているだけでも違う。お上にばかり任せるのはどうかと思いますよ。

土岐　災害の問題は、自分で守れるところがあります。宅地開発した場所でよく揺れて被害が起こりやすいのは、ため池を埋めたり、土盛りした所が弱いに決まっている。買う時に自分の目で確かめ、自分で自分を守らないと損じゃないですか。それをしないで人のせいにするのはおかしい。

それは人に言うだけでなく実践しています。二十年ほど前、田んぼを地上げして木造二階建ての家を建てた時、基礎の下に松くいを八十本打ち、工務店の人に不思議がられました。でも、耐震を仕事としている人間としては、地震で近所が大丈夫なのに私の家が傾いたら外を歩けない。職業上の税金と思っています。

小松　今度の地震で、加速度地震計をつけているビルがいくつかありました。事後研究に役立ちます。建築法で公共、半公共ビルはみな抱かせるべきですね。

土岐　私はぜひそれを主張したい。カリフォルニア州ではそうなっています。建物の値段の〇・〇二五%ぐらいのお金を出して地震計をつけなければならないのです。私も大学の事務とかけあい、八百万円で去年、この大学の校内と宇治の山に二台設置しました。この機会にもう一つ話します。地震防災を考える時に「断層が動いたらどうなる」――そこから発想しようというふうに変わりつつあるのは一大転換です。

小松　二、三年前に「日本の活断層地図」を見た時に、私たちはひび割れの上に暮らしているのかと、ものすごいショックでした。

土岐　幸か不幸か、日本には地震の来歴が千五百年あり、それをひもとけば統計的な処理ができます。神戸の地震のように四百年に一回、千年に一回かもしれないけれど、動いたらああなると。ところが、この考えは関東に行ったら受け入れられないのです。

小松　なぜですか。

土岐　活断層は関西や中部はいっぱい線が見えるが、関東はいろいろなものが堆積して見えない。あるのは間違いないけれど、見えないから「断層が動いたら」ということが考えづらいのではないでしょうか。東京の学会でこういう議論をしてもかみ合いません。

小松　学会のゆがみというのがあるかもしれませんね。

［'96・2・24／3・2／3・9］

謎深かった中途階挫屈

京都大学の土岐憲三教授との対談を通じて、「関震協」（関西地震観測研究協議会）の経緯と意義を、このシリーズの読者の方々は、私同様に理解していただけたと思う。この組織について、どうして私がこんなにしつこくフォローしてきたか、ということを、もう少し「しつこく」再説明しておきたい。――それはこのシリーズのごく初期のころ（本書では六十八ページ）、私は九五年二月初めに神戸市を訪れた時の、神戸市消防局の惨状と、初めて見た神戸市役所の旧庁舎の六階全部の挫屈、そしてその周辺にも見られた中高層建築物の中途階挫屈についてコメントし、この異常な現象について「どうしてあんなことが起こるのか、いろいろ専門家に聞きまわっているのだが、まだ明確な説明は聞いていない」と書いた。

ここ三十年間、ほとんど毎年二、三回出かけていた海外旅行の途次、メキシコシティーをはじめ、近代都市が震災に見舞われた直後に行きあわせたことが、何度かあった。古いれんが造りや石造り建築が崩壊損壊したり、近代高層ビルがかしいだり、上層階の家具がガラスを割って落下し、駐車中の自動車に当たったり、またはめ殺しの窓ガラスが、震災後何日もたってから落ちてきたり、といったことは見聞きしたが、中層ビルの「中途階の挫屈」例が数多く見られる、といった光景は、今回の阪神大震災が初めてだった。

大震災当日から二週間余たった二月当初、初めて神戸の街に足を踏み入れて、まず神戸市消防局を訪れた私は、すぐ東に隣接している旧市庁舎――新市庁一号庁舎に対して二号庁舎と呼ばれていたが――の六階フロア全部がぺしゃんとつぶれ、七階と八階がその上に乗っかっている情景を見て、正直言って肝をつぶした。三宮から神戸税関へ走る広やかなフラワーロードに面して、前に花時計を配してそびえる八階建ての旧市庁舎は、南に隣接して新築された高層の一号庁舎ができるまでは、「おしゃれな神戸市」のシンボルのような建物だった。――その六階のフロア全部が、ぐしゃっという感じでつぶれてしまっている。新庁舎は無事で、ただ、中途階を旧庁舎とつなぐ陸橋三階部分は落ちていたが――正直言って胸のつぶれるような姿だった。

平成七年一月十七日、午前五時四十六分に起こったあの大震災が、もう二時間ないし三時間あとの通勤ラッシュ時に起こっていたら……ということは、だれでも考えることだろう。それは道路、高速道、鉄道の交通量を考えると肌に粟が生じる思いがするが、同時に、この市役所二号館六階が、午前ビジネスのピークの時、たくさんの職員や来訪者がいた時に圧潰《あつかい》挫屈したらと思うと――私がその光景を見上げてしばらく気分が悪くなったのも無理はないと思っていただけるだろう。あの日午前の二号市庁舎六階の市職員の勤務シフト、そこに訪ねる予定のあった市民、業者のアンケートをとって、シミュレートしてみたい気もするが……。

それにしても、昭和五十六年の「新耐震設計法」公布以前の建築[11]だとはいえ、それまでに耐震工法、耐震建築基準は——この「地震多発国」日本では、世界的に見てかなり厳しかったはずではなかったのか？　私自身、「日本の地震対策は世界的に見て……」と、誇らしげなニュアンスの学者の発言に何度か接してきた。

だから、この連載を開始する九五年四月前、私は知る限りの建築学者、耐震工学者、ゼネコンの技術研究所関係に電話し、また面会して単純な質問を繰り返した。——なぜ神戸市庁舎二号館に見られたような「異常な」破壊現象が起こったのか？　こういった現象の近代日本における「前例」は、建築学会その他でマークされてきたか？　それは、今回の「大都市地帯活断層直下型」という、ちょっと異様な（とその時の私には思われた）地震の「現象特性」との関連は、推測されるだろうか？

答えは、以前にも書いたように、いずれもはかばかしくないものだった。「よくわからない。これからの研究課題だ」というものが一番良心的な回答で、ひどいのは、「あんなものは手抜き工事に決まっている」というある大学者の木で鼻をくくったような返事だった。——どこが手抜きだと、構造力学的に思われますか？　ラーメン構造（鉄筋コンクリートや鉄骨の剛接フレームを構造の本体とする）の鋼材のグレード（等級）の問題ですか？　溶接欠陥でしょうか？　と聞き返すと、そんなことは素人に説明してもわから

層崩壊した中央区の交通センタービル。ＪＲ、阪神・阪急電鉄、および市営地下鉄の各三ノ宮駅に通じており、三宮のシンボルのひとつだった（95年１月19日撮影）

ん、と言って電話を切られた。

それでも私は、本連載開始まで、さらにスタートしてからも「中途階挫屈」の原因について東京、東北、北海道まで足を延ばし、調べ続けた。——だが、とうとう明確な答えも仮説も得られないまま、記事を書いた。

すると、意外なことに、六月三日の新聞掲載後三週間ちょっとたった時、未知の方から一通の書面と論文の抜き刷りが送られてきた。——差出人は大阪市立大学工学部建築学科助手の那谷晴一郎氏という方で、あの記事にあった中途階の挫屈現象について「一つの理論的解明ができたと思っております」という文面だった。

これも前に触れて、愚痴めいたことになるのだが、ちょうどその月初め、大阪の秘書が結婚のためやめて、補充もつかないまま、その年の猛烈な暑さと湿度の中の取材にぶっ倒れそうになっていたので、その論文にゆっくり目を通す機会は、七月初めの東京行き新幹線の中でやっと訪れた。

だが、暑さと疲労にややもうろうとなった目で数枚の論文のページを繰っているうちに「エッ！」と座り直すような用語にぶち当たった。——それは、中高層建築物の中途階挫屈の現象解明の手がかりとして「層インピーダンス」[12]という概念を導入していることだった。もとより私の大学の専攻は文学部のイタリア文学であり、SF作家にはなったものの、建築学や構造力学、あるいは電気工学の専門教育を受けたことはない。しかし、「インピーダンス」という電気工学に関する言葉と概念はおぼろげながら知っており、それが建築の構造力学上の叙述の中に、突然現れたことにショックを受け、もう一度しげしげと読み返した。

ご存じの方も多いと思うが、「インピーダンス」とは、交流電流の回路に対する抵抗の総和をあらわす用語である。直流の場合の抵抗は、回路AB部分における電位差と電流の比で簡単に決まるが、交流電流の場合、電圧の逆転と電流のおくれのため、虚数部分を含むリアクタンス（電気抵抗）や偏角とともに、複素量として表現され、私など素人はちょっと取り扱いに戸惑う。ほかに、音響学や工学にも、振動エネルギーを扱う場合にこのインピーダンスは使われるが、ここらへんになると、私などはもうお手上げである。

那谷氏は、その論文の中で、被災地の市民病院、集合住宅、郵便局、学校など中層建築の中間層、あるいは二階、一階のピロティの層圧潰の例をあげながら、その建築物（主としてラーメン構造の建物）の各階の柱を軸方向に流れる力の抵抗を計算し、「衝撃伝播層インピーダンス」という概念を提唱している。

那谷氏の計算によると、建築では柱の鉛直軸方向の剛性の方が、柱を曲げようとする水平剛性より、形状にもよるが、三十六倍も大きい、という。同じ大きさの加速度が上下方向に作用したとすると、ゆっくり揺れる水平方向より六倍速く力が伝わり、そのときに鉛直方向には「力積効果」がある衝撃性の存在が示唆される、という。

「この衝撃応力波の伝播抵抗に、筆者（那谷氏）は〝層インピーダンス〟を提案している（中略）。ここで注意すべきは、この層インピーダンスは、力の流れる方向に慣性力や復原力などのリアクタンスが生じずに、力学的抵抗のみをもつ運動になるために、鉛直方向には振動現象を記述する方程式が成立しないことになる」

つまり、上下動は「衝撃」だけが先行して柱を伝わっていき、水平動のようにゆさゆさと揺れることはない、というのだ。

この論文に衝撃を受けた私は、帰宅後、早速、那谷氏に電話でコンタクトした。——私の理解の及ばない点について、もっと詳しく説明を聞きたいと思ったからだ。那谷氏は面会を快諾してくれたが、こちらの都合で会うのはだいぶ先になりそうだった。

衝撃というのは、その時点で、先に対談した京大の土岐憲三教授の主宰する関震協が一昨年から企業の協力を得て、阪神地帯のあちこちに配置した地震計の計測データが集まり、「震度計測」についての記事をまとめつつあり（本書では百二十一ページより）、そのデータの中で、水平だけでなく、上下（これも全部、測れたわけではない）方向に、三四四ガル、四八七ガルといった、目をむくような数値があったからである。これまで、この激しい「上下加速度」が多地域で記録された例を、私は知らない。

にもかかわらず、そのころ並行して集めていた建物の「免震装置」「制震装置」、また「耐震工法」が、すべて「水平動」のみを対象にし、「上下動」に対する建築物の対応を扱ったものは、ほとんどなかった。

［'96・3・16］

免震装置と制震装置

実をいうと、阪神大震災に遭遇するまでは、私自身「免震装置」[13]や「制震装置」[14]という技術が存在し、それが「実用化・商品化」され、少数ではあるが、採用したビルが実在していることなど、まったく知らなかった。――こういう大異変があると、そういう一部の専門家の間でしか知られていない情報が、全国紙の社会面や経済面、科学面に登場することになる。

それによると、大震災当時、この「免震装置」を採用していたビルが、神戸地区に少なくとも二棟あることを知って、私はすぐ情報を集めにかかった。――その一つが、免震装置のメーカーでもある中堅ゼネコン「松村組」の研究所のビルであり、もう一つが、郵政省関係の「ウエストビル」であって、どちらも六甲北斜面に建っていた。最大震度ベルトよりややはずれているが、震災地であることは変わりはない。

早速、訪問のアポイントメントをとりつけにかかる一方、免震・制震装置のメーカーが、国内にどのくらいあるかを調べにかかったが、アッという間に十数社のカタログが集まったのには驚いた。――こんなにたくさんのメーカーがあり、それぞれ少しずつ方式が違いながら、「市場」に供給しているのなら、もっと「宣伝」なり「見本市」をやって、ビルの施主、施工者、テナント、マンション購入者に啓発してもいいはずだ。

初夏のころ、私は松村組の技術研究所を訪ね「免震装置」なるものの現物を見ることにした。——中堅ゼネコンの松村組は、本社は大阪市天満にあるが、創業百周年を記念して、技研を神戸市北区鹿の子台の「神戸リサーチパーク」に数年前に設立した。六甲北斜面に接する、緑あふれる広やかな土地で、近くに「ウエストビル」もある。高台には、真新しい被災者向けの仮設住宅がたくさん並んでいた。

四階建ての研究所の奥に、実際に「免震装置」を基盤との間にセットした、三階建ての鉄筋コンクリートのビルがあった。油圧ジャッキで建物全体に水平振動が与えられるようになっている。

免震装置の本体は「アイソレーター」、つまり「震動を基礎から切り離すもの」と呼ばれ、直径四十－五十センチの生ゴム板と薄い鉄板を円筒状に高さ二十センチぐらいに多数積み重ね、その上下を七、八十センチ角のステンレスらしい鉄板で挟んだもので、これ一つで百二十トンの荷重に耐えるという。三階建てのビルの下には、これが八個入っている。

「つまり、これによって前後左右四十センチぐらい、ビル本体がずれて、震動を殺すわけです」と所員は説明してくれた。

「水平動はわかりますが、これで上下動も減衰されますか？」と私は聞いた。「三次元加速度計のデータを見ると、今度の地震はあちこちで、かなり大きな垂直加速度が記録されていますが……」

「上下動に対しては、ほとんど効果はないでしょう」と相手はちょっと困ったような顔で答えた。「水平は最大四十センチまでずれますが、この構造では、上下の伸び縮みはほとんど期待できませんから……」

「ゴムが積層していると、逆にぴょんぴょん跳び上がるような気もしますね」と私は冗談を言った。

三階建ての基盤、一階、屋上に、それぞれ東西、南北、上下動を拾う加速度計が置いてあり、震災当日のデータも取ってあるというので、後から送ってもらう約束をして、私は東京から来ていた、この企画のアシスタントの日高敏氏——彼は古い知り合いのフリーエディター（編集者）で、フットワークがよく、科学にも強い——と、大阪南港に建ったばかりのＷＴＣ[15]（大阪ワールドトレードセンター）ビルへ制震装置を見に回ることにした。ＷＴＣは、大阪市が湾岸を埋め立てて造った南港の「インテックス大阪」という見本市会場に接して、ＡＴＣ（アジア太平洋トレードセンター）ビルに続いて第三セクターで建てた、高さ二百五十六メートルの「西日本一」の高層ビルで、日建設計がデザインし、大林組が施工した。その最上階に近い五十数階目に、水タンクを使った「制震装置」が組み込んである。

訪問時、ビルはまだ正式にオープンしておらず、最上階の展望台へ上る見物客だけが長い列をつくっていた。――制震装置の置かれた部屋は保安上、厳重にカギがかかっていたが、中に入れてもらうと、かなり巨大なスペースで、水の補給タンクやコンピューターの置かれたスペースの両わきに、五十トン入りの巨大な水タンク[16]が二つ、三重に折れ曲がったフレームの先に、バランスを取るバランサーとして支えられている。ビルの高層階の揺れは、横揺れが長くなるとだんだん激しくなるが、それを水の移動で周期を相殺する仕掛けで、水の移動は振動数をキャッチしたコンピューターで行われる。いわゆる「アクティブ・コントロール」という仕掛けだ。

高層建築の固有振動数を、より長い固有振動周期を持った揺れで相殺する仕掛けは、日本では千数百年以上昔からある。法隆寺の五重塔をはじめ、二十メートル、三十メートルの高さの木造建築の「塔」[17]の中心にある「心柱」がそれで、私もかつてはその太い、長い柱が、塔の重量を支える要かと思っていたが、中には二、三本ついであって、構造的には「支え」にならず、かなりの塔では、相輪からぶら下がって下部が「浮いて」いると知った時には驚いた。つまりものすごく長く重い「振り子」として、その長周期の振動で、塔の揺れを「殺す」制震装置になっているのだ（詳しくは最近、新潮選書で上田篤氏編で出た『五重塔はなぜ倒れないか』を参照されたい）。また水の重量の移動で揺れを殺す方法は、かつて空母や大型タンカーのバラストにその機能を持たせたと聞くが、こちらは詳しく知らない。

しかし、いずれにしても免震・制震の仕掛けは、すべて「横揺れ」を前提にして行わ

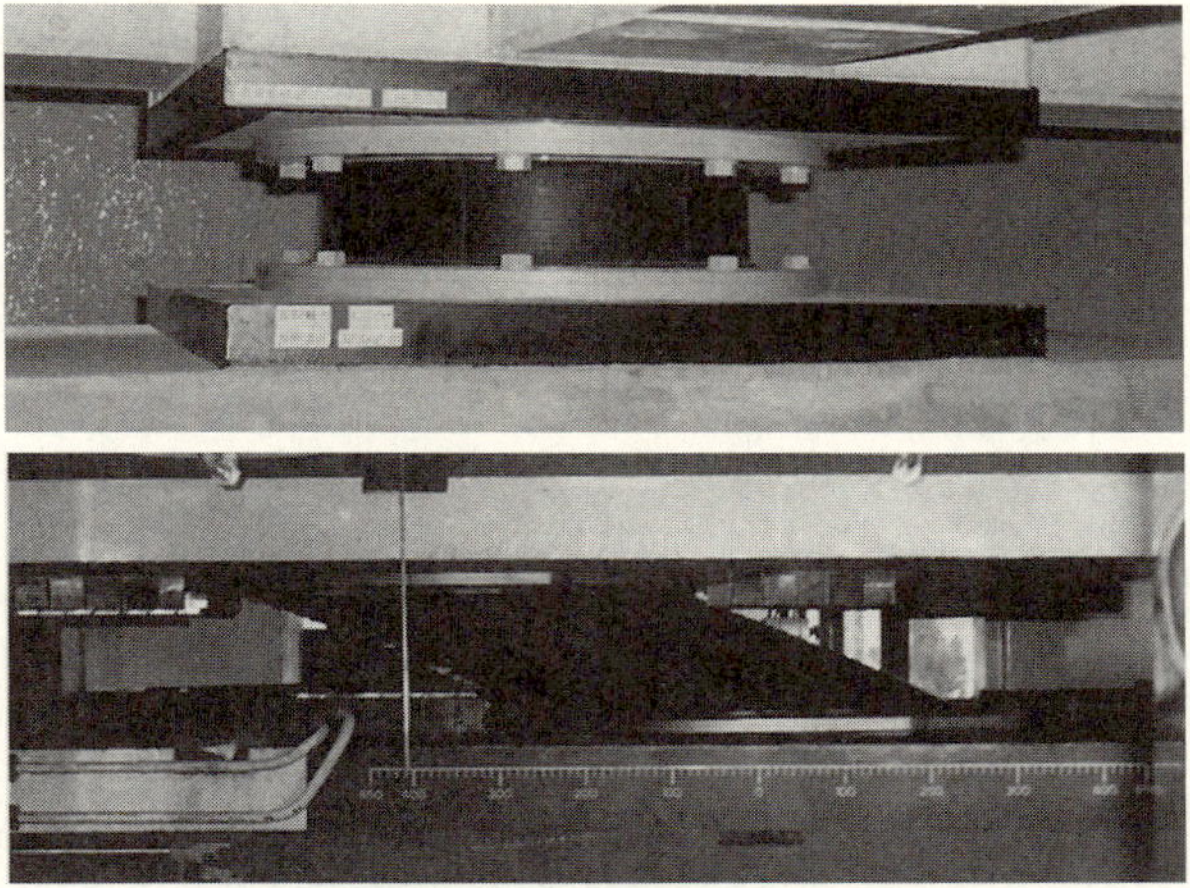

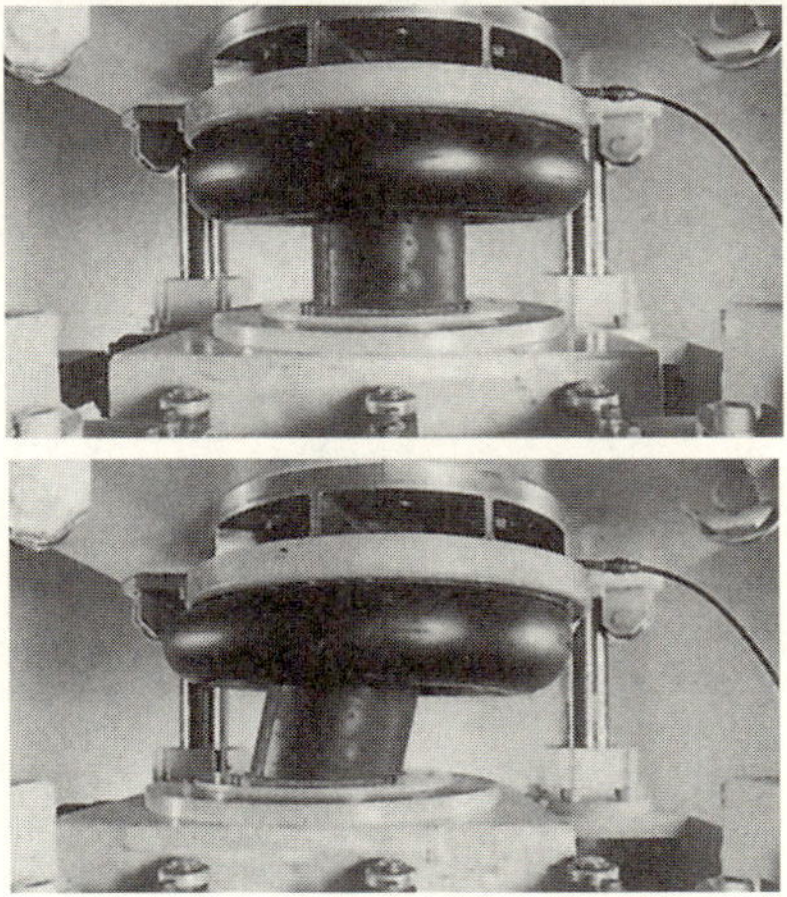

実際の免震装置。松村組（上２点）と東洋ゴム工業（下２点）のもの。それぞれ下は、振動に対する実験。

れていて、「上下動」対策についてはっきりと考慮されているものは、入手できたカタログ十数種のうち、東洋ゴム工業の「三次元床免震システム」だけだった。これは例の積層ゴムのアイソレーターの上部にゴム製の「空気ばね」を組み合わせ、「鉛直方向にも大きな免震性をもつ」とうたわれている。

前にも述べたように、耐震工学や構造力学の権威といわれる人たちに、今回の関西地震観測研究協議会や、民間企業が任意で設置した加速度計、速度計の一部に記録された「上下動加速度」の、場所によっては四〇〇ガルを超える大きさと、中層建築の中途階の挫屈との関係を聞いたが、はかばかしい答えは得られず、中には加速度記録をまだ見ていない人や、「建物の上下動も結局水平動の入力によって起こると思っている」という返事もあった。

私は日高氏に、十年以内に国内で大きな被害を出した地震の三次元加速度を調べてほしいと頼んだが、震源マグニチュードと震度階の表示はすぐ入手できたが加速度数値はなかなか入手できず、やむを得ず、可能な所は、大学の地震計の記録波形をコピーしてもらったが、「上下加速度」がこんな大きな値をとっている例はなかった（耐震実験用の加震装置でさえ、上下動はない）。

そのうち、松村組の研究所から書類が届き、その中に「日本免震構造協会」[18]事務局長の可児長英氏の「免震構造の被害」というペーパーがあり、その中に松村組研究所の基礎、一階、屋上の東西、南北、上下の加速度記録と、同じくウエストビルの基礎、一階、六階のそれの加速度記録のリストがのっていた。——これは私にはショックだった。松村組ビルの基礎には（単位ガル）南北二七二、東西二六五、上下二三二の加速度がかかり、屋上は南北一九八、東西二七三なのに上下に三三四と一〇〇以上増えている。ウエストビルにいたっては基礎入力二〇〇－三〇〇に対して南北、東西の水平動は三分の一から四分の一弱に減っているのに上下動は基礎二一三に対し、六階三七七と一六四ガルも増えている。

免震構造は水平にはきいているが、上下にはきかず、逆に上部階で加速度が増え**て**い**る**のだ。

この不気味さに、頭が混乱しているところへ、大阪市立大工学部の那谷晴一郎助手からのコンタクトがあったのだ。一読なんとなく「地獄に仏」——というのはおかしいが——といった気分になった。上下動エネルギーの入力は建物の柱を通じて上部階へ伝わっていく。建物自体の重量はがっちり柱を押さえつけ、横揺れのように建物が左右にしなり、構造体の持つ慣性や復原力では、そのエネルギーを逃がすことができない。短時間に柱内の通過で急増大された衝撃エネルギーは、柱が負担する荷重の大きさ、柱の太さなどの構造や材料の特性によって定められる伝播抵抗（層インピーダンス）に応じ大きなたまりを起こす。こうして全階の柱を通じて層インピーダンスが大きくなる。鉛直方向のある場所に大きな破壊をもたらすというのである。

これは、はっきりいって「創見」である。聞けば、那谷氏は震災後わずか二週間目の一月三十一日、ある全国紙でこの件を指摘したが、反応はあまりなかったという。——何回もの間接的やりとりの後、やっと今年二月、大和川の北側の大阪市立大工学部に那谷氏を訪ねることができた。彼は一九四五年大阪府堺市生まれ。七〇年に大阪市立大工学部建築科大学院を出て、三年間竹中工務店に勤め、のち七三年に同大の助手になる。専門は制震（制振）工学。にこにこと明るい感じの人物だが、会議室で説明を聞く前に案内されたわずか二坪（六・六平方メートル）の実験室の狭さと、そこに足の踏み場もないほどぎっしりくみつけられたパソコンや制震（制振）実験装置（彼も水を制震に使う実験を繰り返している）のすさまじさに、胸のつぶれる思いがした。わが国の学究は、いかに研究費が貧しいことか……。

［'96・3・23］

「阪神大震災・情報研究ネットワークセンター」を

昨平成七年四月一日から始めたこの連載も、まるまる一年を迎える。毎日新聞とは一年連載の約束だったから、ここで一応終わらせていただくが、私自身はこの問題に関して、これですべて清算したなどとは思っていない。むしろ、この一年間に集まった膨大な資料、書籍、映像、音声のデータを、これから数年かけてじっくり整理し、私なりに、大震災の「総合的イメージ」をまとめていきたいと思う。したがって、ここでいったん筆をとどめさせていただき、若干の静養を許していただきたい。何しろ毎週一回、四百字詰め原稿用紙十枚、データを集め、解析しながらの連載は、昔ならともかく、明けて満六十五歳になった身には、いささかきつかった、と最後に免じて弱音を吐かせていただきたい。

それにしても、今度の大震災は二重、三重に「異常」な現象であった。「活断層直下型地震」が、あれほど大きな上下動エネルギーを発散し、しかも局限された地域内のわずかな距離が、地上被害だけでなく、実際の発生エネルギーに「差」がある、ということがわかった。さらに、何度も述べたように、任意団体・関震協（関西地震観測研究協議会）を中心とする民間企業の地震加速度計、速度計が「公式の」ものより、はるかに広範高密度に設置されていたおかげで、単なる表面的な目視被害――これも先に触れた今までの震災被害とはかなり違った「ビル中途階の挫屈」のような現象や「阪神高速の倒壊」など――だけでなく、実際に地表に到達した地震エネルギー波を、上下、東西南北の水平二方向の加速度三成分の大きさ、振動数、作用時間が、直接にキャッチできたということも、珍しい例だった。これも一九九四年後半に計測機の配置が終わっていなかったら、また目視被害だけで、あいまいなことになり、活断層直下型地震の「地学的性格」をとらえる手がかりは、もっと薄れてしまったろう。

異例といえば、阪神間という日本有数の高密度の都市ベルトの、その帯状地域に沿う「直下」で起こった、ということも異例であった。人口密度、住居密度、通信、交通、エネルギーなど、国土インフラの密度、湾岸を主軸にする産業、流通密度など日本だけでなく、世界有数の「高密度都市ベルト」だった。

しかも住民は中級サラリーマンと高学歴主婦が多く、電話、テレビ、ラジオ、ＦＭ、ファクスに加えて、ここ一、二年の間に携帯電話、パソコンとそのネットワークの普及率[19]が急速に上がりつつあった。パソコン、携帯電話ともここ二、三年の性能の高度化も無視できない。

それに新聞、放送、出版などのマスメディアの発信拠点に加えて、国公私立大学の存在、企業の本・支店、研究所なども入れると、大阪、京都を加えたこの地域は、これもまれにみる高密度で、多角的で高度な「知的アクティビティー」をもっているエリアだといえよう。

今回の大震災の「異例」なところは、国際性も帯びた「高度知的・情報ネットワークエリア」の真ん中で起こったことである。しかも、このネットワークの関係エリアは近畿中心部にかなり広がるのに、直下型の特性として「激甚災害地域」はかなり限定されており、残りの無傷、あるいは被害僅少の地域の「知的活動センター」はすぐにそれぞれの専門に応じてチェック、検証、調査、研究にとりかかることができた。消火、人命救助、救急、治療、避難、生活物資の供給、ライフラインの復旧、危険建造物やごみの取り片付けといった「当面緊急」の作業が次第にクリアされていくにつれ、一方でそれぞれの特化された知的活動センターには現場体験を含む膨大な「一次データ」が集積されていき、並行して整理、分類が行われていった。そして一年余経過すると、関連行政体の各セクションを加えた、それぞれの知的センターへのデータ集積と整理はかなり進み、一部ではこの「異常現象」の性格の分析、解析が始まっている。

実をいうと、これも他の広域被害に比べれば「異例のはやさ」なのである。これは、以前にも触れた「大阪砲兵工廠《こうしょう》の空襲被害」や「大阪大空襲の研究」（これは八五年に関西大学小山仁示教授の総合リポートがようやく出た）が、戦後、実に半世紀かかってようやくまとまってきたことを考えると、敗戦当時と現在の社会条件の差は別としても、目を見張るほどのはやさだ。これもひとえに、大学の助手、助教授クラスでも「手もと」に置くことのできるようになった高性能パソコン——まったく十五年前の大型コンピューターぐらいの性能を持ちつつある——とデジタル回線による高度情報ネットワークのおかげであろう。

その膨大なデータをもとにして、はやくも新しい「知的活動」が始まろうとしている。三月二十七日から大阪大学豊中キャンパスと吹田市千里の万博ホールで開催された「地球惑星科学シンポジウム」で、「現在の地震科学と兵庫県南部地震」に関連して、四十二件のパネル展示による高度な研究発表が行われ、本会議のシンポジウム、またワークショップの五十一のセッションのうち、十件がこれに関するものであることを見てもわかるだろう。

さらに、関震協、京大防災研の研究体制の拡大強化、これも神戸大学工学部長片岡邦夫氏との対談で紹介した神戸大十学部共同の総合研究会は二年目へ向けて新たなステップを踏み出し、同じく対談した大阪市立大理学部長の弘原海清教授を中心とする「前兆現象調査グループ」も「関西サイエンス・フォーラム」の全面支援を受けてスタートした。

第三者からみると、この「大震災問題」の第二フェーズ（局面）には、いくつかの要望がある。——それは地球惑星科学、地質学などの理論科学面だけでなく、耐震工学、建築学、構造力学といった応用技術面、さらに臨床医学、精神医学、心理学といった医学関係、防災システム、救急システム、安全工学、住宅・都市計画、教育制度やそれらのシステムを運用、マネージする行政システム、さらに産業、経済、財政、法制、報道までを含む、広義の社会工学まで広がる実に広範な「現象」に対応するそれぞれのセンターを特化された、データベースとして「横の連絡」を取り、データや質問を仲介するネットワークサービスセンターの形成である。あたかもインターネットの[20]「サーバー」[21]のように、そしてそこにはエレクトロニクスメーカーの専門家と企業の積極的な参入と協力を期待したい。ますます高度化し、高性能化するデバイス（装置）やメディアを中枢におき、その積極的な採用を各知的センターに指導して、せめてこのセンターが十年生き残れるようにしてほしいのだ。

　この「阪神大震災・情報研究ネットワークセンター」ともいうべきものが、積極的にリードすべき共同研究目標は、物理学から工学、社会学、医学、そして人間のやわらかい心やペットのふるまいまでを総合する「私たちの共有する生きた社会システム」が、突如として自然の巨大な破壊力のインパクトを受けた時、「全体として」どんなことが起こるか、というダイナミック・モデルの構築であろう。これがある程度までできれば、その基本的パラメーターを変えたシミュレーションが大まかにできる。例えば最近、河口湖の地震[22]に関して話題になっている「東海大地震」が起こった時、その震源エネルギーの大きさ、断層の動き、季節や社会的活動の時間帯によって、どんな打撃の変化が発生し、それが生活、社会、経済活動、政治、人心にどんな影響をもたらすか、といった荒っぽいシミュレーションができるのではないか。

そして、この震災研究情報ネットワークセンターは、ぜひ第一次のコアを関西に置いてほしい。その第一次形成には近畿府県、政令都市などの行政体から財界、学術団体、マスコミなど「地元諸団体」が協力して行ってほしい。この一年間、かなり身にしみてわかったことは、あまりいいたくないが「地方のシリアスな問題に対してお上はあまり頼りにならない」ということである。「大震災地元パワー」の奮起を促したい。

連載の最後は、震災後二度目の春、二度目の彼岸会を迎える淡路島のリポートで締めくくるつもりだった（去年早春、兵庫県洲本市を訪れたが、その時はまだ交通面でも混乱していた）。今回も、彼岸中日の前日に訪れたのだが、残念ながら紙面がなくなった。しかし、日本で初めてつくられた島々と古事記にいうこの島の春は、北淡町をはじめまだあちこちに傷跡は残しているものの、明るく、暖かく、華やかな草花や春野菜の出荷は始まっていた。その光景と、人々の行う彼岸の行事のあれこれを見ながら、私の心の底にふと浮かんだ、あの有名なジョン・ダン[23]の詩で連載を終えたいと思う。

なんぴとも一島嶼《とうしよ》にてはあらず
なんぴともみずからにして全きはなし
ひとはみな大陸《くが》の一塊《ひとくれ》
本土のひとひら　そのひとひらの土塊《つちくれ》を
波のきたりて洗いゆけば

洗われしだけ欧州の土の失せるは
さながらに岬の失せるなり
汝《な》が友どちや汝《なれ》みずからの荘園《その》の失せるなり
なんぴとのみまかりゆくもこれに似て
みずからを殺《そ》ぐにひとし
そはわれもまた人類の一部なれば
ゆえに問うなかれ
誰《た》がために鐘は鳴るやと
そは汝《な》がために鳴るなれば
（大久保康雄訳）

〔'96・3・30〕

注

序章

1 **阪神・淡路大震災** この大震災について気象庁は「平成七年（一九九五）兵庫県南部地震」と名付けたが、毎日新聞が一月十八日朝刊で「阪神大震災」と呼称してから マスコミで一般化した。しかし、被災した淡路島が入らず不評のため、政府は二月十日の閣僚懇談会で気象庁の正式名称とは別に「阪神・淡路大震災」と呼称を統一する異例の措置をとった。なお関東大震災は気象庁の呼称では「関東大地震」である。

2 **六千人を超える死者** 九五年一月十七日、午後一時現在の死者は警視庁発表で三百三十七人、十八日午後零時四十五分現在で死者二千十四人、二十日現在で四千八十四人、三月三十一日午後十一時四十五分現在で五千五百人。七月十四日の兵庫県集計では六千五十五人、十二月末の消防庁などの調べで六千三百人とされた。また兵庫県警の一月二十一日現在のまとめでは外国人犠牲者は百六十六人で、韓国・朝鮮人百五人、中国・台湾系中国人四十二人、ブラジル八人、ミャンマー三人、米国、フィリピン各二人、ペルー、スイス、オーストラリア、アルジェリア各一人であった。

3 **大阪陸軍砲兵工廠** 明治三年から欧米先進国の兵器製造技術を導入し、鋳造、鍛造、伸銅などの基礎技術をはじめ機械加工、火薬製造、エンジン製造などの技術を開発した。第二次大戦末期には、一般工員職員約四万人、徴用工、女子挺身隊、学徒動員二万数千人、計六万四千人が働いていた。

4 **『日本アパッチ族』** 小松左京『日本アパッチ族』（光文社、一九六四年）

5 **『大阪砲兵工廠の研究』** 三宅宏司『大阪砲兵工廠の研究』（思文閣出版、一九九三年）

6 **海城地震** 一九七五年二月四日、中国遼寧省海城県に起きたマグニチュード7・3の地震。蔣凡編著、力武常次監修、杉充胤訳『海城地震 予知成功のレポート』（共立出版、一九七九年）がある。中国の地震学の歴史は古く、東漢の張衡（七八－一三九）は世界最初の地震計といえる地動儀をつくった。

7 **海溝底型巨大地震** 地球の表面は十数枚の硬い岩盤（プレート）に覆われ、互いにぶつかり合う境界を海溝・トラフと呼ぶ。日本列島周辺には太平洋プレートが沈み込む日本海溝、千島海溝、伊豆小笠原海溝、フィリピン海プレートが沈み込む琉球海溝があり、太平洋沿岸沖の巨大地震の大部分がプレート間地震。また沈み込んだプレートの内部の深いところで起きる地震もある。

8 **内陸活断層型地震** プレート内の活断層（ここ二百万年間に活動した断層）がずれて起きる地震。このうち、今回のように都市直下で起きるものを直下型地震という。

9 **「日本列島活断層分布図」** 『（新編）日本の活断層――分布図と資料』（活断層研究会編、東京大学出版会、一九九一年）。二十万分の一の地図の上に、活断層の分布とその性質を解説。旧版は一九八〇年発行。また百万分の一の地図の簡略版『日本の活断層――地図と解説』もある。

10 **ノースリッジ地震** 一九九四年一月十七日午前四時半、ロサンゼルスの北西三十二キロのサンフェルナンド・バレーを震源とするマグニチュード6・7の地震が起き、ノースリッジ地震と呼ばれる。死者五十六名、負傷者七千三百名、ホームレス一万四千名以上と直下型地震の恐ろしさを見せつけた。

11 **濃尾地震** 一八九一年十月二十八日、岐阜、愛知県に起きたマグニチュード8・0の地震。死者七千二百七十三人、全壊家屋十四万二千百七十七棟。

12 **根尾谷断層** 濃尾地震は岐阜県中部を通る濃尾地震断層系の約八十キロが動いたが、根尾村の水鳥《みどり》に断層崖が現れ、西側が約六メートル隆起した。この断層崖は天然記念物に指定され、九二年、「根尾谷地震断層観察館」がつくられた。

13 **サンアンドレアス断層** 北アメリカプレートと太平洋プレートがぶつかる米国カリフォルニア州を走る、南北に全長千キロにわたる断層の総称。

14 **新生代第四紀** 中生代の恐竜が絶滅した六千五百万年前から現在までの時代が新生代。哺乳類や顕在植物全盛となり、第四紀は約二百万年前からで、人類が発展した時代。また、アフリカ大陸やインド半島が北上し、ユーラシア大陸と衝突してアルプスやヒマラヤ山系が誕生。

15 **マントル** 地球の地殻の下約三十五キロの深さから、核の上約二千九百キロまでの部分を指す。マントルとは地球の中心部分の核をとりまく「外套」の意味。高温であるために、固体でありながら流体の性質を示し、対流を起こすと考えられている。

16 **プレートテクトニクス理論** ウェゲナーの「大陸移動説」や海底拡大説を背景に、地球表面をつくるプレート（厚さ約百キロ）が、「変形しない」で移動するという説。プレートが動くのはマントル対流によるものであるとする。プレートテクトニクスは「地球科学の革命」といわれる。

17 **竹内均、上田誠也『地球の科学　大陸は移動する』**（ＮＨＫブックス、一九六四年）。再び脚光を浴びる大陸移動説に焦点をあて、新しい地球科学を解説。好評のため、続いてマントル対流を中心に、生きている地球を描いた竹内均『続地球の科学』を刊行。

18 **ウェゲナー**（一八八〇－一九三〇）ドイツの地球物理学者。気象学が専門であるが、南北アメリカの東海岸とヨーロッパ・アフリカ大陸の西海岸が、海岸線の形、古生物、地質などが似ていることから「大陸移動説」を唱え、一九一二年の地質学会で発表。その後、地球科学のさまざまな分野から証拠を集め、一五年に『大陸と海洋の起源』（岩波文庫）を出版。当時、ほとんど無視されたが、五〇年代の古地磁学の証拠で復活、プレートテクトニクス理論の基礎となる。

19 **華県大地震**　一五五六年一月二十三日深夜、黄河支流の渭水の周辺の華県（西安の東八十キロ）でマグニチュード8の大地震があり、死者は名前が分かっただけで八十三万人に達した。死者は黄土高原につくられた窰洞（ヤオトン）という穴居住宅で生き埋めとなった。

20 **地震予知連絡会**　坪井忠二、和達清夫、萩原尊禮の三氏を代表とする地震予知研究グループが「地震予知——現状とその推進計画」（後に「ブループリント」と呼ばれる）を発表。これを基礎に、六八年の十勝沖地震をきっかけに、文部省測地学審議会が建議し、翌年国土地理院に地震予知連絡会が置かれた。今回の地震で複雑な組織が見直され、九五年七月から地震調査研究推進本部に一本化されて改組され、科学技術庁長官が本部長となっている。

21 **活断層研究会**　一九七五年、東京都立大学地理学教室に事務局が置かれ、約四十名の研究者が共同研究を始めた。

22 **フォッサマグナ**　地質的に西南日本と東北日本を分ける地帯。ドイツの地質学者ナウマンが名付けた。

23 **濃尾大地震**　注11参照。マグニチュードは『理科年表』などでは8・0とされるが、ここでは河角広博士の説をとる。

24 **関東大震災**（関東大地震）一九二三年九月一日、相模湾を震源とするＭ7・9の海溝型地震。東京で観測した最大振幅は、十四－二十センチ。死者・行方不明者は十四万二千人余。家屋全半壊二十五万四千戸余、焼失四十四万七千戸余。正午前の地震で火災が発生、被害を大きくする。

25 **福井地震**　マグニチュードは『理科年表』などでは7・1とされるが、ここでも河角説をとる。『福井県史』での死者は三千八百四十八人。

26 **震度階表示**　正式には「気象庁震度階級」という。福井地震の後の一九四九年につくられ、震度の表現が時代に合わなくなったため一九七八年に「参考事項」がつけられた。震度7がつくられたのは、被害があまりにひどかったために政治的配慮がされたという。今回の地震により、平成八年度から震度5と6を「強」と「弱」に分けて十階級とする。なお、震度は各国によってそれぞれ異なり、世界的には統一されていない。

27　**震度7**　震度7は被害を現地調査して家屋の倒壊率が三〇％を超えたときなどに表示される。今回は数日後からマスコミが震度7としていたが、気象庁が震度7（激震）の地域を正式発表したのは三週間後の二月七日。

28　**衛星通信**　「兵庫衛星通信ネットワーク」システムは十七日午前十時二十三分にバッテリー切れのためダウン、同日午後零時五分に回復した。

29　**ヘリ空撮の映像**　ＮＨＫが阪神高速道路の倒壊をヘリ初中継したのは十七日午前八時十四分。

30　**ガル**　加速度の単位。地球の重力は約九八〇ガルで、これを超える加速度の揺れでは地面の石が飛ぶこともある。自動車で急ブレーキをかけたときの加速度が、五〇〇－六〇〇ガル。

31　**激甚災害ベルト**　東大地震研の嶋本利彦教授らは、木造家屋の倒壊率を調査した結果、「震災の帯」があり、その中心部では、倒壊率が七〇－八〇％、それを囲む幅一キロの地域でも倒壊率が三〇％を超えていると指摘。原因は、その地下に伏在断層があるとする説、表面の地盤が軟弱だとする説、震災の帯の北側境界が台地と低地の境目であり、不整形地盤のためだとする説、さらに古い木造家屋が多かったとする説などがあり、現在のところいずれも決定的なものではない。

32　**三木康弘**　一九三二年、兵庫県生まれ。五七年京都大学法学部卒業後、神戸新聞社入社。神戸新聞論説委員長。（二〇〇一年没）

33　**神戸新聞の社説**　震災三日後の一月二十日付社説「被災者になって分かったこと」は大きな反響を呼んだ。その後、三木氏が書き続けた社説、コラムは『震災報道いまはじまる　被災者として論説記者として一年』（藤原書店、一九九六年）にまとめられた。

34　**京都新聞と神戸新聞の援助協定**　九五年一月十七日の夕刊から三月五日まで、神戸新聞社は京都新聞社の支援で新聞を発行。両社は災害やシステム故障などで新聞発行が不能になった場合に相互に支援する「援助協定」を結んでいた。援助協定は八八年の日本経済新聞社と北海道新聞社が最初で、阪神大震災以前は四例だったが、九五年十二月半ばまでに共同、時事の通信社間を含め二十一の協定、覚書が結ばれた。

35　**兵庫県震災復興計画案**　九五年六月八日、兵庫県は「阪神・淡路震災復興計画（ひょうごフェニックス計画）案」を決定。県と市の思惑が異なり、また区画整理や再開発をめぐって地元住民は反発。

36 **防災科学技術研究所** 科学技術庁（現文部科学省）に所属し、茨城県つくば市にある。その名の通り、地震も含め、防災科学の研究所。

第一章

1 **異常光現象** 地震の際に発光現象を見たという記録は多い。今回も目撃者は多く、いずれも光源が低く地表に近いところの現象である。報告には稲妻を伴う閃光が多く、白色や青色が多い。なぜ発光現象が起きるかについて諸説あるが、確定していない。

2 **ポートアイランド** 一九六六－八一年にかけてつくられた、中央区沖合の人工島。

3 **六甲アイランド** 一九七三－九二年にかけてつくられた、東灘区沖合の人工島。

4 **芦屋浜シーサイドタウン** 一九七五－七九年に建設。現在の「新耐震」基準の考えを先取りし、当時の建築技術を結集させた建物。今回の地震で断面五十センチ、肉厚五センチの主鉄骨柱が約五十カ所で損傷、各所で水平方向に真っ二つに切れた。こうした事例は前例がなく、関係者に大きなショックを与えた。

5 **五千五百人を超えた死者** 神戸市の死者三千六百五十八人のうち七十歳以上が三四％、六十歳以上では五三％を占める。死体検案書での死亡時刻は午前五時四十六分頃と五時五十分頃が多く、六時〇分まで含めると全体の八〇・五％を占める。また、監察医など法医学の医師が検視した二千四百十九人の九二％が、六時〇分までの死亡と推定されている。

6 **火災の原因** 阪神間七市の百八十一件の火災中八十三件については原因を特定することができ、電気関係が四割弱、ガス関係が二割弱。この数字とは別に、ガス漏れしているところに通電して出火したという今回初めての事件もあった。

7 **P波** 地震波はラテン語で「最初の」と「第二の」を意味するPrimaeとSecundaeの頭文字をとって、縦波をP波、横波をS波と呼ぶ。P波とS波は実体波と呼ばれ、そのほか地球の表面を伝わる表面波がある。

8 **釧路沖地震** 一九九三年一月十五日の「平成五年釧路沖地震」。マグニチュード7・8。日本で十一年ぶりの震度6を釧路で記録。死者二人、負傷者九百六十七人。北海道の下に沈み込む、深さ約百キロの太平洋プレートの内部で起きた地震。

9 **奥尻島沖の大地震** 一九九三年七月十二日の「平成五年北海道南西沖地震」。マグニチュード7・8。死者二百二人、行方不明者二十八人。地震後すぐの津波のため、島南端の青苗地区は火災も発生し、壊滅状態。津波の高さは十メートルを超えた。

10　**神戸市消防局**　神戸市消防局の活動は、『阪神・淡路大震災における消防活動の記録〔神戸市域〕』（神戸市消防局編集、財団法人神戸市防災安全公社・東京法令出版、一九九五年）にまとめられている。

11　**中途階の挫屈**　ビルの中間の階が押しつぶされることを「層崩壊」と呼ぶ。一般的には、地震の揺れが地面から最上階に伝わり、はね返ってきたときに次の波とぶつかり、波が重なって増幅された階が耐えられなくなり崩壊する。これとは別に、最初の強い揺れで建物に亀裂が入り、その後の揺れで建物が共振しながら破壊が進む「進行性破壊」だったという説もある。ビルの設計では、通常地震の上下動の強さを水平動の強さの二分の一としている。

12　**神戸市職員**　「神戸市地域防災計画」では、震度5以上の場合、全職員が登庁して災害対策にあたることになっているが、市が災害対策本部を設置した午前七時に集まった職員は十人だった。

13　**一波の共通無線**　消防庁の行政無線が回復したのは十七日午後七時。

14　**加速度計を付けた高層建築**　震源地から約四十キロの大阪市此花区高見の住宅・都市整備公団「高見フローラルタウン七番街十五号棟」（高さ九二・五メートル、三百九世帯入居）で、最上階の展望室、十六階、一階、地面に加速度計が設置。展望室の水平の揺れの最大は七十四センチ、上下は十センチ。十六階では水平が四五センチ、上下が十センチ。一階では水平が二十五センチ、上下が十センチ。上階ほど横揺れがひどく、中層以上の室内では家具が倒れたが、負傷者はなし。建物にはひび割れが入った。直下型地震で超高層ビルの揺れの記録は国内初。

15　**書物の処分**　震災によって大量の本が古書市場に出回った。それらは東京・神田神保町の古本屋街に流れ、一時、値崩れを起こしたという。

16　**地震発生直後の電気**　関西電力管内全体で約一二〇〇万キロワットを供給していたが、地震発生直後、一挙に約三〇〇万キロワットの需要減力で火力発電機が機能停止、兵庫県南部と大阪府の一部約二百六十万軒が停電。その後、切り替え送電で午前七時半までに停電は被災地の約百万軒に限定された。

17　**地震発生直後のガス**　大阪ガスの供給停止は、情報収集後、神戸②③ブロックが午前十一時三十分、大阪北⑦ブロックが午後四時十五分、神戸①ブロックが午後七時十分、神戸④ブロックが午後九時に意思決定された。合計約八十五万戸が供給停止。

18　**かつての都市ガス**　淡路島の洲本瓦斯では供給管のねじが破損し、四人が一酸化中毒死している。

19　**ネフチェゴルスク大地震**　一九九五年五月二十八日午前一時四分（現地時間）、サハリン北部のネフチェゴルスク市南西部でマグニチュード7・6の大地震。六月中旬の集計で死者・行方不明者千九百八十九人。約三十五キロの地震断層が出現したが、無名のこの断層は活断層とは考えられていなかった。

20　**断水**　百三十万軒は兵庫、大阪の合計だが、兵庫県内九市五町の全給水世帯百三十五万六千戸のうち九十五万四千戸が断水。

21　**応急給水**　神戸市水道局では六甲山にある十八カ所の配水池の地震による緊急遮断弁が働き、約三万トンの水が確保され、応急給水の水源となった。

22　**トイレット・トレーラー**　栃木県は災害用としてトイレット専用車を一台、九六年三月に、全国で初めて採用した。排泄物は乾燥して粉末に。大人一人一日分が大人の拳の大きさ。

23　**「阪神大震災報道の記録」**　六月号が前篇「神戸局・大阪局」、七月号が後篇「ＮＨＫ&東京キー局」。

24　**震度6**　北海道東方沖地震（死者なし）、三陸はるか沖地震（死者三人）も震度6であったが、それほど大きな被害を出さなかった。中央では今回の地震に、当初そのイメージで対処した。

25　**改正メリカル震度階**　震度0がなく1－12の段階の震度で、一九三一年につくられた。一九六三年、世界に通用することを目指してＭＳＫ震度階がつくられたが、あまり使われていない。これは各国の建築材料、建築方法、さらに生活習慣が異なり、体感震度を一概に決められないから。

26　**マグニチュード**　一九三五年、米国の地震学者Ｃ・Ｆ・リヒターが地震の規模を表す尺度としてつくった。カリフォルニアの浅い地震の規模は正確に示せたが、世界的には問題があるのでグーテンベルクが一九五六年に改正し、グーテンベルク＝リヒターマグニチュードとなった。気象庁マグニチュードは日本の近くで起きる地震について正確に表すために改良したもの。河角マグニチュードは一九四三年につくられた、地震計のない時代などの地震についてのマグニチュードを推定できるもの。モーメントマグニチュードは一九七七年に金森博雄・カリフォルニア工科大学地震研究所所長がつくったもので、巨大地震について正確である。

27　**ギャラクシー賞**　放送批評懇談会が毎月テレビ、ラジオ番組についてノミネートし、年一回決める。ＤＪパーソナリティ賞の授賞理由は「空前の大災害のさ中、刻々と変わる被害状況を冷静、沈着に伝えるレポートは感動的でさえありました。被災者、聴取者に与えた安心感は計り知れず、信頼のラジオパーソナリティとして敬意を表します」というもの。

28　**公衆電話**　停電中に、規制のない場合、通話ができるのは十円硬貨専用電話。ただし今回、十円硬貨専用電話も十円玉でいっぱいになり、通話不能になった。

29　**生活改良運動**　大阪の都市化と工業化にともなう環境悪化のため、明治末から郊外私鉄の整備とともに郊外住宅が売りに出され、大正年間に「住宅改良」「生活改善」「文化生活」が目標とされた。

30　**ヒートアップ**　神戸市内へのアクセスと市内からの発信件数の合計は通常四万件であるが、今回ピーク時には二百万件にのぼった。これ以前に地震で交換機が故障し、約百五十万加入の電話のうち二十八万五千の回線が不通。さらに家屋の全半壊による切断と火災による焼失のため、十九万三千回線のケーブルが使用不能になっていた。

31　**警察**　警察庁は十七日午前六時すぎ、全国の機動隊などに出動準備を、被災関係府県警察に被害状況の把握を指示した。八時すぎに大阪府警察、以降徳島、兵庫など各県警察がヘリを飛ばして状況を把握。兵庫県警察は「災害本部」を設置、各都道府県警察からの特別派遣を含む一万六千人体制で警備にあたった。

第二章

1　**JR西日本**　山陽新幹線は四月八日、東海道新幹線は一月二十日、JR神戸線（東海道・山陽本線）は四月一日、JR宝塚線（福知山線）は一月二十一日に全線で運行再開。

2　**阪急電鉄**　六月十二日に全線で運行再開。

3　**阪神電鉄**　六月二十六日に全線で運行再開。

4　**震災の基本的機構**　地震の震源域で波を発生させるのは、断層がずれる運動であることがわかったのは約三十年前である。地殻にたまったエネルギーを放出する現象が断層運動である。地殻とはプレートの上のほうにある硬い岩でできた層。

5　**震度問題検討会**　九五年十一月二十九日、震度判定と階級の見直しを報告。地震による揺れの大きさを表す震度判定を、「震度7」を含め震度計で計測。そのため気象庁は九五年度中に全国約五百七十カ所に震度計を整備。また震度5と震度6は被害の幅が広すぎるとし、それぞれ強弱をつくり、「震度5（強）」「震度6（弱）」と発表することにした。

6　**神戸海洋気象台**　一八九六年、県立神戸測候所として発足し、一九二〇年八月、日本初の海洋気象台として開設。今回大きな被害を出した白いタイル張りに赤いゴシック風建築の建物本館はこの時完成したもの。第二次大戦中、ここで作成された北太平洋気象図を、日本海軍が利用した。住宅専用地にあるため、今回の震災で建設省は移転建て替えを主張、一方、気象庁は観測の同一性を保持するために同じ場所に建て替えを主張している。

7 **津波地震計** 津波地震観測装置のことで電磁式加速度地震計と電磁式速度地震計がひとつのセットとなり、データは専用回線を介してデジタル信号で管区気象台に送られる。

8 **『日経サイエンス』一九九五年三月号** 「兵庫県南部地震」特集、「編集長インタビュー 尾池和夫京都大学理学部教授 データの蓄積で高精度の地震予報を」、編集部「大地震を引き起こした活断層」。

9 **気象庁の計測震度計** 気象業務法の条項で、懲役刑が科せられる犯罪がふたつあり、「観測機器の破壊」と気象予報士試験の「試験問題漏洩」である。みだりに外部の人を入れて観測機器を壊されたらということか。

10 **地震の加速度と被害** ある地震の加速度が一五〇ガルでも、揺れが長時間のときには家が倒れて震度6となる。逆に、加速度が三〇〇ガルでもきわめて短時間の場合は、家が倒れず震度6とはならない。そのため、気象庁は現在では、加速度と震度を関係づけていない。

11 **体感と視認** 気象庁は地震発生直後に「迅速で正確な震度の発表」を求められ、また「震度と被害の実態が合わない」という批判があり、一九九一年から測定を機械化した。

12 **デジタル波形記録の公開** 免震ビルとして世界最大の面積をもつ、郵政省のWESTビル(神戸市)は九五年末に、今回の地震波形のデータを希望者に配布することにした。

13 **速度計** 地震の「揺れ」の速さを測る地震計。単位はカインで表す。大きさだけでなく方向を測る必要があるため、東西、南北の水平方向二つと上下方向一つの計三つの測定器が必要。なお、最大速度値を十倍すると最大加速度値の目安になると、経験的に知られている。加速度計は地震波の衝撃の強さが計れるために建築や土木などで使われ、地震学では速度計が使われることが多い。

14 **京大防災研** 京都大学防災研究所(京都府宇治市)では九五年十月十四日、兵庫県南部地震の余震で震度4を記録。地震記録はとれたが、電源工事のため研究所全体が停電し、詳しい分析はできなかった。文部省の予算の都合上、自家発電機はなく蓄電池は一時間しか稼働しない。近畿地方の観測点は防災研が十八カ所に対し、気象庁は十カ所。しかも地震計の精度は防災研のほうが高い。

15 **トランスポンダー** 人工衛星に積まれ、地球局からの電波を受信し、増幅して再び地球局や家庭に向けて送信するための中継器。

16 **モデム** 変復調装置。電話回線などを利用して、コンピューター同士で信号のやりとりをするために、デジタル信号をアナログ信号に変えたり、アナログ信号をデジタル信号に戻す装置。

17 **ハードディスク**　パソコン本体の中にある記録装置。硬いアルミニウムでできた円盤が、何枚も重なっている。

18 **エレクトロ・ルミネッセンス**　物体を発光させるとき熱に頼らない方法をルミネッセンスと呼び、このためには物質の電子を励起させる必要があり、光で励起させるのが蛍光灯で、電気で励起させるのがエレクトロ・ルミネッセンス。発光色は緑、青、黄赤などに限られる。

19 **高輝度発光ダイオード**　ガリウムひ素などを素子にした半導体で、電流を流すことで発光する。各種の標示装置に利用。

20 **サーボ機構**　ロボットや飛行機などの機械の位置、姿勢、方向、速度などが、刻々と変化する目標値を自動的に追跡するシステム。

21 **慣性誘導装置**　ロケットや飛行機などが、地上からの指令なしでコンピューターで制御され、自動的に飛行できる装置。ジャイロスコープや加速度計で、ロケットの飛行状態を計測するセンサーの部分と、そのデータから誘導するための指令を計算するコンピューターの部分からなる。

22 **尾池和夫**　一九四〇年東京生まれ。京大理学部地球学科卒業。京大教授（大学院理学研究科）、理学博士、日本学術会議地震学研究連絡委員会委員長、同阪神・淡路大震災調査特別委員会委員。専攻は地震学。著書多数。

23 **地電流**　地中を流れるかすかな電流。電離層など地球外部の磁界が変化すると、地球内部に電流が流れる。地震の前後に地震流が変化することもある。その点、電車の軌道や工場や家庭からもれる人工的なものもある。

24 **地磁気**　地球がもつ磁場（磁界）をさす。地球をひとつの棒磁石とすると、北極方向がS極、南極方向がN極となる。一九六〇年代から地球の古い時代の地磁気の研究が盛んになり、七十万年以前は現在とNSの向きが逆だったことがわかった。

25 **断層破砕帯**　活断層帯は断層運動で破砕されている。

26 **山崎断層**　兵庫県宍粟郡山崎町を通る活断層系。八六八年に大地震が起きていたために、地震予知の基礎研究をするテストフィールドとなった。一九七七年九月三十日に地震が起き、予知に成功した最初の地震となった。中国自動車道は山崎断層系に沿って走る。

27 **姫路で震度4の地震**　一九八四年五月三十日、山崎断層にマグニチュード5・6の地震が起きた。尾池教授は将来起きるであろうマグニチュード7クラスの地震の前兆現象と考えている。

28 **西播磨天文台の記録** 地震の当日午前五時すぎより、異常な電波が地上から出ていることが記録された。

29 **八木アンテナ** 八木秀次（一八八六－一九七六）が一九二五年に発明したアンテナ。戦時中、英軍の通信機にYAGI ARRAYの名で使用され、戦後逆輸入。現在超短波の送・受信、TVアンテナに使用。八木は世界の無線工学をリード、東北大、阪大の名誉教授。

30 **二二メガヘルツの短波帯** 正確には二二・二メガヘルツは電波天文学の観測のため人工電波を出さないように決められている。

31 **G** 重力加速度のこと。九八〇ガル（地表のおよその重力加速度）を一Gとする。釧路沖地震やノースリッジ地震では、一Gを超える加速度が記録され、ノースリッジでは一・八Gの加速度を記録したところもあった。

32 **神戸市の地震対策** 神戸市は、一九八五－六年に神戸海洋気象台長を部会長に「地域防災計画地震対策編」を策定する際、震度6ではコストがかかるとして、震度5を想定してつくった。これまでの経験から地震対策より集中豪雨対策に重点を置いたため。

33 **十六世紀末の京都・伏見の大地震** 一五九六年九月五日に起きたマグニチュード7・5の「慶長の伏見地震」。伏見城天守閣が大破し、石垣が崩れ、圧死五百人。諸寺・民家も倒壊、死者多数。堺では死者五百人、奈良、大坂、神戸でも被害を出した。

34 **有馬・高槻構造線** 活断層「有馬・高槻構造線」が、通産省工業技術院地質調査所の九五年九－十月の掘削調査で、「慶長の伏見地震」（前項の注参照）の際に動いたことが確実になった。約二千年に一度の割で活動しているため、当面ここで直下型地震が起きることはないだろう。

35 **災害対策基本法** 災害を「暴風、豪雨、洪水、高潮、地震、津波、噴火その他の異常な自然現象又は大規模な火事若しくは爆発その他その及ぼす被害の程度においてこれらに類する政令で定める原因により生ずる被害をいう」と定義、さらに防災は「災害を未然に防止し、災害が発生した場合における被害の拡大を防ぎ、及び災害の復旧を図ることをいう」と定義する。

36 **チリ沖の地震** 一九六〇年五月二十三日。チリ沖でマグニチュード9・5の記録された世界最大の地震。二十四日二時ごろから津波が日本各地に襲来、三陸沿岸で五－六メートルの津波となる。

37 **防災基本計画の一部修正** 米カリフォルニア州のサンフェルナンド地震（一九七一年）ではサンフランシスコの高速道路が落ちた。これを契機に、大都市の近代建築物の被害発生に対し、中央防災会議は「大都市地震対策推進要項」

を制定。

38 **災害列島**　災害を防ぐ治山・治水は古代からの大きな課題で、明治政府は治山三法（河川法、森林法、砂防法）を制定し、国策として取り組んだ。その成果があがるのは、河川については伊勢湾台風以後。津波はチリ地震津波以降。また火災については酒田の大火以降、都市の耐火建築と区画整理が進んだため。ここ数十年、局所的な自然災害を除き大きな被害はなく、最後に残ったのが地震対策だといわれている。

39 **自衛隊撤収**　九五年四月二十七日までに現地派遣の自衛隊員全員が撤収。陸上自衛隊員が救助した被災者は百五十七人、遺体収容は千二百二十一人。一月二十四日に神戸市中央区の神戸港に野外浴場「陸自第三師団みうら温泉」（湯は海上自衛隊の輸送艦「みうら」で沸かす）以来、風呂は最大二十一カ所に設置、のべ五十一万人が利用した。解体した家屋は二千六百二十六戸。自衛隊の救護所は十八カ所、二万四千六百三十七人を診察。

40 **地震兵器**　ニコラ・テスラ（一八五七－一九四三）という天才的な電気学者の発想によるが、実現不可能とされる。ハンガリーに生まれ、一八八四年、アメリカに移住。エジソンの研究所で働くが、エジソンの独裁的性格に神経質なテスラが対立し、独立する。エジソンと徹底的に闘い、ナイアガラで、エジソンの直流発電に対して交流発電を成功させ、今日の発電・送電技術の基礎をつくる。十数カ国語に通じ、詩人でもあったが、貧困のうちに没す。

41 **緊急の出動要請**　一月十七日午前六時三十五分で、これが自衛隊が被害の通報を得た最初。

42 **ヘリ出動**　八時半まで淡路島と神戸市を偵察飛行した。

43 **航空自衛隊**　兵庫県知事が航空自衛隊に出動を要請したのは十八日午後九時で、「救援物資の輸送」が主な目的だった。

44 **木更津のヘリコプター団**　千葉県木更津市の陸上自衛隊木更津基地からCH47が八機投入された。

45 **第三特科連隊**　十七日午前六時四十分、姫路署から第三特科連隊（七百人）に警官救助の出動要請の電話。連隊長は十分後に隊員を呼び出し、派遣可能な五百三十人が集合した七時半に、準備を命じた。九時半に先導役のパトカーが到着。県庁への二度目の電話が通じたとき、担当者の「お願いします」を正式要請とし、十時十四分に隊員二百十五人が供水トレーラーを持ち、姫路駐屯地を出発。約三時間後に神戸市の兵庫署と長田署に到着、人命救助を開始した。

46 **知事の登庁**　貝原俊民兵庫県知事が登庁したのは八時二十分。

47 **液状化現象**　地震の揺れで、地盤の砂などが液体のような状態になり、水や砂が地表へ噴き出すこともある。人工島のポートアイランドと六甲アイランドともに最大約三メートル沈下。

48 **超高層ビル** 一九六四年の東京オリンピックで外国人を宿泊させるため、ホテルニューオータニなどの建築ラッシュがあった。その前年、一九三一年に制定された三十一メートル（百尺）というビルの高度制限が撤廃されたため。一般に超高層の最初は一九六八年の霞が関ビルとされている。

49 **電卓** 一九六四年三月、早川電機（現シャープ）とソニーが初の電卓を発表。早川のトランジスタ使用の「コンペット」は一台五十万円だった。

50 **野島断層** 今回の地震で地表に表れた淡路島の野島断層を掘削調査した鈴木康弘・愛知県立大助教授のグループは、二千百年前から千八百四十年前に、この断層が動いた証拠を発見した。

51 **都市計画** 米国カリフォルニア州の「活断層法」では、断層から十五メートル以内の建築が規制されている。

52 **日本の医療チーム** 岡山市に本部を置くAMDA（アジア医師連絡協議会）で一九八四年設立のボランティア組織。九五年六月、国連NGOカテゴリーⅡに認定。

53 **建築物の応急危険度判定** 九五年三月までの第一次調査では、約二千八百棟（ビルのみ）の使用禁止のみを判定。第二次調査では四階以上の共同住宅約四万六千五百棟を調査、危険六千五百棟、要注意九千三百棟、調査済三万八百棟の三段階で判定。木造住宅はボランティア建築士四千人弱が二万五千棟を調査判定。

54 **藤田和夫** 一九一九年生まれ。京都大学理学部地質学鉱物学科卒。理学博士。日本列島の第四紀地殻変動と、西南日本の地震地質を専門とする。秩父宮記念学術賞受賞。（二〇〇八年没）

55 **『日本の山地形成論』** 藤田和夫『日本の山地形成論 地質学と地形学の間』（蒼樹書房、一九八三年）

56 **造山運動** 大陸どうしが衝突すると、そこで一方の大陸が他の大陸の下にもぐり込み、高い山脈がつくられる。日本列島では日高山脈、日本アルプス、丹沢山地などが造山運動によってつくられたと考えられている。

57 **今西錦司**（一九〇二－九二） 動物学者、人類学者。京都市生まれ。京都大学、岐阜大学名誉教授。生物社会の認識論ともいうべき「棲み分け理論」を提唱、これをもとに独自の進化学説を唱え、今西進化説と呼ばれてダーウィン進化論に対立した。

58 **氷河時代** 地球上が氷河におおわれた時代で、最後の氷河期は約一万－六万年前。現在の氷河は陸地面積の約十分の一を占める。日本には現存氷河はないが、その跡を飛騨、木曽、赤石、日高などの山地に見ることができる。

59 **『子供の科学』** 一九二四年創刊の誠文堂新光社の月刊誌。現在も続く。

60 **国際地球観測年** 一九五七年七月から翌年十二月まで、南極での観測を中心に地球物理全般にわたり、国際共同観測が行われた。日本も南極観測に参加。五九年は国際地球共同観測年として、六四年は太陽活動極小期国際観測年として国際共同観測が行われた。

61　**プリュームテクトニクス**　丸山教授のプリュームテクトニクス仮説はスーパープリューム仮説を発展させたもの。地球というシステムは、原因と結果が直線的ではない非線形のモデルとして記述することができ、丸山仮説はその可能性をもつとの指摘もある。

62　**大阪層群**　近畿地方の三百万年前の第三紀末（鮮新世）から三、四十万年前の第四紀（更新世）に続く地層。丘陵地を形づくり、平野や盆地を支え、海層粘土層、火山灰層を含む約四十層から成り、厚さは最大千五百メートルに及ぶ。世界で最も詳細に調べられている地層という。

63　**丹那トンネル**　一九一八年着工、三四年使用開始。東海道本線熱海－函南間の全長七千八百四十メートルのトンネル。建設地の地質は富士火山帯に属する複雑な構造で、さらに火山の熱水作用で変質した粘土層や多数の断層、高圧の地下水があり、世界のトンネル工事史に残る難工事だった。

64　**活断層が活動**　世界各国の地震記録を解析した菊地正幸・横浜市立大教授によれば、淡路島北端から始まった活断層のズレは北東－南西の両側に進み、次に別のふたつの北東方向の断層に連鎖反応を起こし、神戸市付近の地下の岩盤を横切り、十秒余の時間で三つの断層、計三十五－四十五キロが動いたという。

65　**ひずみ計**　地殻のわずかな伸び縮みを計測する装置。かつては石英管伸縮計などで観測。ボアホール式（孔井式）体積ひずみ計は土地の膨張、収縮を計測する。伸びと縮み、それらの方向というひずみの三成分を測定するため、防災科学技術研究所の坂田正治氏がボアホール式三成分ひずみ計を製作し、関東地方で観測している。

66　**南海トラフ**　太平洋とフィリピン海の西の縁は特に深くなっており、屈曲部を境に北から千島海溝、日本海溝、伊豆－小笠原海溝、南海トラフ、琉球海溝と呼ばれる。西南日本で大きな被害を出す地震は、南海トラフ沿いに約百－二百年周期で繰り返し起きる南海地震で、一九四六年に関西地方に大きな被害をもたらした。また南海トラフの紀伊半島以東は東南海地震と呼び、一九四四年に名古屋を中心に大きな被害を出したが、戦時中のため政府は発表しなかった（米国には地震計の記録により知られていた）。

67　**大和堆**　日本海北部は深さ三五〇〇メートルだが、日本海中央に長さ四〇〇キロ、最浅所は水深二三六メートルの堆と呼ぶ山がある。ここの岩石の研究から、中生代末期から古第三紀初期にかけて日本海一帯は陸地で、大規模な火山活動があったことがわかった。日本海北部が深い海になったことについてはいくつか説があるが、日本列島が大陸からちぎれて東南へ移動したという説が多くの支持を集めている。一九二六年、測量船「大和」が発見して大和堆と命名。

68 **耐震工学**　一九二四年、関東大震災の翌年に日本で初の建築法規である「市街地建築法」が改正され、「設計震度」が盛り込まれた。世界で初めて耐震設計が建築法規に規定され、これはアメリカよりも三年早いという。

69 **電気科学館**　昭和十二（一九三七）年、大阪市の四ツ橋交差点に建てられた「市立電気館」で、当時世界で二十四台しかなかったプラネタリウムが東洋で初めて設置された。

70 **阪神・淡路復興委員会**　首相の諮問機関として九五年二月十六日に発足。委員長は下河辺淳（元国土庁事務次官、総合研究開発機構理事長を経て、東京海上研究所理事長）、委員に伊藤滋（東大教授を経て慶大大学院教授、日本都市計画学会会長）、堺屋太一（作家、経済評論家）、一番ケ瀬康子（日本女子大教授、社会福祉）、川上哲郎（住友電気工業会長、関西経済連合会会長）、貝原俊民（兵庫県知事）、笹山幸俊（神戸市長）の諸氏。特別顧問に後藤田正晴（元副総理）、平岩外四（東京電力相談役、経団連名誉会長）の諸氏で構成。

71 **弘原海清**　一九三二年、兵庫県生まれ。大阪市立大学大学院理学研究科修士課程修了。大阪市立大学理学部長を経て、九五年四月より岡山理科大学教授。専門は構造地質学、情報地震学。（二〇一一年没）

72 **『前兆証言1519！』**（東京出版、一九九五年）　弘原海教授が阪神大震災直後から市民の感知した自然界の異常（宏観異常現象）に関する証言を集めたもの。

73 **地震雲**　地震の前に現れる珍しい雲を指す。報告は多いが、現象を特定する明確な記述は少ない。

74 **稲の縮班**　イネ科の植物の葉に、幅が狭まり、線上に縮れた場所があり、これを縮班と呼ぶ。京都の舞鶴地方では昔から、縮班の位置が台風や地震などの発生に関係しているといわれてきた。大量の葉から、葉の全長での縮班の位置、葉の出る方向を統計的に分析、地震の発生する日時、方向を予測する。

75 **ケヤキ**　ケヤキの生体電位を測り、地震を予知する。鳥山英雄東京女子大名誉教授は、東京・杉並の自宅で十八年間計測し、M7前後の地震では、半数近くが異常を示したという。最も顕著だったのが、九三年七月の北海道南西沖地震の前だった。

76 **ネムノキ**　東大地震研究所の広島地震観測所は、九四年十月からネムノキの生体電位を測定し、地中の電位や電波の変化をとらえようとしていた。島根県の三瓶山南麓での観測データには、今回の地震の三日前から大きくうねるような信号が記録されていたという。

77 **伊豆半島東方沖の群発地震**　九五年九－十月に、伊豆半島東方沖で起きた群発地震。気象庁は火山性微動と発表したが、研究者は反論。気象庁の観測点が三カ所に対し、東大地震研は十カ所以上。両者の間に専用線はあるが、相手の了解がないとデータはもらえない。気象庁は運輸省の機関だが、東大は文部省の管轄下のため。九五年七月に施行された地震防災対策特別措置法では観測機関のデータ共有を進めることが盛り込まれたが、実現するのは九六年度以降。

78　**南九州の地震**　九五年十月十八日と十九日に鹿児島県喜界町（喜界島）の南東約七十キロ、深さ二十キロを震源とするM6・5とM6・7の地震があった。十八日のM6・5の地震で、気象庁は「津波なし」と予報したが、その後の調査で十九日の津波より大きく、東大地震研などはM7級の地震と推定したため、計算をやり直した。

79　**猪名川の群発地震**　兵庫県猪名川町周辺で九四年十一月から群発地震が続き、九六年一月三日にも震度4の地震が起きた。全国十大学が合同観測を開始。近畿地方を東西に圧縮する力で熱い地下水が上昇し、地下二十キロ付近で群発地震が起きているとした。

80　**地電流ではないモデル**　大阪大学理学部の池谷元伺教授は、前兆現象について岩石破壊の際に生じる、圧電効果（ピエゾ効果）による電磁気断層モデルを提案し動物異常行動を実験室で再現している。詳しくは岩波『科学』九六年六月号参照。

81　**セロトニン**　セロトニンは脳の活動を高めるとされる。抗セロトニン薬は覚せい剤となり、LSD－25などはこの例。

82　**国家地震局**　中国は、国務院に直属する国家地震局が中心になって地震予知を行っている。

83　**ヒトと動物の関係学会**　九五年十月二十一日、神戸で開催された際のテーマが「人と動物の大地震　何がおこり、何をなすべきか」。シンポジウムは「地震と動物の行動――動物は何を見たか――」（座長＝奥野卓司・甲南大学教授）。講演は弘原海清（大阪市大）「動物の地震予知」、権藤真禎（神戸市立王子動物園）「動物園の動物たち」、吉田明子（日本愛玩動物協会）「避難所の動物たち」。

84　**震災対策用装備**　防衛庁陸上幕僚監部は九六年四月十九日、大地震などに備えるために開発した「人命救助システム」を公開。コンテナに油圧カッター、救急医療セットなど救助用具一式を詰め、ヘリコプターで被災地に空輸できる。

85　**三宅島噴火**　一九八三年十月三日、伊豆七島の三宅島で雄山が噴火。溶岩が西端の阿古集落四百十戸の九割以上を埋め、約二千二百人が北部に避難。十月四日、住民五百三十三人が本州へ避難。その後八六年十一月十五日、大島三原山が噴火、十一月二十一日に全島民約一万三百人と観光客に島外への避難命令。

86　**海上自衛隊**　兵庫県知事が海上自衛隊呉地方総監に出動要請したのは十七日午後七時五十分。護衛艦「とかち」は同八時すぎ、神戸市の阪神基地沖に停泊。どの岸壁を使うかで神戸市との調整が遅れ、着岸したのは十八日午前十時五十三分だった。

87　**ポートピア'81**　一九八一年三月二十日－九月十五日、神戸ポートアイランド博覧会（ポートピア'81）開催。神戸市の主催で大成功し、その後の自治体主催の博覧会の先駆けとなった。

88　**阪神間**　昭和十年頃、大阪郊外全体で五百二十万坪の住宅建設が進行中で、それまで大正から昭和にかけては「理想主義者や建築家や事業主の自由な近代都市生活提案の試みであった」（安田孝・摂南大学助教授）という。

89　**手塚治虫『メトロポリス（大都会）』**（育英出版、一九四九年）『ロストワールド』『来るべき世界』とともに、手塚漫画初期の傑作。

90　**外国人居留地**　江戸幕府が一八五八年に米、蘭、露、英、仏の五カ国と結んだ修好通商条約で、五九年から横浜、長崎、函館、六八年から大阪、神戸、六九年から東京、新潟に外国人の居留を許す場所が定められた。

第三章

1　**仮設住宅**　九六年三月末現在、兵庫県内には四万七千二百三十戸の仮設住宅がある。仮設の入居期限は法律上二年間だが、公営住宅の建設が間に合わないために期限をさらに延長する仮設住宅がある一方、中学校の校庭に建てた仮設住宅は当初から一年の期限だったため、九六年四月から一部では撤去作業が始まった。

2　**佐藤紅緑**（一八七四－一九四九）俳人、小説家、劇作家。青森県弘前市生まれ。正岡子規に師事し、俳人として出発。新派の脚本も書く。二七（昭和二）年より『少年倶楽部』連載の「あ、玉杯に花うけて」で人気作家に。長女は作家佐藤愛子。長男は、五四（昭和二九）年に童謡界への貢献により文部大臣賞を受賞したサトウハチロー。

3　**旧谷崎潤一郎邸**　関東大震災後、阪神間に移り住んだ谷崎にゆかりの住宅は十数カ所あるが、無事だったのは『細雪』を執筆した「倚松庵《いしょうあん》」（神戸市東灘区）のみ。これは神戸市都市計画局が九〇年に移築、鉄骨で補強していたため。しかし東灘区魚崎北町の「横屋川旧邸」は全壊、東灘区岡本の和洋折衷の木造二階建ても崩れ落ち、『細雪』の風景が失われた。

4　**大石輝一**（一八九四－一九七二）大阪市生まれ。独学で洋画家を目指すが一九一六（大正五）年、熊野で交遊した佐藤春夫らの勧めで上京、本郷洋画研究所に学ぶ。関東大震災後は帰阪し、美術団体を組織するなど、大阪や兵庫の洋画界を率いた。三四（昭和九）年、自らの意匠による茶房ラ・パボーニを開店。晩年は三田市のアートガーデン建設事業に没頭した。

5　**サンテレビ**　ネットワークに属さない、神戸にある独立UHF局。兵庫、大阪のほとんどを放送エリアとする。

6　**薄田泣菫**（一八七七－一九四五）　明治期の詩人、随筆家。岡山県生まれ。東京で苦学した後、関西に住む。日本初のソネット形式を含む雑誌投稿で認められ、第一詩集『暮笛集』で地位を確立。

7　**野田正彰**　一九四四年、高知県生まれ。北海道大学医学部卒業。その後、長浜赤十字病院精神科部長、神戸市外語大教授を経て、京都造形芸術大学教授。専攻は精神病理学。『災害救援』（岩波新書、一九九五年）は奥尻、島原、阪神大震災の現地リポート。

8　**精神科の先生たち**　中井久夫編『1995年1月・神戸』（みすず書房、一九九五年）は、副題にあるように、全国からボランティアで集まった「『阪神大震災』下の精神科医たち」の活動のレポートである。

9　**厚生省**　作家で精神科医の加賀乙彦氏はボランティアを志願し、国立神戸病院にある厚生省現地対策本部に電話したところ、東京本省の対策本部に電話して欲しいとの返事。本省では現地からの派遣要請はなく、ボランティアは結構だとの返事。そこで加賀氏は旧知の神戸大学・中井久夫教授に連絡すると、生花が欲しいということで、持てるだけの生花をカートに積んで、二月六日早朝に神戸に向かった。詳しくは前掲書『1995年1月・神戸』参照。

10　**木々高太郎**（一八九七－一九六九）　昭和期の探偵小説家、生理学者。甲府市生まれ、本名は林髞。慶応大医学部卒、ソ連のパブロフに師事。『人生の阿呆』で直木賞受賞。生涯結婚二回説を唱えた。

11　**開高健**（一九三〇－八九）　小説家。大阪生まれ。大阪市大法学部卒。戦後の大阪焼け跡・闇市で青春を送り、寿屋（後のサントリー）宣伝部でコピーライターとしての才能を発揮。『裸の王様』で芥川賞受賞。ベトナム戦争に従軍、体験記『輝ける闇』がある。ほかに『日本三文オペラ』など。

12　**義援金**　日本赤十字社に寄せられた義援金の場合、九六年一月十七日現在で、二百六十一万二千四百三十九件、千一億八千九百六十三万三千六百五十四円にのぼり、全額が兵庫県の防災計画に基づく「兵庫県南部地震災害義援金募集委員会」に送付された。日赤は震災から満一年を経た九六年一月末日で義援金受付窓口を閉鎖。

13　**高橋和巳**（一九三一－七一）　小説家、中国文学者。京大在学中に小松左京らと同人誌を発刊。中国文学研究、翻訳をすすめる一方、『VIKING』に「憂鬱なる党派」を発表。『悲の器』で河出書房文芸賞受賞。大学闘争時、京大助教授の職を辞し、理念を貫徹したが早逝。死後、評論集『わが解体』刊行。

14　**神戸ハーバーランド**　震災被害が比較的少なかった複合商業地域。九五年一月下旬から三月中旬までに大型の商業施設が次々と営業再開。被害の大きい三宮地区から客が流れ、第二都心として消費者の注目を浴びた。

15 **鉄骨トラス構造**　棒状の鉄骨の端を結合して組み合わせた構造物。この構造を安定させるためには、三角形の骨組みを基本単位としてつくる。トラスを利用して長大な橋桁、屋根、高い塔などをつくることができる。

16 **神戸大学**　神戸大学では震災で三十九人の学生と二人の教職員が死亡。「兵庫県南部地震に関する総合研究」は全学部と付属研究所に他大学も加え約二百四十人の研究者が参加、「活断層と地盤の動き」「被害の実態と原因究明」「地域経済に及ぼした影響」などを研究。

17 **片岡邦夫**　一九四〇年生まれ。神戸大学工学部長。京都大学工学部化学機械科卒業。工学博士。「渦流による伝熱促進」「テイラー渦流のカオスの発生機構」などを専門とする。

18 **耐震基準の見直し**　科学技術庁防災科学研究所（茨城県つくば市）は、震災後、調査団を現地派遣し、これまで直下型地震を想定した建物の耐震実験がなかったとして、同研究所の大型耐震実験施設で今回の地震を再現した実験が必要とした。

19 **土木学会や建築学会**　土木学会、日本建築学会、地盤工学会の三学会は、合同で「阪神・淡路大震災調査報告書」をつくる。全四十巻、約一万頁の予定で、完結まで数年を要する。

20 **神戸の水害**　一九三八（昭和十三）年七月五日、関西地方に豪雨。神戸布引水源や六甲連山の各河川が氾濫し、神戸、芦屋、西宮に大きな被害が出、死者九百三十三人、流失破壊家屋は一万三千二百戸に及んだ。このため東海道、山陽両本線が六日間不通となる。

21 **ハブ・ポート**　二十四時間稼働する国際物流の拠点港。震災では大阪港がその代わりとなったが、一部が韓国・釜山港などに移り、そのまま戻っていない。

22 **クラッシュ・シンドローム**　挫滅症候群。重い物の下敷きになった身体が血行不良となり、その部分が壊死し、さらに腎不全を起こして死に至る。今回の地震では、二十歳の女性が木造二階建て社員寮の下敷きとなり、六時間後、市の応急救護に送られた。大きな外傷はなかったが、ショック状態のため市民病院へ転送が必要と判断。しかし搬送が遅れ、高カリウム血症による心停止をきたしたが、集中治療室で心拍再開。診断は骨盤骨折、胸椎骨折、腹腔内出血および臀部から両下肢の圧挫滅（挫滅症候群）。容体は徐々に悪化、腎不全で透析が必要になり、一月二十日、千里救命救急センターに転送。両下肢が完全に壊死しており、翌日、切断の必要を両親に説いたが、不具になるからと拒否。本人は精神的ストレスのため自己判断できず、二十一日死亡した。

23 **災害シミュレーション**　「地震時の大火のシミュレーション技術の開発」を研究している小出治・東大工学部教授は

「想定に使用されるシステムが、時代の推移とともに外部からはブラック・ボックスとなり、得られた結果の数字が独り歩きしている現状を見ると、防災対策と被害想定の間に一線を画すべきではなかろうか」とし、「援助体制も、机上のプランでは実際上は役に立たないことが、今回の教訓から十分に反省させられる」とする。

24 **救急医療システム**　北海道南西沖地震、阪神大震災、地下鉄サリン事件などを踏まえ、災害医療という新しい分野を開拓するため、大阪府立千里救命救急センターが事務局となり、九六年一月二十六日、第一回日本集団災害医療研究会が開催された。

25 **軽量プレハブ**　全壊した木造家屋のほとんどが、戦前から戦後にかけて建てられたもの。西日本では台風の風で屋根が飛ばされないよう瓦を重しとしているため、屋根の重みに耐えられず倒壊した。プレハブ住宅に全・半壊がなかったのは、屋根が軽く、在来工法に比べて壁が比較的強かったからである。ミサワホームの調査では、六千五百八十棟中、全・半壊がゼロで、地盤による損傷が三十九棟、要補修が千六百棟、焼失が五棟という。

26 **震災文庫**　神戸大学付属図書館が整理した「阪神・淡路大震災関係文庫」。九五年十一月十日までの収集リストは、毎日ムック完全保存版『詳細阪神大震災』（毎日新聞社、一九九六年）に掲載されている。

27 **DVD**　デジタル・ビデオ・ディスク。音楽用のCDと同じ大きさで、大容量の記録媒体のために二時間の映画が入る。九五年、日米欧で映画用のDVDとコンピューター用のROMについての共通規格が確定し、九六年中にはソフトとプレイヤーが供給される予定。

28 **外国語放送**　九五年九月一日「防災の日」に、東京ではNHKと民放ラジオ局（TBSラジオ、文化放送、ニッポン放送、FM東京）が、大災害時を想定して、NHKと民放が一体となって被災者への情報番組「災害情報交差点」が放送された。三十分番組だが、放送史上初。NHKは震災後一年を期し、ラジオ・テレビ七波を、総合とラジオ第一（FMも）は基本情報と聴覚障害者向け、第二が外国人向けと視覚障害者向けと、役割を分担させることにした。

29 **テレビの一周年特集**　NHK総合テレビの全国放送では約十時間、近畿ブロックでは約十六時間の関連番組。ラジオは大相撲中継を除き、約二十二時間の特別・関連番組。民放各局は午前五時四十六分に合わせて特集を組み、そのほかNTV系は午後五時から「よみがえれ！わが街」を、TBS系は夜九時からの「スペースJ」、フジ系は午後二時からのレギュラー「ビッグ・トゥデイ」の中で、テレビ朝日は午後三時から「列島の傷跡」の特別編成を組んだ。

30 **震災記録情報センター**　自治体、大学、企業、図書館などが個別に収集した資料のネットワーク化と保存に取り組む。「地元NGO文化情報部」が前身で、九六年一月二十四日から二十八日まで「阪神大震災から一年展」を開催。

31　**NPO**　ノン・プロフィット・オーガニゼーションの略。非営利ボランティア組織の意味（ボランティア組織の中にも営利を目的とするものがある）。

32　**賀川豊彦**（一八八八－一九六〇）　近代の代表的キリスト者で社会運動家。神戸生まれ。一九二〇年、ベストセラーとなった小説『死線を越えて』で有名に。関東大震災の後東京に移り、本所にセツルメントを開いて、救済事業をはじめ各種の社会事業を起こした。

第四章

1　**土岐憲三**　一九三八年生まれ。京都大学大学院工学研究科博士課程修了、同大学防災研究所教授。地震時における地盤振動特性、ライフラインの耐震性などを専門とする。土木学会論文賞受賞。

2　**国際防災の十年**　国連決議で一九九〇年から九九年までを「国際防災の十年」とし、国際協力で開発途上国の災害による人命や財産などの軽減を目的とする。阪神大震災に関連して、九五年十二月に神戸で「アジア防災政策会議」が開かれた。

3　**河角広**（一九〇四－七二）　昭和期の地震学者。東大卒。一九四四年東大教授、六三年東大地震研究所所長。五〇年に古地震の研究から関東大震災六九年周期説を唱え、七六年から要注意とし、このため東京都や神奈川県は昭和五十年代を想定した地震対策に力を入れた。東大退官後も地震対策の確立を訴え続けた。なお、六九年説はデータが古いため、現在は否定されている。

4　**補強**　阪神高速道路公団は、管理する十三路線、計約二百キロのすべてを対象に、震度7に耐えるべく橋脚の復旧・補強工事を三年で完了させる予定。また首都高速道路公団も、補強・強化工事を進めている。

5　**「一本足」の高速道路**　阪神高速道路神戸線上、神戸市東灘区で六百三十メートルにわたり倒壊した部分は鉄筋コンクリート製の一本柱の橋桁に鉄製の橋桁を乗せる「ピルツ工法」がとられた。七〇年の大阪万博に間に合わせるため六八年着工、異例のスピードで完成。日本で初めての工法のため、専門家による「ピルツ委員会」がつくられた。

6　**メモリアル・コンファレンス・イン・コウベ**　日本建築学会、土木学会、日本都市計画学会ほか三十数団体で組織委員会がつくられ、事務局は京大防災研究所地域防災システム研究センターに置かれた。九六年一月十八－十九日、神戸国際会議場で開催。分科会は「地震動と地震災害」「地域・まちづくり」「危機管理」「被災者支援」「わが家の安全」「もしも阪神・淡路大震災が……」。

7　**「地震が何回か関西で起きる」**　震災後、「西日本は地震の新たな活動期に入った」と地震予知連絡会長はコメントを出した。これは一九四六年の前回の南海地震（M8・0）から五十年たち、今回の地震が、巨大地震の前兆となるいくつかの内陸地震のひとつである可能性があるという意味。

8　**リアルタイム地震学**　現段階では地震予知が困難なことから、「各種の観測データをリアルタイムに処理し、地震の発生位置、マグニチュードや断層の動きなどの地震の性質に関する情報を即座に提供する学問」（野田茂、目黒公郎両氏の定義）を指す。地震情報を生かすのが工学や社会学で、地震災害を軽減する学問は「リアルタイム地震工学」「リアルタイム地震防災」という。

9　**自治体の観測発表**　九五年四月一日の新潟県北部の地震（M6・0）で、県が独自に設置した震度計の観測結果を発表。一般向け震度情報を公表する機関は気象庁だけとされているが、静岡、千葉、東京などは自治体が震度計を設置しており、同庁は自治体の観測データを震度情報に取り込む方針。

10　**土盛りした所**　立命館大理工学部の高橋学助教授によれば、明治時代に主要な集落は段丘などに集まり、後背湿地を水田などに利用していたが、都市化の進行で埋め立てられ住宅地となっていった。西宮市全域で圧死した約千人のうち、段丘上ではわずか数人、そのほかは昔の河川跡や後背湿地など軟弱な場所だったとする。

11　**「新耐震設計法」公布以前の建築**　十階建て前後のビルで中間層崩壊を起こしたものは、八一年の「新耐震」以降のものはなく、七一年の「旧耐震」以降のものも少なく、ほとんどがそれ以前に建てられたものだった。

12　**インピーダンス**　電流の流れにくさ、つまり電気抵抗を表す量のことで、電圧と電流の比をいう。ここでは交流の場合を説明している。

13　**免震装置**　免震装置のアイデアは関東大震災以降いくつか出された。一九六九年にユーゴスラビアの小学校が免震装置を利用して建設され、七〇年代フランスで研究が進み、八〇年代にはアメリカ、ニュージーランドでもビルに免震構造が採用される。日本では一九八三年、多田英之氏、山口昭一氏がユニチカなどと共同で免震構造の住宅を建設したのが最初。現在、関東を中心に八十棟を超える免震ビルがあるが、西日本では三棟のみ。

14　**制震装置**　「制震」という概念は、超高層ビルの風圧の揺れを抑えるためにアメリカ東部で始まった。風や地震の揺れに対して共振を起こさない装置をつけた受動《パッシブ》的制御と、建物の揺れをセンサーなどで自動的に検知して振動を制御する能動《アクティブ》的制御がある。

15　**WTC**　大阪ワールドトレードセンタービルディング。大阪市住之江区南港北にある地上五十五階、地下三階、最高部高さ二百五十六メートルで西日本一の超高層建物。耐震設計は中地震に対し弾性変形で対応。大地震では部分的損傷はあっても、復旧可能な性能。制震装置として地上風速二〇メートルまではパッシブとアクティブ併用のハイブリッド方式、風速四〇メートルまではパッシブ方式で制震。

16 **水タンク** 制震装置に、水タンクの代わりにビルの屋上に設置するヘリポートなどを利用することもある。

17 **木造建築の塔** 兵庫県内には、江戸期以前建立の五つを含めて全部で十五の三重塔があるが、ほとんど損傷していない。ただコンクリートの三重塔にひびが入ったという報告がある。

18 **日本免震構造協会** 免震構造に関係する企業、団体、研究者、技術者の任意団体。設立趣意には、免震構造が注目されているが「これまで精力的に推し進めてきた研究・開発の成果を結集し、さらなる創意を積み重ねるとともに社会に対しても積極的に普及を働きかける必要がある」とある。

19 **パソコンとそのネットワークの普及率** パソコン通信は電話回線を利用するが、電話と異なり、一対多、多対多、多対一のコミュニケーションが可能で、好きな時間にアクセスできる。大手の商用ネットは今回の震災で無料の「掲示板」をつくり、さまざまな情報が交換された。高野孟『GO EQUAKE パソコン・ネットが伝えた阪神大震災の真実』（祥伝社、一九九五年）参照。

20 **インターネット** インターネットも電話回線を利用するが、電話と異なり、「中央」交換機を必要としない「自律・分散・協調」を基本とするネットワークで、個人が初めて手にした、世界への情報発信メディアである。

21 **サーバー** 発信者の情報を手元に置き、受信したい人が自由に利用できるシステムの核になるコンピューターをサーバーという。サーバーにファイル（情報）を置いておくと、誰でも自由にアクセスして必要なファイルだけを自分のコンピューターに転送（ダウンロード）できる。

22 **河口湖の地震** 九六年三月六日に起きた、山梨県東部を震源とするM5・8の地震。河口湖で震度5、横浜で震度3、東京で震度2。地震予知連の委員は「東海地震などと同じフィリピン海プレート内で起きている。今後注意が必要となったといえる」とした。

23 **ジョン・ダン**（一五七三―一六三一） イギリスの詩人、神学者。風刺詩、書簡詩、挽歌などを詩作し、思想と学識に裏打ちされた情熱と機知でたくましい表現を目指し、今日にも影響力をもつ。カトリック教徒として育つが英国教会に改宗、優れた説教師でもあった。

あとがき

それにしても、一九九五年という年はなんという年だったか。一月十六日までは、私は毎日新聞に一年間連載の約束で、「宇宙」のことを書く資料収集などの準備にかかっていた。

そして一月十七日早暁。あの、青天の霹靂《へきれき》のような阪神大震災が、私のなじみ深い地域をおそった。その惨状と災害のスケールが、近所に住む私に、在阪在京のマスコミよりもずっと速やかに把握されてくるにつけ、地質学的SFを書いた経験のある私には、眼前に起こったこの大異変を記録し、できるだけの解析を試みる義務感のようなものがわき上がってきた。

毎日新聞の東京本社に申し入れて、テーマ変更を了承して貰ったのは、一月末だったろうか。宇宙に関する今までの資料を一応後ろに引っ込め、大急ぎで現場の大学の専門家、京大防災研などを駆けめぐって材料を集めにかかり、四月一日の連載開始のために、第一回分の原稿入稿が、ぎりぎり三月半ばということで、何とか間に合わせることができた。

その後、第二回の原稿を書くための材料を集めにかかって、まもなく入稿という時に、三月二十日、あの地下鉄サリン事件が起こった。このため、東京の官庁関係の取材は、しばらく延期しなければならなかった。その上、東京関係のマスコミの阪神大震災取材体制が、手薄になった感じを持ったが、これもある程度やむを得なかったろう。四月に入ると、大阪の知事選に私も若干巻き込まれたが、結果は、唖然《あぜん》とするようなものだった。

そのうち、すでに破綻が問題になっていた東京の二信組に続き、関西でも兵庫銀行、木津信組の破綻にいたる一連の住専問題、金融危機がクローズアップされてくる。海外では、ボスニア・ヘルツェゴビナは相変わらず泥沼状態、チェチェン問題があらためて火を噴いていた。そんな中で、大阪では、十一月にAPECが行われ、さらに十二月に入ると、日本のこれからの原子力政策の根本を揺るがしかねない、高速増殖炉「もんじゅ」の事故が起こった。

年が明けて、連載は三月いっぱいまで続いたが、その間に、今度は私の非常に古くから慣れ親しんでいた友人たちの訃報が、次々と届いた。岡本太郎さん、結城昌治さん、司馬遼太郎さん、武満徹さん、大藪春彦さん、そして飯干晃一さん……。

これらのうちつづく訃報が、私自身の精神状態にもたらしたダメージは、今になってみると、よく最後まで持ちこたえられたものだと思う。

本文の中でもちょっと触れておいたが、九五年六月から八月にかけての猛烈な暑さの中を一人で歩き回ったために、私は体調を崩し、そして今から考えると、かなり鬱《うつ》の状態になっていたようである。しかし、何とか毎日新聞との約束を果たすことができ、さらにここに一冊の本としてまとめることができた。まったく、やれやれという感じである。

健康も精神状態もやや恢復《かいふく》した今の時点で、この連載を振り返ってみると、この一年の間に、普段はあまり社会の表面にクローズアップされていなかった様々なすばらしい学者、専門家、そしてつい十年前までは社会に浸透していなかった新しい技術が、この大震災というものの地学的、社会学的、政治的特徴を把握する無数のモメントとして散らばっているのが、よくわかる。この現象の性格と特性を、より深く把握すべく、これらのモメントを再構成し、未来のための大いなる教訓として提出すべき仕事は、まだこれから先残されている。私自身も、この課題から逃げるつもりはない。

しかし、とにかくこれで、一区切りはついた。この連載のために集められた膨大な資料と、すばらしいヒントを与えて下さった専門家の方々の新しい知見と深い洞察を、私なりに反芻《はんすう》し、よりインパクトのあるメッセージをそこからくみ出す仕事は、しばらくの休養によって体調が恢復すれば、また取りかかるつもりだ。

この企画に厚い御好意を持って協力して下さった全ての方々に、感謝の意を込めて……。

一九九六年五月十日

小松左京　志す

阪神大震災の日　わが覚書

地震直後のわが家は……

それは、奇妙でショッキングな体験だった。

一月十七日の午前一時ごろ、私は週一回連載の新聞原稿を書き上げ、ファックスにセットして、一人で日本酒を二合ほど飲み、二階の寝室へあがった。還暦をこえてから次第に酒に弱くなり、和室の蒲団《ふとん》にくるまると、すぐ眠ってしまった。

ドン、ドン！　ドン、ドン！　と強力な水圧ハンマーで床下からつき上げるような衝撃がおそって来て、眼がさめた時は、まだ寝入りばなのような感じで、酒が少し残っていた。――こりゃ大きいぞ、と、半分夢うつつの中で思い、反射的に枕《まくら》もとの眼鏡をつかみ、起き上りかけた。とたんにほんの一呼吸おいて、ごおっとすさまじい地鳴り、家鳴りとともに横ゆれがおそって来て、私の体は蒲団の上にはりつけられるみたいになった。単なる横ゆれではなく、長楕円《ちょうだえん》を描くみそすり運動で、それは消灯したまま天井ではげしくぶんまわされているサークラインのプラスチックシェードの動きを見てもわかった。こんな時は、立ち上っても、たちまち脚をすくわれる。仰むけに寝て肱をつっぱったまま、天井を見つめるほかなかった。

ずいぶん長いように感じられたが、実際は、二、三十秒だったろうか。震動はゆるやかになってとまり、木造家屋は、なお不機嫌そうに身ぶるいし、どこかでめきめき軋《きし》む音をたてたが、それも静まると、あとは再び森閑とした静寂がもどって来た。――私はやっと立ち上って、廊下へ出る襖《ふすま》をあけた。襖のたてつけはいつもと変りなく、廊下の電灯もついていた。私は寝室を出た所にある、二階のトイレに附属した洗面台の水栓をひねり、眼をはっきりさせるために、軽く顔を洗い、ついでに水を一口飲んだ。その時は、何もチェックするつもりでやったわけではないが、半寝ぼけでやった、この一連の日常的動作が、可能であった、という事が、我が家の「被害程度」について、重要な意味を持っていた事は、あとで気がつくことになる。

妻が寝ている隣の寝室のドアがわずかにあいている。

「おい、どうだった？」

と通りすがりに声をかけると、

「すごかったわね……」

とわりとはっきりした声でこたえた。

私はそのまま妻の寝室の前を通りすぎ、階段の降り口へむかった。――その時は、何か落ちて来て当らなかったか、とドアをあけてたずねる事も思いつかなかった。地震が来た瞬間はこりゃ大変だと思ったが、すぎ去ってみるとまわりにはあまり被害はなく、大した事はなかったと思ってしまったのだ。

玄関の吹きぬけの天井からさがる照明具も、別にゆれてはおらず、無事だった。――本当のショックは、階下におりて、とっつきの部屋のドアをあけ、電灯をつけた時におそってきた。それはふだん見なれた部屋ではなかった。以前は書斎に使っており、増築してから、書棚やビデオラック類をまわりにおいていた。その部屋の様子が、何だこれは、どうなっちゃったんだ、という異様なものに変っていた。――しかし、気をおちつけてみると、北側の壁にそわせて立ててあったビデオラックが、ものの見事にひっくりかえり、約五百本収めてあったビデオカセットが、八畳ほどの室内に、床のカーペットが見えないほど一ぱいにとびちっているのだった。ラックの前にはまっていたスライド式のケースも、ものの見事にはずれて、部屋の中ほどにすっとんでいる。

少し隙間のあいた隣室との境いのすりガラスの二枚戸の向うに、本が散乱しているのが見える。私は中央部でもり上っているビデオカセットの端を少しずつ片づけ、そこを踏んで隣室のガラス戸をあけ、本をふみながら、スイッチにたどりついて明りをつけた。ここでも南側の壁にそわせた、重いガラスの開き戸のついたブックケースが、見事にうつぶせにたおれ、七百冊ほどの書物や文庫本、美術書などが、六畳間いっぱいに散乱し、ブックケースの上部は自ら吐き出した本の山につっぷしてわずかに床から浮いていた。

そこは書斎の控えの間で、仮睡をとるソファベッドなどがあったが、私はおちていた地球儀につまずき、本の山に足をすべらせながら、奥の書斎にたどりつき、スイッチをつけた。ここでも、週一回来てくれる秘書のライティング・デスクの上に右側のブックケースがたおれ、ケースの上部はパソコンの上にたおれかかり、CRTモニターを机の端までおしやっていた。私の主な仕事場である大きなライティング・デスクの三方は、天井までの造りつけの本棚にぎっしり本がつめこまれていたが、こちらの方は無事だった。

足の踏み場をさぐりながらひきかえし、一たん廊下へ出て、もと書斎の隣にある応接間のドアをあけ、明りをつけると、こちらはまた一段の惨澹《さんたん》たる有様だった。まっ先に眼にはいったのは、この部屋の西南隅に北をむいて壁ぞいにおかれていた、かなり高価で重厚な輸入物の高さ二メートルほどの食器ケースが、うつぶせにぶったおれている姿だった。中央の大きなテーブルに角をもたせかけ、水平から三十度ぐらいの傾斜でたおれている。二枚の分厚いガラス扉は前におっぴらき、中に気どって飾られていたヴェネチヤ製のワイングラスや、ペルシャの「涙壷」、その他もろもろの道楽コレクションが、前へ投げ出され、カーペットの上にこっぱみじんになってちらばっている。反対側の、南面しておかれたワイン・ケースはたおれていなかったが、その上におかれていた、繊細で乙女チックな人形――もちろん女房の趣味である。為念――は、ことごとく数メートルふっとび、飾り時計は、センターテーブルの端にうつぶせにたおれている。あとでとり上げてみると、その電池式の時計は、背後の電池がはずれてあらぬ方にとび、時計の針は、午前五時四十六分、つまり今回の地震の第一撃の時刻をさしたままとまっていた。

阿呆な話で、応接間の西南隅の床にいっぱいにちらばる、きらきらしたガラス片を見た時、私は、これは危い、と思って懐中電灯をさがしに行こうとした。しかし途中で、これが見えるのは、「電気」が来ているからだ、と気がついて、厚めのスリッパを探してはいた。——そのころになると、二階から妻がおりて来た。

「気をつけろ！　ガラスがちらばっているから……スリッパをはけよ」と私はいった。

「片づけられるか？」

妻は、あらまあ、と小さくつぶやいて、すぐ電気掃除器をもって来た。——そんなものが、吾が家にあるとは全然知らなかった、やたら強力そうな掃除器だった。

妻がガラスの破片をかたづけはじめた傍で、私はそれが目的だった、自宅の一番でかいテレビをつけて、どんな「情報」が流れているかチェックしはじめた。——勿論《もちろん》、最初はＮＨＫ総合だった。

神戸地方を中心に、午前五時四十六分ごろかなり大きな被害のある「直下型」の地震があった、という情報がはじめてはいって来た。震源は明石海峡、乃至は淡路島北端、マグニチュードは7程度、震度は、神戸、淡路島が6、大阪は4、芦屋市、西宮市は5程度……午前六時半ではまだ、その程度の情報だった。神戸市内、長田区方面で火災発生、道路、鉄道にも大きな被害が出た模様、阪神間に倒壊家屋、ビル被害が多数発生……まだヘリ空撮はなかったが、ＮＨＫ神戸支局の内部が、いきなりすごい地震にみまわれ、宿直員がひっくりかえり、ラック類が動きまわる映像がうつった時、私は、え？　これはとんでもない衝撃の局地地震だ、と胸をつかれた。

ライフラインは無事だった

妻は、眉をひそめて、ガラス器の細かい破片をクリーナーでかたづけていたが、私も何となくじっとしていられない気になって、隣室のビデオラックを起しにかかった。散乱したカセットをかたづけるのにも、まず収納場所を現状に帰する必要があると思ったからだ。――木製の安物で軽いと思っていたが、五百本のカセットを収めていたラックは、一人で起すのには相当力がいった。ついで書斎の控え室の書棚を起そうとしたが、これは一人では無理だった。私はクリーナーのスイッチを切った妻に声をかけ、二人でかけ声かけながら、やっと木製の重々しい書棚を起した。たったこれだけの事で、二人とも息を切らしていた。

「こんな重いのがひっくりかえるなんて……」と、妻は肩で息を切らせながらつぶやいた。「よっぽどすごい地震だったのねえ」

「ガラスは片づいたか？」と私はきいた。「気をぬかないで、難物をやっつけよう」

応接間へ行って、ドレクセル製の、高さ二メートル、幅七十センチほどの食器棚を、二人で起しにかかったが、これはかけ声をかけあわないと持ち上らなかった。ひさしぶりに、いいか、せーのーと気合をいれて、やっと直立させた。

二人は、ぜいぜい息を切らせながら応接間のセンターテーブルをはさんですわった。

「今はいいけど……」妻は肩と二の腕をさすりながらいった。「あとできっと痛くなるわよ」

私も食器棚を起す時、危うく腰をいためかけた。とっさに力をぬいて助かったが、肩で息をしながら、そうだ、いつの間にかおれたちは「老夫婦」になっていたんだ、と思った。あと十日ほどで私は満六十四歳をむかえ、妻は昨年還暦をむかえた。

テレビは刻々と被害状況をつたえていた。わずかの時間しかたっていないのに、その被害のはげしさと、範囲のひろがりが次第に伝わって来た。わが家の「ダメージ」ぐらいからは、想像もできないぐらい大きな地震災害だということがおぼろげながら理解されて来た。私の住む箕面《みのお》市の、つい西隣の、伊丹市、宝塚市、豊中市で倒壊家屋と死者が出たらしく、池田市、川西市も相当な打撃をうけたらしい。

「お茶でもいれてくれないか？」と息のおさまった所で私はいった。はい、と妻は台所に立って、ガスをひねる音がした。私は玄関をあけて、朝刊をとって来たが、当然の事、日経、産経の二紙とも、早朝の地震の事が出ているわけはない。たよりになるのはテレビとラジオだ。

香り高い茶を一服呑《の》んで、一息つくと、ふと私は気がついた。ガスで湯が沸かせるという事は——のちに一種の流行語になった「ライフライン」、つまり電気、水道、ガスは、わが家にあってはすべて無事という事だ。これは生活のためにラッキーな事かも知れない。

茶を飲んでいる時、家がゆっさ、ゆっさとゆれ出し、最初の余震がきた。妻は顔をこわばらせて立ち上りかけたが、私は一種の「間合」をはかっていた。余震は震度2と3の間ぐらいでおさまったが、そのあと突然、盗難警報のブザーが鳴り出した。

「何、これ？」と妻はけわしい声でいった。「火事泥じゃなくて、地震泥？」

私は玄関に行ってドアをあけ、屋内にかえってガラス戸ごしに庭を見わたした。誰もいる気配はない。妻にいって警報の元スイッチを消さしたが、その時、猫額の庭で、石の燈籠《とうろう》がものの見事にひっくりかえっているのを発見し、はて、と思った。

電話のベルがけたたましく鳴る。例によって警備会社から、警報が鳴ったが異常はないか、という問いあわせだ。妻が一応異常はない、と応対しているうちに、今度は門のチャイムが鳴った。インターフォンをつけると、車で十五分ぐらいのマンションに住んでいる長男が、安否をたずねて来たのだった。

「こっちは怪我《けが》はないが……」ドアを開けて招じいれながら私はきいた。「そっちはどうだ？　四階だから相当ゆれたろう？　双子ちゃんは？」

「いや、少し本がおちたくらいで……」。大阪の広告代理店につとめている長男はいった。「双子は、ゆれてる最中も、すやすや寝てました」

長男夫婦は、前年九月に男と女の双生児を出産していた。――私たち夫婦は、じいさんばあさんになったわけだが、まだあまり実感がなかった。しかし、この時はじめて、家族構成が「三世代」になったのだ、という実感が湧いた。

「おれたちは、家具を起すだけで、へたばっちまった」と私はぶちまけられたビデオカセットと本をさしながらいった。「とにかく片づけてくれ。ちらかってるとおちつかん」

長男は、ギョーカイ人のはしくれらしく、大げさにのけぞって見せたが、すぐ袋をたくさんもってきて、てきぱきとカセットを片づけはじめた。次いで隣の間にちらばった本も、書棚に押しこみ、はいらないものはとにかく集めてつみ上げた。拙速を尚《たっと》ぶのはギョーカイの常である。

心の中に戦慄を感じた

午前八時をすぎて、テレビの報道は、被害のスケールの、予期せぬ大きさを刻々と描写しつづけた。例によってリモコンをにぎりしめ、あらゆる民放、BSをザッピングしながら、そろそろとびはじめたヘリと、現場にかけつけたリポーターたちの、少しずつちがうアングルを見ながら、私は心の中に戦慄を感じた。わが家はほとんど被害はなく、ライフラインも平常通りだ。しかしわずか十数キロから二、三十キロ西の、あの「お洒落な阪神間」は、いかに苛酷なダメージをこうむったかが、少しずつ把握されはじめたからだった。八時半、電話が鳴った。在阪民放のラジオ部に勤務する次男からだった。

「こっちは本棚がひっくりかえったくらいだが、そっちはどうだ？」私は胸の底に固いものを感じながらきいた。「テレビで見てるが、神戸の中心部は相当ひどいらしいじゃないか。嫁さんは大丈夫か？」

「さっき、ようやく電話がつながって、本棚がたおれかかったけど、大丈夫らしいです。電気やガス、水道はとまってるらしいけど」と次男はいった。「ところで、私のやっている番組に電話出演してもらえませんか？　時間は十時すぎに、こちらからコールしますけど……」

次男は月～金のラジオ早朝番組の担当だった。もちろん私はOKを出した。電話を切ってから、ふと不安になって、昨夜セットしておいたファックスの送信ボタンをおした。機械はピーピー鳴って順調に原稿を送り出した。送ってから、無事についたかどうかを大阪の新聞社に電話すると、テープが「混みあってますので……」と門前払いをくわせた。神戸はもちろん、大阪、そして同じ局内の箕面も、電話はブラックアウトの状態だった。十時になっても、次男の勤務先から電話はかかってこなかった。こちらからかけても、むろんつながらない。

「阪神大震災」当日の、長い長い一日はこうしてはじまった。

「あの状景」がうつった時

大阪の新聞社に連載原稿をファックスでおくった午前八時半ごろ。そのほんの十分ほどあとで、ついたかどうかの確認の電話を入れたら、もう全然つながらなかったので、ちょっと不安になった私は、枚方に住む、私の大阪事務所をあずかるB嬢の家に電話をしてみた。——九時少し前だった。

幸いにも、三、四回のコールでB嬢の元気な声がきこえた。先方の様子をきくと、彼女も家族も無事で、家の中も大した事はないらしい。枚方市は大阪府の北、淀川の東岸にあって、震源地からはかなりはなれている。

「京阪電車は動いているかい？」

「動いているみたいです」と彼女はいった。「今から事務所へ行こうと思ってたんですけど……」

阪急宝塚線はどうかな、と私は思った。大阪は「震度4」と表示されていたが、市内はどうなっているか……。

「とにかく、大阪まで出られたら、一たん電話をしてくれ。——出られなくても、ストップした地点から電話をたのむ」と私は指示した。「その時の状況で、考えよう」

二年ほど前、私は個人事務所を、十四年間借りていた大阪のプラザホテルから、阪急箕面駅のちかくの、以前の住居にうつした。——現在の自宅から、西へ車で二十分ほどの所だった。OA機器とビデオ、資料以外大したものはおいていないが、そちらの様子も心配だった。

電話を切って、応接間へ行くと、九時のニュース特番がはじまっていた。——温いミルクとトーストで軽い朝食をとりながら見ていると、六時台には、死者二名とか四名と報じられたのが、今は百名をこえ、二百名にちかづきつつある。――こりゃ大変な事だな、と思わず食べる手がとまる。淡路島、神戸市、芦屋市震度6、西宮、宝塚、伊丹、尼崎へんは震度5、大阪府は震度4で、京都府、滋賀県が震度5と表示された。ほかに兵庫県北部の豊岡市が震度5、和歌山、鳥取、奈良、震度4と出る……。震度6が出たな、と、私は少し緊張しながら、昔しらべた地震関係の知識を思い出そうとした。昭和三十年代までは、日本の測候所の発表する「震度階」は、体感や被害の外観をもとにして、0から6まで七段階で表示されていた。震度6は「烈震」で、それ以上の表示はなかった。しかし、昭和三十九年に書きはじめた「日本沈没」が昭和四十八年にやっと完成出版にこぎつける間に「震度7」という段階ができ、私はその作品の前半に描いた「第二次関東大震災」と、後半の「近畿大地震」のくだりには「震度7」の表示をつかっている。「激震」という段階だ。いずれにしても、淡路島と、神戸、芦屋は、これまでこの地域の経験した事のない、はげしい地震におそわれたのだ。――JR西日本の東海道線京都・神戸間、山陽新幹線、福知山線不通、阪急電鉄、神戸線、今津線、伊丹線、阪神電鉄大阪・神戸間いずれも不通、東海道新幹線は名古屋以西不通、名神高速道路、中国自動車道、阪神高速道路、高速道路湾岸線、いずれも不通……。

　こりゃ大変だ……と、私は次第に顔がこわばってくるのを感じながら画面を見つめた。西日本の大動脈、幹線が阪神間で、すべてずたずたじゃないか！――それでも、京阪、南海、近鉄のダメージレポートがない所を見ると、大阪府の南北の交通は無事だったのか？　しかし、地下鉄新御堂筋線は不通になっている。不思議な事に、大阪から豊中、池田を通って宝塚へ行く阪急宝塚線は宝塚の少し手前の中山駅あたりまで動いているらしい。途中の石橋駅から出ている箕面線はどうなのだろうか？

ヘリ空撮がはいって来た。それはアナウンサーの読む交通体系のダメージ情報どころではない衝撃を私にもたらした。神戸の長田区から、五ヵ所も六ヵ所も、天を暗くするほど茶色の煙が上り、下にまっ赤な炎がちらちら見える。…地震に火災はつきものというが、この火災の大きさと、火点の多さはどうなるんだ。これじゃ周辺に酸欠が起るし、消防車も近くへ行けないぞ！

十階だてぐらいのビルが、ぐしゃっとつぶれている。片脚が折れたように斜めにかたむいている。つんのめったり、のけぞったり、中にはものの見事にうつぶせにひっくりかえり、道路をふさいだりしている。壁が生皮をはがれたように剝落《はくらく》し、茶色の下地が出ているビルがある。それがどうやら三宮から市役所前を通って税関の方へ行く神戸市目抜きの「フラワーロード」らしいとさとった時、手がふるえてきた。――ヘリは移動し、カメラがズームし、国道ぞいの倒壊家屋をうつし出す。へしゃげた折紙細工のようになった店舗の間に、茶色の木っ端の帯となった木造家屋の残骸がつらなる。鉄道がうつし出され、軌条脇に横ざまにたおれたベージュとオレンジ色の六輛編成の電車や、何編成もの電車の列が、操車場らしい所で、中央部が陥没するようにへたりこんでいる状景がうつる。たおれた電柱、落下したガード……。

「こりゃ、震度6どころじゃないぞ！」と私はかすれた声で妻にいった。「震度7――いやもっと上まわる所だってある……」

妻は眉をひそめて画面を凝視したまま返事をしなかった。

そして――「あの状景」がうつった時、私は腰がぬけた。実際は、急な脳貧血で、下半身に血が移行し、腰から下が岩のように重く感じられたのだが、その時は一瞬そう思った。視界が暗くなり、数秒間色覚がぬけた。それほど「何百メートルにもわたって横たおしになった阪神高速の高架」の映像がもたらしたショックは大きかった。貧血のため、眼球を動かすのさえ重い感じだったが、無理に眼をこらして、その映像をチェックした。根元からぐにゃりと折れ曲った何十本もの橋脚、北側にたおれ、ほとんど垂直にちかい斜めの壁のようになって、下を走る国道四三号線の上り線の上にそびえたってい る道路面……思ったより下におちている車の数はすくないな、と、私は膜のかかったような頭の隅で考えていた。――火災もあまり発生していないようだ。朝早く地震が起って、交通量が少なかったのだろう。

ヘリ空撮は阪神高速ぞいに東に移動し、西宮の名神高速との接続点からさらに東で、再び高架の落下箇所をうつし出した。今度はさっきの東灘のように、橋脚横たおしではなかったが、高速道路が幅一ぱいにがばっと落ちて、斜めにたれさがった道路上に、あののちのちまで外国のニュースでも有名になった、スキー場がえりの大型観光バスが、前輪をうかし、今にも落ちそうにつんのめりながら、あやうくとまっている姿がうつし出された。その時はまだ、バスの屋根の上に、雪がつもっていた。（あとからわかったのだが、毎日放送ラジオの早朝番組ディレクションのために神戸市中央区のマンションから午前五時二十五分、迎えのタクシーに乗った次男は、阪神高速を走り、この落下地点を、地震のおそう三分前に通過していた、という。午前八時すぎに私に電話して来た時は、彼はまだその事に気づかず、のんびりしたものだった）

ヘリは、つい最近関西空港へむけて開通した湾岸道路の落下部分をうつし、さらに尼崎あたりから北上し、阪急伊丹駅をうつし出した。一階の改札口が完全につぶれ、二階のプラットフォームに四輛連結の電車が、連結部をくの字に曲げてのっているのが見えた。――たしか伊丹駅のすぐ近くに住んでいた田辺のお聖さんの事がふと気になった。ヘリはそこから武庫平野を西へむかった。倒壊家屋やビルの数は、阪神間ほど多くないようだったが、山陽新幹線の線路がうつり出すと、道路をまたぐ部分の高架が、それこそばたばたという感じで落下していた。こりゃ、二ヵ所三ヵ所じゃないぞ、復旧はどうなるんだろう……と、そこらへんになると、私はもう早や無感動に画面を眺めていた。私の家のすぐ南を東西に走り、西宮で南下して、国道二号線に合流する国道一七一号線が、阪急今津線と、西宮北口駅と門戸厄神駅の間でクロスする跨線橋が、今津線の上にべったりおちているのがうつし出されると、私は、もういい、という感じになって、テレビから眼をそむけた。もうたくさんだ……。あのひっくりかえった阪神高速神戸線は、今から二十五年前、昭和四十五年の大阪万博の年の二月に開通した。「ひかりは西へ」の山陽新幹線の新大阪・岡山間は、その翌年昭和四十六年の開通だ。しかし一七一号線の阪急今津線跨線橋は、つい最近、せいぜい二、三年前の完成だろう。この地震の衝撃は、高架部分完成の新旧を問わず、いたる所に無惨な破壊のあとを残した。何だか、私たちの「高度な」と思っていた現代文明を嘲笑《あざわら》うように……。

吐き気がして来たので、まだ貧血気味のふらつく体を壁にささえながら、洗面所へたった。洗面所の前でうつむいたが、何も吐けず、わずかな苦い唾をおとした。冷たい水で顔を洗うと、ひょっとすると、自分はさっき涙ぐんでいたのかも知れない、と気がついた。そう思うと、今度は吐き気ではなく、本当に涙がこみあげて来た。――ぶざまに下腹を見せてひっくりかえった高速道路や、骸骨のように宙にういたレールをさらして落下した山陽新幹線の高架や、ぐじゃぐじゃにくずれたり、挫屈したり、倒壊したビル住宅とともに、私の中でくずれ去ったものがあった。それは、「世界にほこる」といわれた日本の建業技術、耐震工法、「世界一きびしい」といわれた安全基準に対する「信頼感」であった。そして、それらの技術水準に背景をあたえた、これも「世界的水準」にあるはずの「地震科学」の基礎知識に対する信頼も……。

情報孤島にとり残されたような感じ

応接間にかえって、ぼんやりテレビをながめていると、またゆさゆさと余震が来た。震度2ぐらいで十秒ほどでおさまったが、そのあとまた、ビーッ、と盗難警報が鳴り出した。妻は首をひねって立ち上り、私も立ち上った。私のすわっている背後の部屋の奥で、何かがくずれるような音がしたからだ。ガラス戸をあけてのぞいたが、別に変った事はないようだった。明け方、その部屋一面に散乱していたビデオテープ類は、見舞いに来た長男が、たくさんの紙袋にめったやたらに押しこんで、部屋の一隅にかためてある。——正面の、つくりつけの本棚の中ほどにあるガラス窓のむこうに、何か白いひらひらしたものが見えた。それを見て私は、その部屋の奥と、その二階にある書庫を点検しなかった事を思い出した。書庫に通ずる木製の引き戸をあけようとしたが、何かにつかえて二〇センチぐらいしか開かない。手をつっこんでスイッチをつけ、中をのぞくと、本棚につめこんだ本は大丈夫だが、平づみにしてあった書籍、文庫本、雑誌類がくずれおち、二階からも一部おちたらしく、部屋一ぱいにうず高くもり上っていた。ひらひらしているのははずれておちてきたブラインドだった。——すぐにはどうする事もできない、と思って私は戸を閉めた。

「あなた……」その時妻が、玄関の方から呼んだ。「ちょっと、これ見て……」

玄関へ行ってみると、妻はドアの横の、縦長の明り取り窓を見上げていた。かなり分あついガラスに、Yを横にたおしたようなクラックが幅一ぱいに走っている。

「今朝見た時は、ここだけだったのよ」と妻は左側のV字型のクラックをさした。「今の余震で、この長いひびが走ったらしいの。それで警報が鳴ったのね」

そのガラスには、割ろうとすると警報が鳴るセンサー兼用の針金がはいっている。地震ではいった亀裂に、それが反応したのだ。

「ひびの上からガムテープでもはっとけよ」と私はいった。——あのすさまじい被災をテレビで見てしまったあとでは、どうという事はない感じだった。再びテレビを見ていると電話が鳴った。時計をみると九時四十五分だった。——次男からたのまれた、毎日放送ラジオの番組コールかと思って、受話器をとると、秘書のB嬢の声だった。

「今、京橋駅まで来てるんですけど……」と彼女はいった。「JR環状線が動いてないんです……」

京阪京橋駅は、天満橋駅の一つ東で、大阪城の東北、片町にある。——ここには、京阪とJR環状線、片町線の駅が集中している。彼女はいつも、ここでJRにのりかえて大阪駅へ出、そこから阪急宝塚線で、石橋、箕面と出てくる。

「京阪は全線動いてるんだね」と私はきいた。「大阪市内の様子はどうだ？　家はこわれてる？」

「市内は何ともないようですけど——でも、国道一号線はすごく車がこんできたみたい……。ここからタクシーで行きましょうか？　タクシーもすごく人がならんでて、いつくるかわからないけど……」

「いや——車はよした方がいい。地下鉄御堂筋線はとまってるし、新御堂筋の様子もわからない。豊中の方では倒壊家屋も出たらしいし……」私はついさっき見た、ようやく地上からおくりはじめたテレビの映像を思い出しながらいった。——めちゃめちゃな倒壊家屋が道路をふさぎ、アスファルトには亀裂もはいっていた。「今からすぐ家へ帰りなさい。事務所の方は、明日でもいい。今日は自宅待機だ。帰ったらすぐ電話して……」

こういう時は、それぞれの身の安全と、居場所の確認が大事だ、と私は思った。――自宅で、母親と一緒に居れば、まず安心だろう。

書斎のデスクの上の電話を切って、私はそのまま、十時に呼んでくるはずの、毎日ラジオの電話を待った。――だが、前にもふれたように、電話はなかった。三十分番組の、後半で呼ぶのかな、と十時半まで待ったが、とうとうコールがなかったので、今度はこちらから、大阪毎日放送へ電話してみた。しかし、今度は、午前八時半の時とちがって、テープもまわらない。ただ、受話器の底に、もやもやとした感じのノイズがきこえるだけだった。あとできいてみると、先方からいくらかけても出なかったそうだ。――万が一と思って、いつも使っている阪急タクシーの基地へ電話してみたが、大阪の局番06は同じ状態だった。茨木市の石毛直道さんの家へ電話すると、こちらは「ただ今こみあっております……」のテープ、同じ市内の長男のマンションにかけると、こちらは無音……。

何となく、陸の孤島、情報孤島にとり残されたような心細い感じで、私はデスクの横のテレビをつけた。ラジオは、応接間の方に、CD、カセット兼用のコンポがあるが、携帯ラジオはどこにあるのかわからない。――取材のメインは、どの局も地上にうつっており、惨状は、さらになまなましくクローズアップされる。こっちだ！　この下にいるんだ！　と叫ぶ人、毛布をはおって茫然と立ちすくむ被災者、担架にのせられ、救急車にはこびこまれる怪我人、吹きさらしの瓦礫《がれき》の上に、蒲団をかぶせて寝かされているお年寄り、その背後には、家屋や軽量建築は、こんな姿になっちまうのか、と思うぐらい、めちゃめちゃぐちゃぐちゃの残骸がつづく。瓦《かわら》、われた板、折れた柱、パイプ、化粧パネル、ドア、窓枠が、いかなるシュールレアリズムのオブジェもかなわないような、醜怪きわまる「悪魔の嚙みかす」のようにつらなっている。救急隊員、消防隊員、それに警官の姿は見えるのに、自衛隊の姿はまだ見えない。取材ヘリらしいヘリの姿は見えるのに、消防ヘリの姿は空に見あたらない。――画面は切りかわって燃えさかる猛火に包まれるマーケットらしい場所がうつし出される。人々は走ったり、かと思うと三々五々かたまって、茫然と炎と煙を見ている。消防のホースが投げ出されているが、ぺしゃんこで、水が出ないらしい。――九時すぎ、二百を越した死者の数は、もう四百をこえ、五百にちかづきつつあった。こりゃ千人をこえるな、と私は思った。実際はその五倍半もの、伊勢湾台風の時をこえる死者が出るとは、その時は想像もしなかった。

マスコミの「取材攻勢」

電話が鳴った。――通じるようになったかな、と私は勢いよくとりあげた。

「もしもし……小松先生のお宅ですか?」とノイズまじりだが、はっきりした若い声がきこえた。「ああよかった。やっと通じた……こちら、スポーツ・ニッポンの編集部です」

「スポニチさん？」私は一瞬耳をうたぐった。「大阪から？」

「いえ、東京からです。――ずっとテレビで見ているんですが、大変な事になりましたね。高速道路がひっくりかえったり、まるで〝日本沈没〟じゃないですか。先生のお宅は大丈夫ですか？」

私はしばらく絶句した。――巷《ちまた》に氾濫する、派手派手しい見出しの、スポーツ紙など、ふだんは手にとった事もなかった。まして取材などされた事もなかったし、どう応対したものか、とまどったのだ。しかし、記者の質問は、意外にてきぱきと要点とつぼをおさえてきた。――三十分余、うけこたえして、電話が切れたあと、私はなお、しばらくの間、やや茫然としていた。激甚被災のすぐ隣で、しかも電話が通じるとなれば、いずれマスコミから、コメントを求められたり、インタビューの申しこみがくるだろうな、とはうすうす感じてはいたのだが、その「一番乗り」が、ふだんまったくなじみのないスポーツ専門紙とは思ってもみなかった。

しかし、あとから考えてみると、この大震災の報道は、ふだんは派手で俗っぽすぎると思っていたスポーツ紙や、タブロイド判の夕刊紙、日刊紙が、意外に若々しく、フットワークがよく、いきいきとした庶民的、大衆的な視点で――時には行きすぎやどうしようもないつかみも当然あったが――善戦健闘し、私はコミック誌や芸能誌に対してスポーツ紙というメディアをちょっと見なおすようになった。

いずれにしても、これが一週間に二十数回という、活字、電波マスコミの「取材攻勢」の皮切りだった。――スポニチからの電話を切って、十五分もたたないうちにまたかかって来た。今度は共同通信の東京だった。つづいて、東京新聞、いずれも、十五分から二十分の間隔をおき、一回の電話インタビューが、三十分から四十分、それもできるだけ内容が重複しないように、視点をかえたコメントをひねり出すので、頭の中がくたくたになってきた。妻に、書斎に握り飯と茶をはこんでもらい、私は電話の横に居つづけた。電話の間、古い地震関係のファイルや、百科事典、地学関係のテキスト、理化学事典などをひっぱり出して、知識の復習をした。何しろ電話でコメントを求めてくる記者は、すべてまっ先に「日本沈没」の事をいった。たしかに、ベストセラーにはなったが、二十二年も前の作品を、読んでくれている現役記者が、そんなに多いとも思えなかったが、あとで聞いてみると、若い記者は映画やビデオテープで見たり、中には、さいとう・たかをさんの「漫画」でよんだ、という人もいて、「時代」というものを考えさせられた。――ダイジェスト版だが、英語をはじめ十一ヵ国語に翻訳されていたためか、あとから「ウォールストリート・ジャーナル」や「ニューズウィーク国際版」「シュピーゲル」「ル・モンド」「レプブリカ」などの編集部、記者のインタビューもあった。

手もと資料をひっくりかえしている間、傍のテレビを、音声をしぼってつけっぱなしにしておいた。――在阪のセミキー各局は、現地取材にありったけのスタッフ、資材、へリをつっこんでいるらしく、全国放送特番の引き取りは、東京キー局のスタジオになって、さばきは何となく遠く、緊迫感はもう一つの感じだったが、それでも被害の全貌と「活断層直下型」の性格は徐々につかめてきた。

まず、遠方の海溝底巨大震源とちがって、被害範囲が、きわめて局限されている事――阪神間、武庫平野を北から南へ流れる川筋が一つちがうと、被害程度がかなりちがう。現に阪急伊丹駅は一階が完全にくずれ、中の派出所に警官二人が閉じこめられているのに、猪名川をへだてて、わずか二キロ東の伊丹空港は、朝九時ごろから「生きて」いた。

それに、同じ地域でも、被害にひどくむらがある――同じ神戸市中央区でも、三宮は阪急ビルをはじめ、ビルがめちゃめちゃにやられているのに、すぐ西に隣接する元町の商店街はほとんど無傷である（次男夫婦のマンションは、幸いこの元町にあった）。国道二号線ぞいでも、巨人がひっかいた爪跡のような、激甚被害ベルトがあると思えば、建物群の残っているベルトもある。さらに、これは工法の差か、まわりの家がぺたんこにつぶれているのに、ぴんしゃんしている家屋もある。――これもあとでわかったのだが、プレハブや、ツー・バイ・フォー工法の家屋は意外に強かった。

それにしても、被害のすさまじさとその分布がはっきりしてくるにつれ、この地震を、「兵庫県南部地震」と名づけた気象庁のたるさや、震度6や、震度5と大まかな分布しか示さない公式発表の荒っぽさに、だんだん腹がたって来た（震度7の地域を追加指定したのは、三日以上たってからだと記憶する)。私は何度目かのインタビューに、関東大震災に比するものとして「関西大震災」の呼称をつかった。のちに「阪神大震災」が、マスコミ全体の共通呼称になる。

次に電話がかかって来たのは、これもちょっと意外だったが、

「東京フジテレビの朝番〝おはよう!ナイスデイ〟の制作ですが……」という事だった。私の家の様子をきいたあと「これから先生のお宅に、取材班を派遣したいと思いますが……」

「取材班って――テレビの?」私は呆れてききかえした。「ちょっと堪忍してよ、家の中はまだ完全に片づいてないし……」

「でも、もうDとレポーターを羽田にむかわせました。――二人とも女性ですが……伊丹で大阪のカメラマンと音声に合流して、うかがう事になっています……」

「という事は……何時ごろつくんだ?」

「午後二時ごろ、伊丹につくと思いますから、三時ごろにうかがう事になると思います」

強引さというより、そのつっこみと行き脚の早さにまけて、私は電話を切った。――妻に通告しておかなければと思っている所へ、また電話だった。今度は「週刊ポスト」だった。例によってこちらの被害状況を話すと、神戸市垂水区にすむ筒井康隆さんにも電話インタビューをして、先方も、部屋中本の山となったが、家は無事とわかった。例

によって、三十分ほどコメントして一たん切ると、すぐまた電話してきて、これから記者を派遣するから直接インタビューしたいという。今夜はテレビ取材がくるからというと、じゃ明日の朝、ぜひ、といって電話をきった。

ぐったりしてテレビを見ていると、義援金受付けの告知があった。私はすぐ手もとの金をかきあつめて、妻に近くの郵便局へ持って行くように指示した。もう三時をすぎていたのでとどけるのは翌日になったが……。つづいて、つながるかどうか気にしながら、私の東京事務所に電話した。KKイオ社長兼東京事務所長のO女史にはすぐつながり、心配していた彼女は歓声をあげた。私は手短かに状況を報告し、イオからもすぐそこばくの義援金を送る事、それからこれまでの取材先を告げ、これからむこう一ヵ月間の取材謝礼は、取材元にいってすべて義援金にまわすよう指示した。——これで、心おきなく取材をうけられる。

五時前に、またフジから電話で、スタッフは羽田五時半発のJALにのれたと知らせて来た。——すると、我が家到着は七時半ごろかと思ったが、実際は伊丹での交通事情もあって、スタッフ四人の到着は、午後九時半になった。

六時すぎ、今度はいつも自宅に来てもらっているパートタイムの秘書H女史から電話があった。大阪市内マンションの彼女の自宅の被害は大した事はなかったが、芦屋にいる親戚の老夫婦の安否が心配で、何と自転車で二時間かけて、大阪市内から芦屋までかけつけ、その帰りだという。国道二号線は、段差やひびわれができ、川筋一つ西へこえるたびに被害はひどくなって、火事も起っているという。

明日、私の机かたづけに行きます、といって、彼女は電話を切った。――そして午後九時半、テレビのスタッフがカメラマンの自家用車で到着した。一時間以上、インタビューしたり、ひっくりかえった書庫や灯籠をとったりして、十一時前、今から系列局の関西テレビへ行って、ラインで映像をおくります。明日朝八時半ごろの番組で出ますから、といって真暗な夜の中を大阪へむかった。

やっと酒が呑めるな、と、私はうちのめされたようになって首筋をもんだ。――長い長い一日だったが、しかしそれで終ったわけではなかった。その夜、私はまっ赤に燃え上る業火《ごうか》に包まれてうろうろする夢を見た。同じ夢を三日間たてつづけに見て、三日目にやっと、それが五十年前、昭和二十年の八月はじめに経験した、阪神間の夜間大空襲の夢だとわかったのである。

［『中央公論』一九九五年三月号・四月号］

自作を語る——災害対応をもっと温かいものに

——震災直後に総合雑誌に書かれ、オンデマンド版小松左京全集にも収められた「阪神大震災の日　わが覚書」（一九九五）では、先生の受けられたショックを非常にストレートに表現されています。ご自身の狼狽《ろうばい》をよくあそこまで。

小松　あれはね、格好悪いとは思ったよ。でも僕はあれだけ地震や地殻変動を調べてて、阪神間にあんな地震が来るとは思ってなかったんだ。関西で歴史に残ってるのは文禄四年（一五九六年）の伏見大地震。だから京都の南のはずれに断層があるのは知ってたけど、阪神間にあんなのがあるとは。つまり僕は勉強が足らんという、そのショックだな。

——『小松左京の大震災'95』は地震に起因する社会現象を広くカバーしたルポルタージュですが、国や地方自治体の災害対応の問題点をあまり具体的に書かれてないですね。兵庫県の貝原知事（当時）の初動がやや鈍かったのも、どちらかと言えば弁護されている。

小松　うーんと。いろいろ問題があるとは思ったんだけど、核戦争よりましだと。つまり日本はこういう天災が多い国で、だから官僚も科学者も、それから一般民衆もやっぱりそういう国であるというコンセンサスを持って、災害対応をもっと温かいものにしていかなきゃならないと。

――でも、やはりオンデマンド版収録の「阪神大震災　大都市圏直下型の初体験」（一九九五）では、消防庁がヘリを出さなかったことがどうしても理解できないと。

小松　そうだね。消防署は市町村単位で、だから応援に行ってもホースの直径が違うなんてバカバカしいことがいっぱい出てくる。それとあのときは神戸港の港湾組合が強くて、海自の艦艇を接岸させない。真水を積んだタンカーが呉から来るんだけど、パイプをつながせないんだね。陸自のヘリも着陸せずに王子公園の上空でホバリングしながら物資を投げ降ろしてる。自治体の職員組合や港湾労組が、要するに軍事力反対なんだ。

――ははあ。

小松　自衛隊の災害出動は知事が政府に要請しなきゃいけなくて、あのときは自衛隊の方から打診してるのに兵庫県が一度断ってる。それは貝原知事もあれなんだけど、当時の村山首相がテレビを見ない人なんだよ。首相の方から要請を促すこともできるのにね。

――うーん。総理大臣のテレビの件は『小松左京の大震災'95』に書いてありましたが、情報が政府のどこで滞ったとか組合のことをあの行間から読み取るのは難しい。書かれないのは後の取材に差し支えがあるからですか。

小松　いや、取材しながらこれはおかしいな、どうなってるんだろうと思っても、それがわかったころには次の章が始まってるんだ。

——だからこの「自作を語る」で補っておられると（笑）。情報収集にはアシスタントも起用されたようですが。

小松　うん。だけど書くのは僕だからね。掲載は週一回でも、いい紙面を四百字九枚ももらうのはしんどいことなんだ。でもあのとき、最大の収穫だったのは「層インピーダンス」の研究者が見つかったことだ。それまでの耐震建築の理論ではビルの四階なら四階だけベチャっとつぶれるのは説明できないんだけど、大阪市立大学の那谷晴一郎さんという当時助手だった人が解明した。

——「阪神大震災　大都市圏直下型の初体験」では、ご自身のショックについて、「日本の『高度』で『先端的』な、耐震設計や工法は、実際の直下型地震にはこんなにもろいものだったのか」「いや、私たちの社会の、最良の理論科学的予測と、高度なシミュレーション技術を駆使した被害想定を超えるほどの、すさまじい自然災害がおそったのか」と分析されているんですが、このスタンスからすれば、層インピーダンスへのご関心はよくわかりますね。

小松　地震の大きさを表すのにマグニチュードと震度があるけど、マグニチュードを言うようになったのは最近なんだ。逆に震度は感覚的なもので、学者や役人が行って家がどれだけつぶれてたから震度いくらだと。一九四八年の福井大地震のときまで最上位が震度六で、それで震度七を設けたのに、阪神大震災には当初適用されないんだな。

——つまり、地震や地震災害を地震科学を含む人類の知性の問題としてとらえると。

小松　そうそう。それにインド洋の大津波とか欧米の暴風雨とか、やっぱり地球がちょっとおかしくなってるんじゃないか。全世界あげて地球を調べ直してデータを共有したらいいと思う。だって、コンピュータがあんなすごいことになってるんだから。

［『小松左京自伝』（日本経済新聞出版社、二〇〇八年二月）所収「第Ⅱ部　自作を語る　第12章　評論・エッセイ」より抜粋。聞き手＝澤田芳郎・武藤俊一］

解説　地球の上に朝が来る――『小松左京の大震災'95』を読み直す

最相葉月

阪急六甲駅からバスで十数分、さらにバス停から壁のようにけわしい急坂を数分ほど登ったところに小松左京の母校、兵庫県立神戸高等学校がある。小松が通っていた昭和十八年から二十三年は学制改革の前で、第一神戸中学校、通称神戸一中といい、帝国大学に進学するような優秀な青年が通う謹厳実直で硬派なエリート校として知られていた。

校舎の南には校庭が、その先には市街地と海がパノラマ状に広がっている。六甲の山々を背景に、晴天の日には西は淡路島、東は紀伊半島まで一望でき、両腕をいっぱいに広げると、たった一人で世界を抱きしめているような感覚が味わえる。この感覚は、山塊が海までせり出し、フンドシ街といわれた特異な地形をもつ神戸ならではのものだろう。

『小松左京自伝』（以下、『自伝』）によると、一中時代の小松は悪ふざけが過ぎて教師に殴られてばかりだったようだが、なかでも出色のエピソードがこの見晴らしのいい校庭にまつわるものだ。昭和十九年元旦の初日の出奉拝という厳粛な行事でのこと。教師と全校生が直立不動で寒さに震えながら日の出を待っていた。東の空が茜色に染まり始め、いよいよ太陽が顔を出そうというその瞬間、小松は歌い出す。「地球の上に朝が来る〜」。

初代ボードビリアン、川田晴久とミルク・ブラザーズのヒット曲だ。周囲にくすくすと笑いの輪が広がる。当然ながら、小松は教師に思い切りぶん殴られた。坊主頭の一年生のときだ。

小唄や長唄好きの母親と、お調子者の気《け》がある工場経営者の父親に育てられた小松は、幼い頃からエノケンやエンタツ・アチャコが大好きで、早くも小学五年のときにはNHK大阪「子ども放送局」のメインキャスターに抜擢された。そのひょうきんさと旺盛なサービス精神は、まわりの雰囲気がくそまじめになればなるほど飛び出てしまう。「うかれ」というあだ名がついたのも、先輩から「一億玉砕が合言葉や。浮かれてはあかんぞ」と叱責されたことがきっかけだったという。

だが戦況が厳しくなるとそうもいかない。校庭は掘り返されて畑となり、校舎には軍司令部がやってきて、生徒は勤労動員に駆り出された。昭和二十年に入ってからは断続的に空襲に見舞われ、鬱屈した日々が続く。小松が目にした凄惨な光景は、たとえば「くだんのはは」に次のように写し取られている。

〈B29の編隊は午前中一度、午後一度、そして夜中と、一日三回現れる事も珍しくなかった。三日に一度ぐらいは大編隊が現れて神戸、大阪、そして衛星都市を、丹念に焼き払って行った。（中略）遠くでサイレンが鳴り、非常待避の半鐘がなり、空がどんどんと鳴り出すと、あちらこちらの高射砲が、散発的に咳こむような音をたて始める。まもなくおなじみの、ザァッと言う砂をぶちまけるような音だ。するとパンパンポンポンはじける音が四方で起り、僕らは火の海の中を、煙にむせながら山の方へ逃げなければならない〉。

一九九五年一月十七日午前五時四十六分、震度7の直下型地震、阪神・淡路大震災(以下、阪神・淡路)がこの地を襲った。五十年前の阪神大空襲に次ぐ、二度目の故郷喪失である。『日本沈没』を書くためにあれだけ地震や地殻変動を調べたのに、「俺は何をしていたんだ、勉強が足らん!というのを痛感し、自分が情けなくなった」(『SF魂』)。毎日新聞で予定されていた宇宙に関する企画を急遽変更し、この震災の「全貌をとらえる」作業にとりかかることになった。のちの単行本『小松左京の大震災'95――この私たちの体験を風化させないために』である。

小松の中にあったのは、「地球が発した苛烈なメッセージの全貌を社会システムの総力を挙げて記録することが我々の使命」(『自伝』)という思い、そして、日本が沈没したらどうなるかという前代未聞のシミュレーションを試みた『日本沈没』の作者としての義務感だった。「うかれ」ではなく「神戸パトリオット」として、「旧制中学五年間に、もっとも濃密な関係を持った神戸」を破壊したエネルギーの正体を見極めようとした。

連載が始まったのは震災から七十五日の準備期間を経た、四月一日。それから翌年三月までの一年間、毎週一回、原稿用紙九枚の原稿を発表し続ける。第一回「あの日から七十五日」で、小松は表明する。「『記憶の痛みと疼き』の生々しいうちに、『総合的な記録』の試みをスタートさせなければならない」。だがその主体は「市民」と、マスコミを含む「民間企業」の協同体が中心になったものであって、この主体には「官」に全面的な協力を要求する権利はあるが、「決してその収集を、官に委ねてはならない」。

戦争を題材とする小説を書いた経験から、いかに公式記録が役に立たず、一方で生活者の記録がどれほど貴重であるか身にしみていた。被災地を歩き、人々に話を聞き、専門家と討議した。書斎には、新聞や雑誌のスクラップやラジオの録音テープ、録画ビデオ、地震学や災害史の文献、各団体の広報誌や記録集などさまざまな資料が積み上げられた。

第二回を入稿した三月二十日には地下鉄サリン事件が起こり、東京のメディアは突如、オウム真理教報道一色となった。当時フリーの編集者だった私も同じ時期に神戸で取材を始めているが、メディアの関心が一斉に切り替わったため、東京に戻るたび不安定な気持ちになったことを覚えている。小松はこの頃、神戸新聞論説委員との対談で語っている。オウムも大変だが、死者数や損害額をみればこちらのほうが重大な問題だ。「神戸新聞は現場の情報機関の最大の当事者だから、震災にこだわった方がいい」。

購読者の大半が被災地にいる地元メディアは当然として、これは小松が自らを鼓舞するための言葉でもあったのではないか。震災から二か月程度は神経が昂《たか》ぶり、見知らぬ者同士が協力しあったり、休養をほとんどとらなくても活動できたりすることから災害心理でハネムーン期と呼ばれ、震災報道への関心も高い。だが、熱は徐々に冷めていく。

そこへあの事件である。一年に及ぶ執筆が、世の忘却や無関心だけでなく、いつ途切れるかもわからない自分自身の緊張感との闘いでもあったことは容易に想像がつく。

ただこの点、小松左京という作家を箕面《みのお》市に住まわせていたことは天の配剤だったと私には思える。被災地でありながら、神戸や芦屋ほど甚大な被害は出ていない。そのため箕面市は、激甚被災地に近い自治体として早くから救援物資の輸送やボランティアの派遣を行っていた。高速道路が利用できなかった当時、箕面から神戸は車で約一時間半、箕面から大阪梅田は約一時間である。被災地とそうでない地域を交互に眺めながら、一歩下がって全体を見渡せる。それが箕面の特徴だ。もし小松が神戸在住で被災していたなら、遠く離れた地域、とくに東京の読者に届くような原稿は書き続けられなかっただろう。

東日本大震災を経験した今、本書は一災害記録としての意義を超え、今日への提言とアイデアとやさしさに満ちた防災思想の書だと気づかされる。阪神・淡路から十六年間、私たちに何ができて、何ができなかったかを突きつけ、猛省を迫る指標でもある。

本書は、四つの章で構成される。

第一章「一九九五年一月十七日午前五時四十六分五十二秒」では、地震発生の前後の人々の動きを辿る。新聞社やテレビ局の宿直、消防局や警察、高速道路のシステム監視担当、さらには鉄道や電力会社の早朝勤務の人々まで。その筆致は、リアルタイムで密着したドキュメンタリーのようである。

現場を一回りした小松カメラは、ある録画装置にクローズアップする。NHK神戸放送局の記者を襲った衝撃を六秒前から録画することに成功した、スキップ・バック・レコーダーだ。今や地震のたびに目にするこのシステムは、九三年の釧路沖地震を機に開発され、阪神・淡路でついにその瞬間を捉えた。事後でしか報じられなかった巨大災害の瞬間が映像で世界に配信される。小松が、阪神・淡路をこれまでの災害と異なるフェーズに位置づけた象徴的な場面である。東日本大震災では放送メディアだけでなく、市民が携帯電話やスマートフォンで撮影した映像がインターネットで世界を駆け巡ったが、リアルタイム映像の嚆矢《こうし》はこのNHK神戸放送局の映像だった。

小松が次に描き出したのは、消防である。水道管があちこちで破裂して思うような消火活動ができない中、消防隊員はどのように活動したか、隊員の手記を集めた神戸市消防局の広報誌〈雪〉にいち早く光を当て、その一挙一動を再現した。〈雪〉は大規模災害における消防システムのあり方を検証するだけでなく、後年、日本で初めて災害救援にあたる人々が負う「惨事ストレス」と呼ばれる精神的なダメージを知るための研究対象となった重要な広報誌である。これを内輪の記録のまま埋もれることを防いだ功績は大きい。

ライフラインの被害と復興状況についても、着眼点は多岐にわたる。水といっても生活用水から工業用水まであること。断水といっても水源からのパイプ欠損による圧力低下から、ビルや家屋の配管破壊まで原因は多様で複雑であること。水圧ポンプを動かす電気が止まれば、生活から消火活動までさまざまに影響を与える。ウォーターラインの寸断がライフラインとしてだけでなく都市機能に重大なダメージを与えることを検証していく。

政府機能やメディアが東京に一極集中しているために、現場でどんな行き違いが生じていたか。小松は、東京キー局がもっぱら気象庁発表の公式情報に頼っていたため、神戸の震度がなかなか定まらずに初動の遅れを招き、その危機感の無さが多くの犠牲を生んだことを明らかにしていく。とりわけ神戸市東灘区に住む「さきがけ」所属の一年生議員、高見《たかみ》裕一《ゆういち》のエピソードは胸が痛む。寝起きの武村正義《たけむらまさよし》蔵相に「神戸で大地震がありました！」と伝えるが、今ひとつ反応が鈍い。兵庫県庁に電話がつながらないため、秘書を通じて県東京事務所から知事に自衛隊の出動を要請するよう頼むが、こちらも「情報収集中」と埒《らち》があかない。高見は叫ぶ。「玉沢徳一郎《たまざわとくいちろう》防衛庁長官に直接電話して、議員バッジを外されてもいいから出動を要請してくれ！」。

小松はこの経緯を高見の手記をもとに描いている。泣きながら生き埋めになった人の救出作業を行う高見の姿を書き写すうちに、小松もその無念を思い、涙したろう。〈雪〉にしても高見の手記にしても、取材で得た情報にしても、ひとり情報ネットワークセンターのごとく時系列上に編み直して経緯をたどる。自分がいない場所で、自分と無関係に起きた出来事について想像するには、視点を現場に置き、読者もまたその場にいたかのように感情移入してもらうしかない。この地で生きた人々の歴史に思いを馳せ、この地で奪われたものを直視する。国家中枢と地方、自治体中枢と現場の認識ギャップがどのように絶望的な事態を招いたか、この国の戦後五十年がいかにもろいガラス細工であったかをあぶり出していくのである。

第二章「全貌を把握するために」が始まったのは、震災半年後。ここで小松が試みたのは、震災の教訓を文明の中に位置づけることだった。前述の通り、阪神・淡路大震災は過去の災害と異なり、携帯電話やパソコンネットワーク、コンピュータシステムを基盤にもつ「高活性、大衆化ハイテク、ハイインテリジェンス」な社会環境で起きた都市災害だ。この教訓を他の地域、異なる社会条件下で生かすには、一般化、普遍化する必要があった。

最初に手がけたのは、震度計の実態調査である。震度計とは何で、どこにどれだけ設置されているのか。あれだけ地震を調べたのに、「大都市圏直下型活断層地震」が阪神間で起こるとは思ってもみなかった。その「驚き、狼狽、悔しさ」(『SF魂』)をバネとする小松の追究は厳しく執拗《しつよう》だ。最新式の震度計が兵庫県南部には一台しかなかったこと。アメリカに比べて日本では、強震動観測が軽視されてきたこと。唯一、京大工学部の土岐《とき》憲三《けんぞう》教授が会長を務める関西地震観測研究協議会という民間グループが大阪から神戸の十地点に強震計を設置しており、それが観測にかろうじて間に合ったこと。とくに目を瞠るのは、地球物理学者、尾池和夫京大教授との対談だ。小松はここで、東日本大震災でも厳しく批判された「想定」「想定外」をめぐるきわめて重要な証言を引き出している。

当時、神戸の防災計画は震度5が想定されていた。だが神戸には活断層がたくさん走っていて、マグニチュード7クラスの地震が起こる可能性はある。地震学者はそう警告し、報告書も提出していた。ところが市は、それでは地震対策にお金がかかりすぎるという理由から直下の活断層を採り上げることをせず、西側の山崎断層をもとに試算せよと命じた。その結果が、震度5。「開発の実験場」（『続・妄想ニッポン紀行』）という目的が人命より優先されたわけである。後年、全国の自治体の防災マニュアルが阪神・淡路大震災クラスを想定した内容に改正されていくが、それは阪神・淡路の教訓とか科学的根拠というより、前例ができてようやく重い腰を上げるお役所体質の反映にすぎなかったのかもしれない。

小松はさらに、防災基本計画にも踏みこんでいく。兵庫県は自衛隊の派遣要請が遅れ、そのため小松の友人でもある貝原俊民《かいはらとしたみ》知事はメディアに厳しく批判された。高見から武村蔵相に伝えられたSOSはどこで滞ったのか、村山富市《むらやまとみいち》首相の対応が遅れたことは周知の通りである。その後の防災基本計画の改正で、自治体の要請がなくとも防衛庁長官の判断で派遣できるようになったが、そもそもなぜ自治体が要請しなければ災害派遣ができない決まりになっていたのか。なぜなりふりかまわず臨機応変な判断が下せないのか。「現在のわしらの社会にすでに存在するシステムでは、未曾有の〝大災害〟いうもんに有効にちゃんと対応したり、あるいは組織化して提言したりできへんいうこっちゃ。それを、僕は神戸ンときに痛感したんや」。三・一一後に行われた〈小松左京マガジン〉四二巻のインタビュー（聞き手／はやしあきら）で、小松は語っている。

いや、すでに『日本沈没』の中で、小松は野党党首にいわせていた。「一人の人間の命より、国家という機構の存続のほうが大切だ、という考え方は、戦前からの官僚政府に抜きがたくつらぬかれていると思いますな」。

師走に入る頃、第三章「再生に向かって」が始まる。この時期から小松は、震災直後に自分が発信したメッセージに自分が縛られていることの不自由を感じ始めている。「責めないから、企業も、組織も自治体も、隠さずフランクに問題点を〝公開〟してほしい」。それは、ひとり情報センターを全うするにはやむをえない前提だった。だが、復興の槌音《つちおと》が響く中、テント暮らしで寒さに震える人がいる。現代社会でなぜこんな理不尽が許されるのか。「年が明けたら、私自身も十分な『人間的、市民的根拠』のもとに、『告発』なり『弾劾』に回るかもしれない」。

どきりとする一文だ。震災後から休みなく書き続けていた小松は、六月に大阪の秘書が退職して雑用が増えたこともあって夏頃から体調を崩していた。災害救援の経験がある精神科医の野田正彰《のだまさあき》と「心のケア」について対談したのは、疲れを自覚し始めていたことも一因ではないか。被災者が負うストレスが注目されたのは阪神・淡路がきっかけだが、消防士ら公務員、ましてやジャーナリストや作家が負うストレスはほとんど認識されていなかった。使命感と義務感をもち、怒りをぶちまけることもなく、誠実に、思いやりをもって、災害に関わり続けることがどれだけ人を消耗させるか。復興が相応の成果を挙げていればまだいい。だが、実態はどうか。仮設住宅に入居できても、近隣は見知らぬ他人。孤独死が報じられたのもこの頃からだ。人の縁を無視し、行政効率を優先させた復興政策が行われている。一方、被災地以外は震災を忘れ始めている。この現状は、小松を疲弊させるに十分だったろう。

そのためなのか、第三章の小松には、ポジティブな情報ばかり集めようと無理を重ねている様子がうかがえる。神戸国際会館の再建はたしかに地元民には明るい知らせだ。地元メディアの復活や、学部の枠を超えて震災の研究に取り組もうとする神戸大学の試み、市民ボランティアの活動も、三・一一につながる重要な動きである。港町として栄え、成熟した市民文化をもつ、モダンで国際的な神戸人気質をふまえた復興でなければならないという主張も、まったくその通りだと思う。

だが、なんだかはぐらかされているような気がするのはなぜだろう。小松は、直下型地震の被害にはむらがあると書いた。それはつまり、道を隔てて南は壊滅、北は無傷というような差別的な光景がそこここにあるということだ。そして、時間の経過と共に生活再建が進んでいる人とそうでない人の違いは顕《あら》わとなる。これらが人々の感情に何をもたらすか。「がんばろう」のかけ声にかき消されそうな小さな嘆息に、どうやって耳を澄ませばいいのか。壊れた物体は再び作り直せる。だが分断された心はどうやって結び直せばいいのか。復興はたんに都市の表層部を立て直すだけでなく、人間復興を基本とするものでなくてはならないはずだ。

結局、小松は国や行政に対する「告発」や「弾劾」に踏みこむことはせず、第四章「二十一世紀の防災思想へ」でもう一度、得意分野の地震学に戻っていく。震災直後から小松が不思議でならなかった中高層建築物の中途階挫屈《ざくつ》、つまり中層階だけが押しつぶされる理由を解明した那谷晴一郎《なたにせいいちろう》による「層インピーダンス」の研究である。のちに小松がこの連載最大の収穫と語るように、耐震工学における画期的な発見であり、この謎に取り組んでいた研究者がいたことはすばらしい。

ただ、もっと怒りを、というのは無理な頼みだろうか。小松を責めるのは筋違いかもしれない。できるだけ明るい話を――。それは小松に限らず、災害の急性期を切り抜けたメディアに求められる視点だ。いつまでも下を向いてはいけない。少しでも元気になれる報道を優先しよう。弱者を切り捨てる意図ではなく、メディア自身が、日本全体が、災害に疲れ、倦《う》み始めているからにほかならない。

「震災のことはもう忘れたい」。私自身、そんな言葉を何度聞かされただろう。誰よりも、被災した当事者が忘れたいのだ。それなのにぎりぎりと問いを重ねることは、彼らを傷つけ、自らを消耗させる。身内に甘いのでは。国の責任を問うべきでは。そんなインタビュアの問いに小松はこう答えた。「取材しながらこれはおかしいな、どうなってるんだろうと思っても、それがわかったころには次の章が始まってるんだ」（『自伝』）。

　小松の良心が砕かれる音が聞こえた。

「全貌をとらえる」。繰り返し、小松はいった。学術的な記録だけでなく、市民の体験談や目撃談、大手メディアで採用されない地元メディアやジャーナリストによるルポ、地域を見守る人々の手記……そして、作家たちの物語。それはまさに、未来論の華やかなりし一九六〇年代後半、小松が説いた〈未来の思想〉の実践だろう。その著にはこうあった。

〈『記録』が始まった時、それはいかなる他の進化の試みより効率の高い『進化』として、はっきりした幅ひろい流れとなり、ますます速度と幅を増し、電磁波―電流系の採用によって、巨大な奔流となり、一切の進化をまきこみはじめた〉。

　記録とは、新しい文明を生み出すための進化の原動力。小松が〈ブルドーザー〉の冠を脱いで身を屈《かが》め、虫の眼となって地の裂け目をのぞき込み、鳥の眼となって変わり果てた町を飛び回ったのも、そのアウトラインを自ら未来に示すためだったのではないか。

　本書の最後で小松は、「阪神大震災・情報研究ネットワークセンター」を提唱している。地球惑星科学や耐震工学から防災、医学、行政、教育システム、報道まですべてを網羅し、データベースをネットワークで横断的につなぎ、「私たちの共有する生きた社会システム」が突如巨大な災害に見舞われたときに「全体として」どんなことが起こるかをシミュレーションできるダイナミック・モデルの構築である。『日本沈没　第二部』で描かれた人類共通の財産にして未来を予測する〈地球シミュレータ〉は、その進化形なのだろうか。一度それを手にしたら、国家や民族に拘泥《こうでい》せず、一人ひとりが世界市民として、地球人として、〈安全のための連帯〉（〈小松左京マガジン〉前同）を実現せねばならない。小松は、コスモポリタニズムこそ、人類が選ぶ道であることを示唆している。

残念ながら、小松が願ったような巨大ネットワークはまだ実現していない。阪神・淡路大震災の記録は、人と防災未来センターや神戸大を始めとする各大学・研究機関から、市民によるアーカイブまで、さまざまに整備されている。東日本大震災でも東北大学に防災科学研究拠点が置かれたほか、「3がつ11にちをわすれないためにセンター」のように市民と専門家が協働して記録を残す活動が始まっている。あとは、これらの機関が手を結び、世界に連帯を呼びかけられるかどうかである。

「自分でやるな。みんな一緒にやれ」。土岐憲三・京大教授が、企業や自治体がばらばらに研究を進めようとするたび口を酸っぱくしていった言葉を小松との対談から引用しておこう。壁は厚い。だが、避けられない自然災害や科学技術の暴走に対し、ほかにどんな方法で立ち向かえというのだろう。

東日本大震災からまもなく一年になる。当時を振り返り、検証する作業が各地で行われている。二月四日には、東京渋谷で助産師による報告会が行われた。地震の瞬間、出産を控えた女性たちはどうしたか。ライフラインが途絶える中、分娩はどのように行われ、新生児の安全はどのように確保されたか。それぞれの体験談が新たな提言とともに発表された。津波で浸水した仙台空港の近くにある産婦人科病院看護部長のYさんはいった。

電話はつながらない。自家発電機は配管が詰まって使えない。窓からは、津波が川を逆流して迫ってくるのが見えた。余震が続く中、必死に妊産婦を避難誘導した。「子どもの頃に見た『日本沈没』という映画を思い出して、生きてみなさんに会うことはないのだろうと思いました。でも次の瞬間、これは非常事態なんだと思い、頭を切り換えました。一件目の出産を母子ともに安全にやり遂げたとき、スタッフは自信をもちました。現場にいた者も、非番で病院に駆け付けられなかった者も、それぞれの場所でできる限りのことを適切に行った。それを誇りに思います」。

Yさんが子どもの頃に見た映画は、Yさんの最悪のシナリオだった。ただこの映画では、原作に登場する一人の重要人物がカットされている。沈みゆく日本を脱出した主人公の小野寺に丹那婆《たなば》の伝説を語る、摩耶子《まやこ》である。大津波に襲われた八丈島で身重のまたった一人残された丹那婆は、自分が産んだ息子を夫として娘を産み、息子はその娘を妻として子をつくり、島を再び栄えさせた。摩耶子はこの伝説を支えとし、たとえ一人になっても、子を産み、子を増やしていくと決意する。

摩耶子の摩耶とは、神戸一中の背後にそびえる山と同じ名だ。空海が釈迦の生母、摩耶夫人《ぶにん》像をこの山の天上寺《てんじょうじ》に奉安したことから仏母摩耶山と呼ばれ、爾来《じらい》、寺では女人守護の祈禱が行われるようになった。原作の最後の最後で強烈な生命力を示した女性の名が、母なる仏、摩耶夫人に由来するのかどうかはわからない。第二部で描かれた摩耶子の物語が小松の真意であるなら、勝手な想像かもしれない。だが、映画にはなかった〈希望〉が、新しい生命を取り上げることを職業とする女性たちの中にたくましく息づいていたことが感慨深く、Yさんに送られた拍手の音を聞きながら厳粛な気持ちになった。

未来は、個体の死を超える。次の文明をつくる新しい世代を信じた小松の祈りを胸に、私たちはおずおずと、今日を生きていく。

［『ＳＦマガジン』二〇一二年四月号掲載の「現代ＳＦ作家論シリーズ　第15回　小松左京」を再録］

（さいしょう・はづき　ノンフィクションライター）

本書は一九九六年六月、毎日新聞社より『小松左京の大震災'95』として刊行され、二〇一二年二月河出文庫に収められた。文庫化にあたり、著者が当初より意図していた表題に改題し（直筆原稿には「大震災'95」と題されている）、「阪神大震災の日　わが覚書」「自作を語る」を付した。また、単行本化に際して付された脚注は「注」としてまとめ、一部誤字・誤記等に対して最低限の修正を行った。なお本書中の肩書等は単行本版刊行時におけるものである。
文庫新装にあたり、新たに巻末に最相葉月氏による解説「地球の上に朝が来る」を付した。

写真撮影（被災地）毎日新聞写真部／毎日新聞出版写真部

大震災《だいしんさい》'95

二〇一二年二月二〇日 初版発行
二〇二四年一一月一〇日 新装版初版印刷
二〇二四年一一月二〇日 新装版初版発行

著者 小松左京《こまつさきょう》

発行者 小野寺優
発行所 株式会社河出書房新社
〒一六二－八五四四
東京都新宿区東五軒町二－一三
電話〇三－三四〇四－八六一一（編集）
〇三－三四〇四－一二〇一（営業）
https://www.kawade.co.jp/

ロゴ・表紙デザイン 粟津潔
本文フォーマット 佐々木暁
本文組版 株式会社キャップス
印刷・製本 TOPPANクロレ株式会社

Printed in Japan ISBN978-4-309-42150-6

河出文庫

小松左京セレクション 1 日本
小松左京 東浩紀〔編〕　41114-9

小松左京生誕八十年記念／追悼出版。代表的短篇、長篇の抜粋、エッセイ、論文を自在に編集し、ＳＦ作家であり思想家であった小松左京の新たな姿に迫る、画期的な傑作選。第一弾のテーマは「日本」。

小松左京セレクション 2 未来
小松左京 東浩紀〔編〕　41137-8

いまだに汲み尽くされていない、深く多面的な小松左京の「未来の思想」。「神への長い道」など名作短篇から論考、随筆、長篇抜粋まで重要なテクストのみを集め、その魅力を浮き彫りにする。

人類よさらば
筒井康隆　41863-6

人類復活をかけて金星に飛ぶ博士、社長秘書との忍法対決、信州信濃の怪異譚……往年のドタバタが炸裂！　単行本未収録作も収めた、日下三蔵編でおくる筒井康隆ショートショート・短編集。

あるいは酒でいっぱいの海
筒井康隆　41831-5

奇想天外なアイデア、ドタバタ、黒い笑い、ロマンチック、そしてアッというオチ。数ページの中に物語の魅力がぎっしり！　初期筒井康隆による幻のショートショート集、復刊。解説：日下三蔵

特別授業3.11　君たちはどう生きるか
あさのあつこ／池澤夏樹／鷲田清一／鎌田浩毅／橋爪大三郎／最相葉月／橘木俊詔／斎藤環／田中優　41801-8

東日本大震災を経て、私たちはどう生きるか。国語から課外授業までの全9教科をあさのあつこ、池澤夏樹等9名が熱血授業。文庫版には震災10年目の視点を追記。今あらためて生き方を問う、特別授業。

瓦礫から本を生む
土方正志　41732-5

東北のちいさな出版社から、全国の〈被災地〉へ。東日本大震災の混乱の中、社員2人の仙台の出版社・荒蝦夷が全国へ、そして未来へ発信し続けた激動の記録。3・11から10年目を迎え増補した決定版。

著訳者名の後の数字はISBNコードです。頭に「978-4-309」を付け、お近くの書店にてご注文下さい。